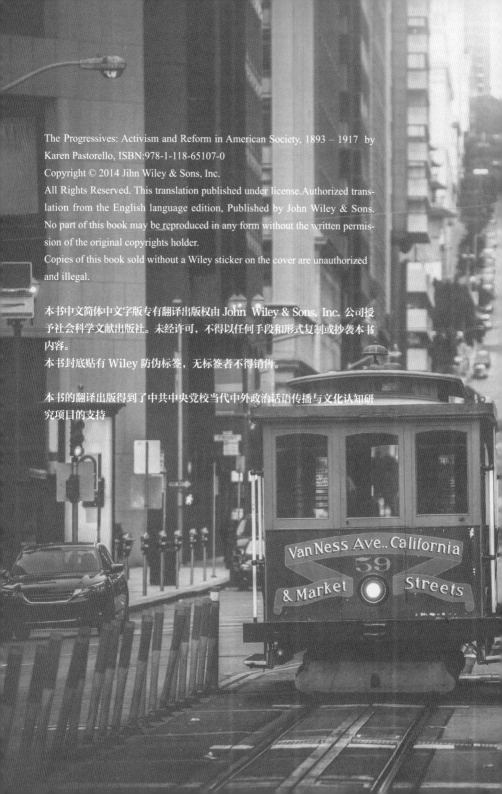

本书的翻译出版得到了中共中央党校当代中外政治话语传播与文化认知研
究项目的支持

进步派

The Progressives

行动主义和美国社会改革，1893-1917

Activism and Reform in
American Society,
1893-1917

【美】凯伦·帕斯托雷洛（Karen Pastorello） 著

张慧娟 译

社会科学文献出版社
SOCIAL SCIENCES ACADEMIC PRESS (CHINA)

目　录

致　谢 ·· 001

前　言 ·· 001

第一章　背景：进步动力的产生，1893—1900 ········· 001

农场生活 ·· 001

城市生活 ·· 006

艰难时代：1893 年的经济萧条 ················ 010

企业：从小到大 ··· 012

小企业的发展 ································ 013

大企业 ·· 020

兼并与垄断 ···································· 023

劳工 ·· 024

工作环境的改变 ···························· 026

组织斗争 ······································ 027

职业女性 ······································ 031

非洲裔美国工人 ···························· 033

移民工人 ······································ 034

新时代的曙光 ·· 035

第二章　挽救社会：谁是进步派？ ⋯⋯⋯⋯⋯⋯⋯⋯ 039

  "扒粪者" ⋯⋯⋯⋯⋯⋯⋯⋯⋯⋯⋯⋯⋯⋯⋯⋯⋯ 040

  从宗教根源到世俗救赎 ⋯⋯⋯⋯⋯⋯⋯⋯⋯⋯⋯⋯ 045

    原教旨主义者 ⋯⋯⋯⋯⋯⋯⋯⋯⋯⋯⋯⋯⋯⋯⋯ 046

    社会福音派 ⋯⋯⋯⋯⋯⋯⋯⋯⋯⋯⋯⋯⋯⋯⋯⋯ 048

    知识的启迪 ⋯⋯⋯⋯⋯⋯⋯⋯⋯⋯⋯⋯⋯⋯⋯⋯ 049

  从慈善事业到社会工作 ⋯⋯⋯⋯⋯⋯⋯⋯⋯⋯⋯⋯ 050

  妇女进步派 ⋯⋯⋯⋯⋯⋯⋯⋯⋯⋯⋯⋯⋯⋯⋯⋯⋯ 051

    社团女性 ⋯⋯⋯⋯⋯⋯⋯⋯⋯⋯⋯⋯⋯⋯⋯⋯⋯ 051

    社会工作者倡导社会正义 ⋯⋯⋯⋯⋯⋯⋯⋯⋯ 054

  进步时代的职业化 ⋯⋯⋯⋯⋯⋯⋯⋯⋯⋯⋯⋯⋯⋯ 061

    社会工作者 ⋯⋯⋯⋯⋯⋯⋯⋯⋯⋯⋯⋯⋯⋯⋯⋯ 061

    医学界 ⋯⋯⋯⋯⋯⋯⋯⋯⋯⋯⋯⋯⋯⋯⋯⋯⋯⋯ 063

    法律行业 ⋯⋯⋯⋯⋯⋯⋯⋯⋯⋯⋯⋯⋯⋯⋯⋯⋯ 067

    工程业 ⋯⋯⋯⋯⋯⋯⋯⋯⋯⋯⋯⋯⋯⋯⋯⋯⋯⋯ 068

    学术界 ⋯⋯⋯⋯⋯⋯⋯⋯⋯⋯⋯⋯⋯⋯⋯⋯⋯⋯ 068

    女性职业：教学、护理和图书馆管理 ⋯⋯⋯⋯ 070

  商人 ⋯⋯⋯⋯⋯⋯⋯⋯⋯⋯⋯⋯⋯⋯⋯⋯⋯⋯⋯⋯ 072

  工会和激进运动 ⋯⋯⋯⋯⋯⋯⋯⋯⋯⋯⋯⋯⋯⋯⋯ 075

  其他特殊利益集团 ⋯⋯⋯⋯⋯⋯⋯⋯⋯⋯⋯⋯⋯⋯ 077

    政客与早期改革 ⋯⋯⋯⋯⋯⋯⋯⋯⋯⋯⋯⋯⋯⋯ 077

    "移民问题" ⋯⋯⋯⋯⋯⋯⋯⋯⋯⋯⋯⋯⋯⋯⋯⋯ 077

    非洲裔美国人 ⋯⋯⋯⋯⋯⋯⋯⋯⋯⋯⋯⋯⋯⋯⋯ 079

    排外主义者 ⋯⋯⋯⋯⋯⋯⋯⋯⋯⋯⋯⋯⋯⋯⋯⋯ 080

  农民与农村改革 ⋯⋯⋯⋯⋯⋯⋯⋯⋯⋯⋯⋯⋯⋯⋯ 081

第三章 "重构世界"：进步政府，1900—1911 ········ 084

迈入新世界：工业城市 ··········· 084

社工改变社区 ··········· 087

妇女政治文化的兴起 ··········· 091

　简·亚当斯对社会服务所行动主义的推动 ····· 093

流动的工人们 ··········· 096

　工作场所的健康与安全 ··········· 097

弗洛伦斯·凯利和保护性立法的推动 ········ 103

　童工 ··········· 106

教育改革 ··········· 109

　社会中心 ··········· 110

　肖托夸运动 ··········· 112

乡村生活委员会 ··········· 113

改革的政治路径 ··········· 115

　独立派、机器政治与市政改革 ··········· 115

　好政府运动 ··········· 118

　美丽城市与城市规划：从审美到效率 ········ 119

州改革 ··········· 122

　拉弗莱特与威斯康星理念 ··········· 122

　超越威斯康星州 ··········· 123

落后的商人 ··········· 124

激进的政治反应 ··········· 126

　社会党人 ··········· 126

　世界产业工人联盟 ··········· 127

劳工组织投向政治 ··········· 129

　《劳工不满法案》 ··········· 130

　工作场所的行动主义 ··········· 133

进步派成为主角 ………………………………… 134

第四章　展望未来：进步主义与现代生活转型，1912—1917 … 138

消费主义的兴起 ……………………………… 138

汽车的影响 …………………………… 140

美国公司掌握控制权 ……………………… 143

科学管理 …………………………… 144

福利资本主义 ……………………… 145

三角内衣工厂火灾 ……………………… 146

三角内衣厂火灾留下的遗产 ……………… 147

1912 年选举 ………………………… 150

西奥多·罗斯福和进步党纲领 ………… 151

继任者：威廉·霍华德·塔夫脱 ……… 154

尤金·德布斯和社会主义者 …………… 155

伍德罗·威尔逊和民主党纲领 ………… 156

威尔逊在白宫 ……………………… 157

1916 年选举 ……………………… 159

民族意识中的进步主义 ……………… 161

结论：进步派的进步 ………………………… 164

参考文献 …………………………………… 178

索　引 ……………………………………… 219

译名对照表 ………………………………… 238

致　谢

　　衷心感谢为本书做出贡献的许多人士。首先，我要向安德鲁·戴维森致以诚挚的谢意，感谢他慷慨地与我合作，作为一名完美的编辑，从始至终。他帮助我改进方法，鼓励我尽可能做出最敏锐的分析。安德鲁团队的另一半，琳达·盖奥，在最后阶段利用其专业知识简化了复杂的许可流程。必须向二位致以深深的谢意！威立·布莱克威尔出版社的乔治娜·科尔比和林赛·布尔乔亚在出版过程中的每一个环节都帮助引导我，回答我提出的每一个问题，无论这些问题有多么微不足道。

　　还要感谢那些花时间阅读初稿并提出真知灼见的人。兰迪·斯托奇启发我想到了这个项目。理查德·格林沃尔德和安娜丽斯·奥尔莱克在关键阶段提供了宝贵的意见。佩吉·卡梅伦致力于扩大对年青一代学生的吸引力。我还要感谢康奈尔大学基尔劳资文件中心的档案管理员帕特里齐亚·西奥内慷慨而高效的协助。露西·杨是馆际互借界的一个奇迹，而谈及文章和图片时，玛格丽特·安德森拥有的追踪技巧永远让我惊叹不已。

　　汤普金斯科特兰社区学院的其他同事再次经历了一次成功的合作。特别要感谢布鲁斯·尼德一丝不苟的编辑，尤其是在如此繁忙的一个学期。珍妮·卡梅隆一直提供着支持和鼓励。贝弗·凯里和洛莉·卡朋特总是愿意协助我的任何工作。

众多的亲朋好友不断鼓励我致力于几个世纪前的探险。他们是保拉·克劳馥、南希·迪·利伯托、芭芭拉·科布瑞兹、凯西·麦克多诺、伯奇·拉弗蒂、布雷特·特罗扬、朱迪·范·布斯柯克和南希·达福。他们的慷慨和欢笑一直在支撑着我。我的丈夫，吉姆，给了我需要的空间，他本来有权利随时询问进展情况，但他没有。我的孩子大卫、多米尼克、克里斯和杰米，随着项目的完成，已经长成了年轻人。我看到你们每个人都以自己的方式展示了对社会正义的承诺。我把这本书献给我们家年龄最小的成员梅塞德斯，希望进步主义的灯塔能在你舞动前行的时候照亮你的道路。

前　言

1890 年冬，人们读报时很容易漏掉《纽约时报》中的一篇
短文。这篇文章宣布 1893 年将会在芝加哥举办"世界哥伦布博
览会"，以庆祝哥伦布发现美洲一百周年。文章大胆预测该博览
会将会是"一场巨大的成功，至少会展示美国伟大的成就"。三
年后这场博览会，即芝加哥世界博览会举世瞩目，超出了人们
的预期。2700 万名"游客"参加了这场为期十个月的盛事，投
资者获得了超过 100 万美元的利润回报。历史学家休伯特·班
克罗夫特在其《博览会手册》（1893）一书中宣称，"这场博览
会对世界而言是次展示，对美国而言是个鼓舞"。任何书面、口
头的语言都无法像这场博览会那样展示美国这样一个国家的实
力和进步。在这里，人人都能随心所欲地追逐精力和能力所能
获得的最大回报。除了展示美国的成就，这次博览会也说明芝
加哥未来会成为一个大都市，预示着进步时代的到来。

由于人们大量涌入这座城市，在众多工厂谋生就业，到
1890 年芝加哥的人口规模超过了一百万，其中 40% 的居民都是
在国外出生的。芝加哥成为连接东部和西部的重要交通枢纽。
芝加哥联合仓储公司拥有庞大的铁路网，还有诸如斯威夫特和
亚摩亚这样的肉类加工企业，比其他行业雇用的人都要多。男

子服装行业是这个城市的第二大雇主。麦考密克收割机工厂、伊利诺伊钢铁公司、起重机电梯公司和蒙哥马利·沃德零售邮购公司也雇用了大量工人。

芝加哥在国会辩论中力压纽约、华盛顿和圣路易斯获得世界博览会的主办权似乎合情合理。为了举办这场活动，芝加哥确实提升了不少。城市推广者们在 1889 年举行了一次投票选择，旨在扩大城市规模，使其能够与主要对手纽约在一个更加平等的层面上进行竞争。票选结果是立即并入 125 平方英里的土地和 225000 人规模的人口，芝加哥几乎一夜之间成为美国第二大城市。

实业家乔治·普尔曼迅速意识到博览会将会立即产生出新的住房需求，于是抓住时机在芝加哥以南 14 英里的伊利诺伊州普尔曼建造了市集广场。靠制造豪华卧铺车厢和餐车车厢起家的普尔曼建造了供博览会参观者临时居住的公寓，并将火车直接通到了博览会场地。芝加哥戏剧性的快速发展，加上银行家莱曼·盖奇 24 小时内筹集几百万美元种子资金的承诺使得这个城市替代纽约成为美国中心的意图得以实现。

从 1893 年 5 月 1 日博览会开幕日起，赞助者们惊奇地看到 14 座新古典主义风格的"伟大"建筑矗立在方圆 600 多英亩的土地上。世博会会场位于卢普区以南七英里处，是由著名景观设计师弗雷德里克·劳·奥姆斯特德和丹尼尔 H. 伯纳姆设计，四万多名工人建造而成的。宏伟的景观和细致的园林设计，力图展示这座理想的城市。文化展示和艺术展览中包含着无数的技术创新，其中包括九万多盏白炽灯。反射的光线照在建筑物闪闪发光的白色外墙上，使得这座"白色城市"更加熠熠生辉。

世博会的参观者们见证了一场科学技术的大革命。大规模的工业增长也意味着商业利益比以往更加引人注目了。国内外的参观者目瞪口呆地看着博览会上一个个新产品制造商登台亮相。在那里，年轻的亨利·福特瞥见了他的第一台工业引擎。最令人印象深刻的新技术或许是电力。它驱动了一切，从摩天轮到大喷泉，因此理所当然地拥有了一座自己的展厅——电力馆。游客们在那里见到了电话、留声机、打字机、电灯、缝纫机、洗衣机和电熨斗。一些消费性产品，如洗碗机、门铃、地毯除尘器、牙钻、风景明信片、苏打水、麦片粥、小麦片、果汁口香糖和拉链都是初次登场。顾客们排着长队购买所有的产品，从电器设备到小配件，或者品尝汉堡、热狗，抑或第一次喝口贝斯特啤酒。购物就是享受生活，这个无处不在的信息在美国人的意识中产生了共鸣。

在某种意义上，这次博览会标志着美国从一个由粗鄙的、高度独立的农民和西部移民组成的国家转变成为一个现代的、更加城市化的国家。与国内乃至国际市场相匹配的管理体制控制下的工人创造的工业文明是其鲜明特点。当时威斯康星大学一位年轻的教授弗雷德里克·杰克逊·特纳，在美国历史学会专门为博览会开幕举行的一次会议上发表了主题演讲。在其权威论文《边疆在美国历史中的重要性》中，特纳告诉读者这个国家的西部边疆在 1890 年已经关闭了——表面看起来无穷无尽的土地供应其实已经耗尽。按照特纳的观点，众多西迁去开启新生活的美国人和移民造就了这个国家特性中民主和创新的品质。接下来的近乎一百年，在美国历史意识当中对于西部殖民史都是这样一种浪漫化的解读。

随着经济从传统的、以农业为基础的模式转变成为现代工业体系，芝加哥人同其他美国人一样也要应对城市化的影响。这个国家开始脱离其深植的农业根基，重新定义为一个具有城市意识的城市化国家。城市围绕中心一圈一圈不断向外延展，发展成为商业和文化中心。城市生活变化的本质成为西奥多·德莱塞这些作家喜爱的主题。德莱塞 21 岁时从印第安纳州的故乡小镇来到了芝加哥，这里的经历成为他后来作品中的许多一手资料。其作品《嘉莉妹妹》开了众多"城市小说"之先河，展示了城市生活的阴暗面，描绘了不受欢迎的新来者们时常经历的疏离和挫败感。天真的新来者们常常发现，面对大城市生活的严酷现实自己变得麻木不仁了。

作为生产和消费中心，城市具有了新的意义。它既服务于城市居民，也要服务于边远地区的人们。私人企业牢牢控制住了城市工业经济的命脉，促进了大企业的发展。商业利益为市场带来了活力，但与此同时他们对利润增长永无休止的追求，使得美国人有了进行某种经济监管的需求。对于企业对工作场所的控制，劳工们的反应是试图组织工会为工人争取基本权利，包括公平的工资、合理的工作时间以及安全的工作条件。

人们踏着移民们走过的老路，从世界各地前来参加这次博览会。共有 19 个国家参与了这场盛事。有的国家被选中将其总馆建在尊贵的"白城"里，而非白人国家只能选择离会场较远的一个区域建设其场馆。这个区域叫作中途街乐园，是安排用于娱乐功能的。"中途街"展出了大量民族文物，展示着非洲文明和亚洲文明的日常生活。仿造的非洲村落和开罗街道让游客们惊叹不已。

博览会上许多人第一次发现的微妙变化也逐渐融入美国人的生活当中。在博览会的妇女馆，芝加哥的妇女活动家们非常醒目。由芝加哥各种妇女俱乐部演变而来的生机勃勃的女性政治网络不断发展，建立了这座城市的第一个社会服务场所——赫尔馆。博览会期间这家社会服务所仍在继续工作。格外引人注目的有两位女性：艺术收藏家、慈善家贝莎·帕尔默和俱乐部成员、改革家艾伦·亨罗廷。帕尔默被任命为妇女管理委员会主席，负责妇女馆的展品和项目，亨罗廷则担任副主席。两位女性都致力于实现妇女的平等。亨罗廷深信妇女能够通过经济上的自立增强自身的力量，指派了30多位女性主席，参加博览会期间各种妇女代表大会。妇女们在这些代表大会上畅谈劳动、教育、选举、艺术、医药、家庭经济和宗教。

　　由于博览会期间的出色工作，亨罗廷声名鹊起，成为其他许多全国性组织的领导人，包括妇女工会联盟和妇女社团总联合会。她们在博览会上的经历告诉女性，她们已经走了多远，但也揭示了她们还有多远的路要走。妇女们意识到想要实现有意义的社会变革，政治权力是不可或缺的。为了达到这一目标，她们开始寻求同情女性选举权事业的那些男性政客和男性选民的支持。

　　同样，博览会上非洲裔美国人的尴尬处境预示出其在种族歧视的南方将会遭受的痛苦经历。民权活动家艾达·B. 威尔斯和黑人教育家布克·T. 华盛顿之间产生了分歧。前者想让黑人抵制这次博览会，因为黑人在博览会的规划和执行阶段都被排除在外了，而后者则鼓励黑人参加这场引人注目的盛事。威尔斯尤其反感8月25日这个专门的"黑人日"，推广者们用提供免费西瓜的方式鼓动黑人们去参加博览会。这次博览会在某种程度上预示了种族主义"隔离但平等"原则的确立。果然不久之后，这一原则因最高法院的重要案例"普莱西诉弗格森案"（1896）成为国家的法律。除了妇女馆这个唯一的例外，博览会所反映出的未来愿景都是围绕着白人男性主导的世界。

　　事实上，这次博览会跨越了时代的分水岭，目睹了镀金时代的结束，预示着经济艰难时代的到来。1892年，位于宾夕法尼亚州的安德鲁·卡内基钢铁厂工人遭受了重大挫败。卡内基的经理亨利·克莱·弗里克在霍姆斯特德罢工中解散了钢铁工人工会联合会。新奥尔良码头工人、水牛城铁路扳道工、田纳西煤矿工人和爱达荷州铜矿工人爆发激烈罢工，表达了工人们的强烈不满。接着就是1893年的经济萧条，这是大萧条开始前最严重的一次经济滑坡。失业率攀升到了两位数，失业大军在雅各布·科克塞的带领下到华盛顿游行，抗议联邦政府对不断加剧的经济危机的漠视。

博览会即将结束时芝加哥暴发了天花疫情，第二年春天席卷了犹太人和意大利人聚居的西区。市民们经历了市长卡特·哈里森被一位愤愤不平的求职者暗杀的悲剧，还有一名纵火犯放火焚毁了博览会废弃的建筑物。劳工动荡、工会、政治老板、社会服务所、激进政客，还有一家新设的社会工作研究院，芝加哥在许多方面都体现了所谓"进步时代"带来的好处和坏处。

1886年臭名昭著的秣市广场爆炸案使芝加哥激进分子第一次浮出了水面，该事件最终导致七名无政府主义者在证据不足的情况下被定罪。不到十年，即1894年，芝加哥再次爆发骚乱。普尔曼卧车公司5000名工人由于罢工反对降薪而遭到解雇。法院下令宣布此次罢工为非法，联邦军队进场镇压工人。美国铁路联盟领导人尤金·德布斯坐了六个月牢，最终转向了社会主义。芝加哥似乎一夕之间变成了美国的激进主义中心。进步主义如同之前的民粹主义一样从这个中心地带辐射开来。

进步主义可以定义为，改革者们为了认识、纠正一个处于工业化进程中的、城市化不断深入的社会所固有的问题而做出的多方努力。1893年经济萧条之后形势变得更加严峻，改革者的努力从单个城市发展到州再延伸到更广大的地区，设法制定一个更加整体的、全国性的方法。在这一过程中，他们的所作所为变得更加具有前瞻性和系统性。受基督教慈善工作者和国内实用主义哲学的影响，进步派改革者也转向欧洲寻求办法。他们开始倚重专业人士的知识，尤其是社会科学家们。这些专家强调利用科学方法解决社会问题。比如芝加哥大学社会学专业就有一个新的研究生项目，旨在培养新的改革者队伍，即所谓的社会工作者。这些专业人士进入公寓和血汗工厂观察采访，将得到的数据进行汇编和分析，然后在当代出版物上分享其调查结果。

20 世纪初，比起以往任何时候，更多的城市居民是赴美移民，主要来自南欧和东欧。到 1920 年，超过半数的美国人居住在工业化的城市地区。恶劣的工作条件和低廉的工资困扰着许多城市居民，同时他们还缺乏住房和适当的医疗服务。童工盛行、卖淫、酗酒、种族歧视、营养不良、疾病、文盲、剥夺选举权，以及其他一些与贫困相关的难题，都是他们要面对的烦恼。进步主义者适时地学会了如何说出这些问题，以及如何有效改善那些刚刚从欧洲，或者从家庭农场来到城市的工人所处的工作生活条件。

对于手边的这些问题大多数进步派的意见是一致的，但对于最佳的解决方案他们却各执一词。许多人认为有必要进行高层改革，有时也可以以政府规章的形式来进行这些改革，以改善那些深受工业化不利影响的民众的生活质量。进步改革的强硬派们坚持认为政府应当参与进来，在解决社会、经济和政治问题上起到更加积极的作用。他们寻求利用公共社会服务、社会服务所、城市改革、公共卫生及劳动立法来补充私人慈善机构的不足。进步派们呼吁建立一个更加合理高效的行动主义政府，参与美国人的生活。大多数改革者对于建立发展自己的机构并不感兴趣，他们真正关心的是改善所有人的境况。

1982 年，历史学家丹尼尔·罗杰斯在其重要文章《寻找进步主义》中宣称，要想准确评价进步主义，必须先理解 19 世纪末发生了什么。罗杰斯的文章指出，研究该时期的历史学家如果利用社会历史学的工具方法去考察一下所有美国人是如何看待自己周围这个混乱的世界的，就会受益良多，无论这个美国人是多么的普通。

直到大约 40 年前，大多数历史学家还倾向于研究政治和知识精英，大多数情况下他们关注的是有权势的人和重大的事件，以传奇、宏大的方式来解读国家的历史。受民权运动的启发，20 世纪 60 年代和 70 年代的历史学家们开始更加敏锐地关注普通美国人的经历和行为。这些所谓社会历史的探索者们开始探索普通人的日常生活、价值观及行为同长期的、更大的变化机制之间的关系。社会历史学家通过仔细考察个人生活的细节来确定当时的人们是如何理解其生活意义的。

对于普通美国人的重视意味着以前不为人知的、边缘化的群体引起了历史学者的关注。他们尊重、承认文化间的差异，并试图理解多样性的力量。妇女、土著美国人、非洲裔美国人、亚洲人、西班牙裔和产业工人都成为历史研究的对象。托马斯·本德这样的历史学家认为正是他们塑造了"公共文化"的意义。

社会历史学家擅长收集、解释定量数据来回答有关人口统计及流动模式，以及群体组成问题。他们所揭示的趋势，连同对社会控制机构如学校、教会和政治机构的分析，回答了人们是如何抵制或屈服于社会控制这样的问题。进步时代的历史学家探索了传统文化的本质和力量，通过日记和独特的意象来源，如游行横幅、罢工口号和歌曲，来探讨日常生活的实质。他们利用慈善机构的报告和关于移民的报道来研究人口的转变，利用不同种族、民族群体的房屋所有权记录来论证社会乃至职业流动的模式。尽管社会历史学家成功地将许多重大历史事件与普通人的经历联系了起来，但这并不意味着他们已经克服了这类工作带来的所有挑战。碎片化是一个大问题，另一个问题是缺乏综合性。

最显著的问题是城市贫困人口所面临的困境，他们中大多数是新移民。在美国内战后的几十年里，谋求道德改革和慈善救助的人们开始呼吁针对大众的社会和经济公平。19世纪接近尾声的时候，美国正站在现代化的边缘，进步派们同工业生活的各种弊端做着斗争。

进步时代可以说是美国历史上最理想的时期，然而对于历史研究而言它一直是最难以捉摸的时期之一。直到今天，如何定义进步主义这个根本问题还一直困扰着学者们。研究该时期的学生们很快意识到进步主义不是一个连续统一的运动，而是各种改革尝试的总和。

由于进步主义的概念不确定，对进步时代的时间界定也就颇具挑战性。历史学家梅尔文·杜波夫斯基告诉我们进步时代处于"美国内战与二战后大规模官僚制度建立这一历史连续体的核心"，将进步时代界定在1893年至1917年，有助于人们更好地研究分析这一时期，这也正是本书的选择。塑造这一时代的三个现象——工业化、城市化和移民，在19世纪90年代早期就已经相当明显了。更确切地说，在1893年，经济大萧条开始；世界哥伦布博览会开幕；民粹主义或农民不满凸显；全国政坛第三党派运动高涨；埃利斯岛移民检查站完工；民主党人格罗弗·克利夫兰总统就职典礼；第一个全国性工会——美国劳工联合会成立。有些人认为1917年美国卷入第一次世界大战使得进步主义的发展戛然而止。

本书提出了几个问题。这些进步主义改革者到底是谁？他们来自哪里？改革的原因及目的是什么？什么时候是其最活跃的时期？他们是如何建立自己的机构的？最重要的是，他们的哪些成就成为留给21世纪美国人的遗产？

实际上简单考察一下当时的历史编纂（有关成文历史的历史）就能够帮助学生从诸多不同角度去审视进步时代。本人阅读了不同学者的作品，希望能够平衡相互冲突的观点，抓住这一时代的本质，向今天的学生传达自己对于进步时代的理解。本书最后的"参考文献"突出强调了书中所涉及的主题。这会帮助认真研究的学生了解更多围绕进步主义的争论，引导他们接触有价值的资料来源，进行进一步的研究。

并非所有的历史学家都乐于接受"转型时期"这个观点。他们指出"转型时期"的说法事后看起来似乎更加简单明确一些，但当时却未必如此。其他人，包括我本人在内倾向于将美国历史描绘成一系列的起起伏伏，一个又一个重大事件造成的内部纷争的时期。我们会向学生介绍许多个人和组织，他们致力于为贫困的城市工人，其中大多是移民，去改良社会。了解了进步运动中的那些个体，人们或许会想象一下假如自己生活在进步时代那样一个迅速变化的世界，他们的生活会是什么样子。

进步时代的改革者们并没有称自己为进步派。这个词是1910年国会大选期间开始流行起来的，用来特指那些1910年之前就开始提倡基本政治、社会和经济改革的候选人。进步派人士涵盖范围甚广，既包括那些尊崇大公司的高效却憎恨托拉斯的人，又包括那些口头上赞扬"人民"但一心支持受过良好教育、主张社会秩序和道德进步的白人选民的人。不过进步派们有一些共同的特点，他们都相信社会科学和政府能够解决问题，能够帮助改善那些不幸者的生活。

进步主义运动步入正轨之前，进步派及其追随者包括宗教领袖、商人、专业人士、民间领袖、殖民地妇女、妇女参政论者、非洲裔美国人、民权倡导者、工会会员、本土主义者、移民、工人、农民和政客。"特殊利益集团"成员的划分十分复杂，有些分类归属是相互重叠的，因此有些人可能属于不止一个甚至两个这样的群体。此外，正如历史学家理查德·麦考密克所说，只关注特殊利益集团往往不能解释无组织公众的行为。想要确定哪些人是进步派或许要问一个更加直接的问题：他们形成了哪些有效的联盟？尽管缺乏一个统一、正式的运动，但进步主义现象为研究 19 世纪末 20 世纪初的美国历史提供了一个有用的框架。

到 20 世纪初，对于大多数进步派、大多数美国人来说，要实现彻底的社会、经济和政治变革，政府似乎是最可利用的资源。要想理解我们今天所处的环境就得去追踪研究 19、20 世纪之交那些社会、经济和政治制度及政策的演变和发展。最重要的是进步派留给我们的那些用来思考我们当今生活方式的启示。

第一章
背景：进步动力的产生，
1893—1900

1890年，6300万人居住在美国，其中大多数住在小村镇和农村地区，过着内战将这个国家撕成两半之前的日子。务农居于各种职业之首，在中西部和南部地区尤其普遍。然而在北方，内战一结束，战前出现的工业化趋势重新回归且发展迅猛。战争结束之后的30年内，美国的工业产值增长了两倍。近500万，即30%的美国人为超过35万家工业企业工作，这些企业主要分布在美国东北部城市。到1920年，人口普查记录首次正式将美国归为城市化国家。

农场生活

对许多美国人而言，农场生活象征着平静而富有成效的生活方式。世纪之交，农作物产量飙升。美国农民生产的棉花、玉米和小麦是1870年的两倍多。产品盈余以及有利可图的农作物价格提高了农民的生活水平。"在农村，"哈佛大学校长查尔斯·W. 艾略特写道，"长期的［务农］之家可能要有一座长久的居所"。尽管那些著述农业的人往往强调其积极的方面，但事实上农业是一个高要求、高风险的行业，充满了压力。

美国的农民被理想化地视作丰衣足食、自力更生的人，然而他们同样不能摆脱经济波动的影响。整个 19 世纪，物资供应和动物饲养的成本持续增长。为了增加或确保一定的产量，大大小小的农民都实现了农业机械化。农业机械的使用看上去减轻了农民繁重的体力劳动，但购买新设备、更换旧机器使农民不断需要现金和信贷。机械化一旦成为主导，农业生产的利润就会优先用于农用设备，而不是改善家庭生活。

农民得通过机械化维持其地位和实力，除了面对这个压力，他们还要同日益发展的商业化竞争。1910 年的联邦人口普查证实，家庭农业仍然主导着农业生产，不过农业企业的种子已经播下。在新泽西州和马里兰州，商业农场雇用季节性移民工来采摘黄豆、豌豆、西红柿、蓝莓和蔓越莓。越来越多的季节性农场劳力与农场毫无关联，甚至就是外国人。一些移民工一生辗转于各个农场，一季又一季，居住在棚屋里、帐篷中，没有任何收益和土地。这些流动劳工的子女也跟着受尽艰辛。父母行踪不定意味着这些孩子往往无法享受稳定的家庭生活和适当的教育。

工业农场开始雇用更多的人手，于是就将规模生产和新管理技术带到了美国农业当中。这些商业化程度更高的农场生产大量的农产品，将其销售到遥远的市场中去，极其依赖运费低廉的铁路运输。这些大型企业的崛起反映了美国社会大环境所发生的变化。

普通的美国人不能再指望到西部去利用所谓自由和开放的空间了。1890 年美国人口统计局宣布连续的边疆线已然消失。

在 1893 年 5 月芝加哥世博会的一次历史学家聚会上，威斯康星大学 63 岁的教授弗雷德里克·杰克逊·特纳阐述了边疆在美国历史上的重要性："自由之地的存在，其不断的后退，以及美国殖民西拓是美国发展进步的重要原因。"尽管特纳将西部描绘成美国最民主的地区这一观点在接下来的半个世纪当中一直主导着美国人的心态，但这种观点并没有准确描绘出西部经历对于大部分的美国人意味着什么，尤其是美国土著们。他们中的大多数都在 19 世纪 30 年代的西进运动中被驱赶进西部的居留地，直到 1924 年才获得美国公民的身份。到 1900 年，大约 250 万土著美国人都是农民。少数印第安人用同白人一样的方式经营自己的土地，但大多数印第安人都尽量在部落居留地保留了土地公用的模式。美国土著被迫离开世代相传的土地，被主流社会边缘化，这一切他们都默默地忍受着。

　　东北部的白人农场主通常继承的是几代人传下来的家族土地。当时的农村家庭是由丈夫、妻子和孩子组成的典型的核心家庭。这种农民小家庭一旦需要额外帮助，就会设法利用当地劳动力。无论一个家庭选择什么农作物，长期的生产过程都需要家庭每个成员的合作。农民们通过维系家庭和社群牢固的纽带来应对各种挑战。亲属关系促进了劳动力和机器设备的交换，以及经济上的援助。无论其土地的地理位置多么偏僻，这些农民和他们的家庭都不会与世隔绝。

16

　　周围的世界日新月异，而农民家庭的工作流程却鲜有改变。常人看来似乎是由男人决定种什么样的作物、何时购买设备，女人则负责维持家庭日常运转。然而南希·格雷·奥斯特路德对纽约楠蒂科克山谷的农妇进行了研究，其研究成果《群落关系》（1991）指出，经营一家成功的农场需要一定程度的合作，男人女人因而跨越性别分工的界限彼此进行协助，这一点超出了历史学家最初的认识。换句话说，农场主的妻子们也参与各级决策。

　　妇女们的日子漫长而艰辛，然而人们认为她们的工作没有丈夫的那么重要，主要是由于其辛勤努力不总是同创收劳动直接相关。种什么作物、养什么禽畜决定了女人们干什么活。比如如果从事乳品业，具体地说就是照顾成群的牛、给牛挤奶之类的活儿。这类活计太繁重，妇女和孩子都得在农场出力。而如果种玉米，一旦玉米长到一定高度就不需要太多照料了。农妇们的家庭劳作就是做饭、洗衣服和大扫除。这些工作重要而繁重，特别是考虑到这些活儿需要把木材和水运回家。

　　农场生活意味着全家，包括孩子都得遵循同样的作息安排，天不亮就起床在家里或谷场干活。全家人，往往还有雇来的帮手一起吃上一顿丰盛的早餐，包括肉类、鸡蛋、土豆，天冷时有粥，暖和时是麦片，然后去农田。成年人的饮品是咖啡，孩子们则喝奶。中午时分午休，之后农夫们回到农田继续干活直到晚饭时间。大部分农村儿童白天都会去上学。他们早饭后就出发，不过得步行或骑车很远的距离才能到达镇上的学校。农村的学校早八点上课，下午四点放学。往往很小，只有一间校舍，教课主要是背诵。几乎所有的"小学生"都使用威廉·霍尔姆斯·麦加菲的《麦加菲综合读本》。这本教材花大量的篇幅讲道德和顺从，赞美看似简单的乡村生活，将其理想化。晚饭后的时光往往是宁静的，孩子们做作业，男人们阅读当地报纸、《哈珀斯杂志》或《大西洋月刊》，女人们则就着煤油灯缝缝补补。周末，社区晚餐和教堂聚会成为颇受欢迎的消遣方式。每年一度的州郡集会上农户们争相展示自己的农产品和手工制品，争夺蓝丝带，为农村日常生活增添了一抹亮色。

　　世纪之交的农民及其家庭所需的大部分东西都是自己耕种，

或者彼此之间物物交换得来的，多余的食物则拿去交换制成品，诸如工具、药物和酒。他们也从杂货店买东西。杂货店的老板为了避免混乱，将食品放在店的一边，把烟草、成药、棉线、顶针、糖果、刮胡刀和其他洗漱用品之类的干货放在店铺的另一边。手套、绒线帽、牛奶桶和煮饭锅则挂在天花板上。店铺后面卖煤油和威士忌酒。农村商人靠展示来推销新产品。他们把挂钟和电话安装在店铺里证实其功用。农村地区镇中心的秋季市场主要是农家妻女生产的剩余产品，包括自制食品和手工艺品，比如苹果酱、泡菜、填充枕头的羽毛，还有扫帚、肥皂、篮子和盆栽植物。

一般来说，对于历史学家哈尔·S.巴伦在《复杂的收获》（1997）中所说的第二个重大转型——从农村生活到现代生活的转型，有的农民接受，有的则抗拒。转型的第一个阶段使得以前的农民移居到城市，一旦在城市落下脚，他们就会寻求工厂的工作。不过即使留在农场的农民也会受到现代化的影响。许多农民成为活跃的消费者，他们会从邮购目录中订购自己想要的商品，而不是从当地的杂货店中购买供应品和制成品。尽管在满足消费者需求方面农民们有一定的贡献，但其整体的社会地位有所下降。因此他们成立了名叫农场联盟的农民组织，加强社会联系、促进社群主义实践。后来又成立了更加正式的农民联盟促进合作采买，在自由市场上维护自己的利益。最终，那些终生在土地上劳作的人们就是通过这样的联盟来寻求政治上的诉求的。

选择搬往城市的农民与跨越大西洋寻找工作和新生活的欧洲农工一道成为工厂的工人。无论来自哪里，这些新来的工厂工人都有望得到稳定的收入和规律的工作时间。这些从前的农民，不管生在本地还是来自国外，他们的工作生活不再受季节变换的支配，控制他们的是工业齿轮日复一日地转动。钢铁制造这样的大型企业决定了他们的工作节奏。不过据这些以前的农村居民看来，周日休息、免受恶劣天气影响是城市工业生活实实在在的好处。由于从农场到工厂的迁移比率不断上升，依靠土地为生的美国人数量急剧下降。1870年，美国劳动力近一半都是农民，而到1920年，农民只占美国劳动力的大约四分之一了。

城市生活

　　新来者涌入城市，带来了住房的巨大新需求，大大小小的房东都试图满足这一需求。许多城市房主将多余的房间租出去，并向租户提供餐食以获得额外收入。还有一些人利用涌入城市的移民潮开办了包含食宿的公寓。单纯的寄宿公寓也如雨后春笋般涌现出来，工人可以从中租一个带家具但不含餐食的房间，一周或一个月。此外还有所谓的廉价房，设施破败，空间十分狭小。各种级别的住房，需求都很大。在极度拥挤的贫民窟，人们花五美分能租一个轮换铺位睡一觉。前面的人刚起来，另一个人就立刻"轰然"倒在肮脏的床铺上。最终两个旨在帮助城市劳动者的新教慈善组织——基督教青年会和基督教女青年会出手相助，以合理的价格向搬到城市的单身男女提供住房。举家搬到城市的移民往往在公寓安家，与其他租户共享卫生设施，在一个炉子上做饭。带有私人设施、一层一户，配备电灯电器以及电梯的公寓是为最富裕的家庭或单身汉们建造的。

　　尽管出现了住宅多元化的趋势，但从1870年到1910年前后许多城市居民还是住在单一家庭住宅中。大多数工人阶级家庭住在低调的"劳动者屋宅"中。这些房子陈设简单，单层带一个客厅、一个厨房和两个房间。中高阶层家庭喜欢的住宅是华丽的维多利亚式建筑。这种房子带有正式的客厅、独立的餐厅、精致的草坪和花园。无论家庭财力如何，户户门前都装有前廊。到 19 世纪晚期，城市居民已经能够享用电力、自来水和电话服务。不过集中供暖系统几乎没有，大多数美国人都依赖大肚火炉取暖，醒来面对的仍旧是寒冷的早晨。

尽管有些人乐观地认为城市是民主生活最大的希望，但城市里似乎也出现了一些让美国中产阶级担心焦虑的情形。有人担心众多强大的利益集团会强行介入地方政治。运输和公用事业公司、公共工程承包商、酒类经销商和形形色色的供应商向城市大佬施加影响，这些大佬们则控制着城市的政治。此外，在纽约、芝加哥这样的城市，大量工人都集中在同一行业，有组织的劳工开始崛起。因此，城市里出现了各种有时甚至是暴力的劳资冲突和工人罢工。最后一点，众多人口从全国乃至世界各地涌入美国城市还造成了种族关系的紧张。新世纪头十年，纽约市、佐治亚州亚特兰大市和伊利诺伊州斯普林菲尔德市都爆发了严重的种族骚乱，就证明了这一点。城市密度的增加也相应带来了更加复杂的城市问题、污染和犯罪。

城市居民在家里要全力对付拥挤和狭窄的状况，门外的世界也没给他们什么喘息的空间。烟雾和烟灰，二者都是工业生产的副产品，大大影响了城市的空气质量。空气污染首先出现在高度工业化的城市，譬如匹兹堡和芝加哥。后来由于人们从使用无烟煤转向更加廉价但更加肮脏的烟煤，在其他一些人口中心如费城和纽约，空气污染也成了问题。公共卫生改革者们震惊地发现，实际上所有社区都普遍存在引发疾病的条件。街道上遍布厨房垃圾、木材和煤炭的灰烬，以及马粪。几乎每条大道都有露天厕所，排水系统的欠缺使得污水无法有效地被排走。有轨电车、工厂、小贩没完没了的噪音，以及大街上的生活喧嚣使得城市环境更加恶劣。除了困难的物质条件，越来越拥挤的城市居民面对的还有潜在的道德危害。有些人已经开始担心这一点了。19世纪晚期，纽约下东区一个贫穷的社区鲍厄里成为贫民窟的同义词。许多人把它看作危险地区，这里充斥着妓院、廉价酒吧、赌场和按夜租的分租屋。大量无家可归的人们游荡在街头。这些被蹂躏的城市贫民窟被视作罪恶的滋生地。臭名昭著的莱维区是芝加哥的红灯区，这里形形色色的"冒险俱乐部"吸引着易受伤害的新来者。莱维区的二十二街色情业扎堆儿，从最奢华的妓院到开在公寓和酒吧后院的狭小简陋的妓馆应有尽有。有些妓院还向有兴趣的客户提供男妓。

　　莱维区肮脏的交易太过肆无忌惮，于是市长卡特·哈里森二世1910年任命了一个委员会专门调查芝加哥市的卖淫情况。第二年，委员会发布了名为《芝加哥卖淫状况》的报告，引发了一系列改革，包括关闭莱维区最有名的妓院艾弗里俱乐部。不久之后，联邦检察官对莱维区进行了打击，一度繁荣的集中卖淫情况得以平息。由于新教改革团体发起的反卖淫活动，全国官员关闭了各地的红灯区。这些红灯区通常都位于城市中心附近的酒店、火车站、群租屋和其他夜间娱乐场所。如今既然地方政府出面监管公共道德，城市警察就能够集中精力打击犯罪了。警察和消防部门，连同公共卫生服务部门一道成为美国进步时代城市服务的标配之一。

　　尽管城市生活有其缺点，但它的确为居民，特别是移民们提供了一些机会。大卫·布罗迪在其早期少数族裔工人研究《美国的钢铁工人》（1960）一书中提到，各个族裔都创造性地建立了自己的社会网络，通过教会、兄弟会、互助组织、企业和宗教学校进行自助。他们当中受过教育的人读的是用自己民族语言发行的报纸。大多数第一代移民都尽可能地讲自己的语言。

不同的移民群体会彼此冲突，也会同土生土长的改革者发生冲突，因为后者试图将他们"美国化"。虽然第一代移民不愿意放弃本民族的生活方式，但似乎人人都参加城市的节日狂欢，尤其是圣诞节和那些显然属于美国的庆祝活动，譬如劳动节和（通常非常吵闹的）七月四日国庆日。人们聚集在屋舍和教堂，庆祝美国独立，同时展示他们对自由的信念、他们的游戏活动，以及他们的民族自豪感。1894年，格罗弗·克利夫兰总统签署了一项联邦法律，宣布劳动节为国家法定假日，使其成为国庆日和圣诞节之间唯一的一个官方劳动者假日。

在不去最贫穷区域的一般人看来，美国的城市似乎是生机勃勃的工人阶级文化中心。到1897年，美国拥有超过20万个饮酒场所。芝加哥的酒吧数量超过了杂货店、肉类市场和干货商店的总和。到1915年，芝加哥每335个人就拥有一家酒吧，纽约每515个人拥有一家酒吧。许多酒吧接待的是特定民族或特定行业的群体。漫长的工作之余，工人们的社交生活主要集中在男性化的场所，包括酒吧、兄弟会和体育赛事。中产阶级男子喜欢在私人酒吧或酒店小酌，工人们则涌入附近的酒吧。那时的酒吧向顾客提供多种服务，从喝酒、读报到保险箱存放贵重物品或地下室存放行李，不一而足。随时敞开的转门、殷勤热情的店主，这些酒吧充当着当地的八卦中心，提供食物，也给当地的政客提供舞台。酒吧的老主顾为了自己的公众形象，有时会请大家喝几轮酒，加深别人对他们的印象。

世纪之交的妇女儿童在自家附近的公共空间进行休闲活动。他们往往利用街道、门前台阶和当地公园进行娱乐和社交。大多数移民的孩子白天到公立学校去上学，不过许多移民子弟不到八年级就辍学工作，帮着养家糊口了。爸妈工作，小孩子无人看管在街上玩耍，这样的情景屡见不鲜。

旨在改善民生的社会服务所、社区中心涌现于移民聚居区，在服务所工作的社工们力图减少阶级和种族隔阂，创建一种社区意识。他们努力帮助新移民实现美国化，减少痛苦根源，改善生活和工作条件。许多社工都亲身经历过城市的各种问题，没有亲身经历的社工也通过报纸杂志了解到了城市的种种不公现象。大多数服务所社工都重视宗教，带着宗教情结在社会和改革工作中发挥着各自重要的作用。

24
艰难时代：1893 年的经济萧条

卷入现代化大潮当中的美国人目睹了一个个城镇膨胀发展成为都市。人口急剧增长带来的一个副产品就是市场的不断扩大。作为生产过程的原材料和工业机器、农业设备和电气设备的燃料，煤炭和石油这样的采掘提炼品变得越来越重要了。同时，更加高效的能源形式，比如电力，越来越多地成为工商业的动力来源。大规模的工业扩张和多样化发展使得美国产品的生产不再依赖欧洲的进口。

技术进一步刺激了工业的发展。具有创新精神的美国人，从老百姓中的发明家到受过高等教育的工程师，都不断研发新机器，创造新的更加高效的生产方法。这些发明促进了主要行业的发展，包括钢铁、炼油、农业机械、机车、罐头食品、机床、香烟、相机、橡胶和汽车。铁路建设的发展使新的区域得到农业开垦，将以前与世隔绝的地区同更广泛的国内国际市场联系起来。然而这一前所未有的发展态势很快被 19 世纪第四次也是最后一次经济"危机"所打断。

1893 年 5 月 3 日，也就是世界哥伦布博览会（芝加哥世博会）在芝加哥开幕两天之后，股市崩溃了，进一步加剧了 2 月份已经出现的经济下滑。费城雷丁铁路公司陷入危机，接着是全国主要的绳索制造商，全国绳索公司。股票欺诈和各种贪腐行为的谣言满天飞，其他铁路公司，包括伊利、北太平洋、联合太平洋，以及艾奇逊，托皮卡和圣达菲铁路公司纷纷破产。大约 500 家银行、16000 家企业，其中包括三分之一的铁路公司都破产了。到该年 11 月，经济学者开始呼吁关注美国最大三个城市中的失业者：芝加哥大约有 10 万名失业者，纽约 8.5 万人，费城 5 万人。超过 10% 的失业数字会继续困扰这个国家未来数年之久。

陷入困境的不只是城市劳动者，农民的境况也岌岌可危。到 1890 年，大约 30% 的农民都背负了抵押贷款和债务。1893 年农作物价格随同经济一同暴跌。许多美国人由于失去抵押品赎回权和抵税拍卖而失去了自己的农庄。企业主们也感到手头拮据。一些制造商指责联邦货币政策导致的通货膨胀和高额进口关税给他们带来了痛苦。另一些人则批评克利夫兰政府的大手大脚是麻烦的根源。更有甚者，少数一些人指出花在世博会的数百万美元是造成经济低迷的原因。

1893 年的经济萧条标志着迄今为止美国人面对的最为严酷的经济危机的到来。经济危机来临时，挣工资为生的美国人比该国历史上任何时期都多。人们用工资购买商品。更多的美国人受到完全超出其控制的经济力量的影响。

随着经济萧条的加剧，全国各地的劳动者都在遭受着痛苦。成千上万的人失去了工作。失业者极其依赖亲朋好友的善意相帮。地方救助机构，比如公共援助和慈善机构提供的帮助非常有限。而且并非所有的美国人都愿意帮助他人。社会达尔文主义的信奉者认为慈善行为干扰了自然选择的进程——淘汰弱者

25

或不适者。在他们的心中，经济困难时期竞争环境加剧，"最适者"才能生存，其他人将会灭亡。一个与之相对立却日益流行的新教教派——所谓的社会福音派则试图通过提升公民意识来关注社会弊病。他们不仅支持个人和志愿机构的慈善行为，还主张政府采取行动缓解不幸者面临的困境，防止未来出现的危机。

就在很多人放弃希望的时候，1897 年底经济莫名其妙地开始飙升。纽约证券交易所的销售猛增，小麦出口暴涨，铁路扭亏为盈。随着信贷再次获得广泛应用，工厂开始重新雇用工人，新企业不断涌现。在投资银行家的帮助下，那些在经济萧条中幸存下来的企业得到了巩固，从而促进了更多综合性大公司的创建。随着经济大环境的繁荣，失业的美国人重返了工作岗位。

企业：从小到大

从第一本小说《衣衫褴褛的迪克》（1867）开始，霍雷肖·阿尔杰创立了一种新型流派的小说，将居住在工业大都市中心贫困的青年流浪者英雄化。凭借着不凡的勇气和坚毅，阿尔杰笔下年轻的主人公们同逆境作斗争，最终赢得了财富和赞誉。同其他"城市故事"一样，《衣衫褴褛的迪克》中的主人公最初是一个雄心勃勃的擦鞋男孩。他辛勤工作，运气也不错，最终摆脱贫困，成为一名邮政工作人员，成了受人尊敬的中产阶级。作为男孩子们的成功手册，阿尔杰的小说成为畅销书。到 1899 年去世，阿尔杰创作了大约 100 部以纽约市为背景的小说。与阿尔杰同时代的威廉·迪安·霍威尔斯在《斯拉斯·拉帕姆的崛起》（1895）中则采用了另一个自我造就者的主题。出生于贫苦农民家庭的企业家斯拉斯·拉帕姆在油漆行业获得了成功，因此成为一名百万富翁。霍威尔斯的作品是最早关注个体商人成功的小说之一。阿尔杰和霍威尔斯推广了白手起家的"廉价商店"小说主题，其很快就渗透到了美国文化当中。

小企业的发展

在《美国小企业史》（2003）中，历史学家曼塞尔·布莱克福德指出整个内战时期，小企业是美国经济的主要支柱。几乎所有的企业巨头都是由小企业发展而来的，许多小企业是独资企业。一直到 19 世纪 80 年代美国都是小企业的天下。随着铁路、制造企业和银行这样有影响力的大型企业迅速发展并开始主导美国经济新秩序，美国的企业不得不调整基础结构以满足日益增长的需求。一些企业苦苦挣扎以求生存，其中少数企业规模变得十分庞大。

零售业为小型企业演变为大型企业提供了一个很好的例子。爱尔兰移民亚历山大·特尼·斯图尔特 19 世纪中期率先提出了百货公司的理念。斯图尔特最初是纽约市的一名亚麻布卖家，但他迅速拓展了业务范围，向伊利运河沿岸的顾客提供定居内地所需的各种商品。19 世纪 60 年代他利用从祖父那里继承的钱在纽约百老汇开了一家商店，扩大了干货库存种类，包括成衣和各种不易腐烂的商品，以迎合城市购物者的需求。他还利用时装秀的模特展示从欧洲进口的服装，以此吸引女性。此外，他还开展了邮购业务。

斯图尔特的聪明才智为未来的百货公司树立了模式。零售商们紧随其后，开始直接从厂家采购商品，并将商品分门别类。从费城一个废弃的铁路仓库开始，约翰·沃纳梅克在其他城市建立了分店，为连锁商店的兴起铺平了道路，包括波士顿的法林百货，芝加哥的马歇尔·菲尔德百货和纽约的梅西百货。沃纳梅克意识到购物者在他的商店里花的时间越多，购买的商品就越多。为了改进购物体验，沃纳梅克推出了商店广告和电灯，在他的商店里安装了电梯，开设了餐厅。为了吸引更多富裕的购物者，他率先提出了退款保证和价格标签的概念。沃纳梅克还先于其他大型商店老板，开始迎合移民市场。他借鉴了欧洲市场的一些做法，将廉价商品放在地下室的便宜货箱中，雇用精通移民方言的销售人员，让顾客讨价还价购买商品。

28 　　罗兰·梅西是马萨诸塞州一个教友派信徒家庭里六个孩子中的老四。在马萨诸塞州开了四家不成功的干货店之后，梅西1858 年搬往纽约开了一家店。他在干货上加了一些"花哨的"消费品种类，包括服装和化妆品。梅西最终出售银器、瓷器、花卉、书籍、文具和家用电器。十几岁在家乡楠塔基特岛的一艘捕鲸船上工作时，梅西曾经在手上纹了一颗红星。这颗红星成为该店的商标。他最终扩大了自己的商店，将其搬到曼哈顿的主要购物区，只收现金，直到 20 世纪 50 年代。

　　规模的扩大、品种的增加催生出了沃纳梅克所说的"新型商店"。这些百货商店从建筑上看像规划设计的集贸市场。它们采用天窗和吊灯来采光，玻璃窗中的陈列品装饰着商场。百货商店还建有餐厅、邮政服务处、女士休息室、公共卫生间、花园和图书馆。到 20 世纪初，这些"消费者宫殿"成为城市购物者的首选。市中心三到四层的百货商店成为城市大众市场的象征。

　　其他商人利用了连锁店的概念。大西洋与太平洋茶叶公司（后来更名为 A&P）成为第一批连锁杂货店之一。它于 1869 年开张，同年横贯大陆的铁路建成。大西洋与太平洋茶叶公司是乔治·亨廷顿·哈特福特和乔治·弗朗西斯·吉尔曼合伙开办的。哈特福特利用吉尔曼作为杂货商和有钱船东儿子的关系，从纽约码头帆船上直接购买咖啡和茶。由于没有中间商，这对合作伙伴能够以"货运价格"出售其商品。他们很快拓展到了全国各地，在新店开张之际利用促销活动、赠送陶器和石版画来吸引顾客。到 1900 年，全国有超过 200 家 A&P 商店。公司的成功很大程度上是由于其向消费者提供优惠和激励措施的创新策略。该店保持着较低的管理成本，不向顾客提供信贷。其"俱乐部计划"向组织俱乐部进行大宗邮购的客户提供额外三分之一的折扣。到 1886 年，成立了数百家这样的俱乐部。公司率先提出了私人品牌和公司自有品牌的理念。大美茶叶公司推出了自己廉价茶叶和咖啡的混合物，包括受欢迎的"八点钟"混合饮品。

　　弗兰克·温菲尔德·伍尔沃斯 1881 年在宾夕法尼亚州兰开斯特开办了他的伍尔沃斯店。这是一家"五分一角"药品杂货店，购物者能够在这里购买钩针、钥匙扣和婴儿用品等廉价商品。曾经当过干货店员的伍尔沃斯以前几次尝试在家乡纽约北部开办新奇廉价的货品店，但都失败了。不过以低于一角的价格销售特色新奇物品的想法是成功的，因此他在英格兰开了一家店。短短几年间，伍尔沃斯成为掌控 600 多家商店的百万富翁。1910 年，伍尔沃斯将纽约百老汇一幢 792 英尺高、哥特式风格的摩天大楼设为其公司总部。

　　在农村地区，邮购商品目录——先是蒙哥马利·沃德零售邮购公司，后来有西尔斯·罗巴克公司——使得购物变得更加便捷。蒙哥马利·沃德公司利用其与格兰其运动供应商的关系提供邮购商品。理查德·西尔斯则是一位铁路代理商，于 1886 年进入了邮购业务领域。有了邮购商品目录，农村家庭不再需要长途跋涉到最近的城市去购物，他们能够从产品目录中订购各种成品，从服装到农具。尽管受到杂货商和当地商人的抵制，

29

但几乎每个农村家庭都拥有一本西尔斯产品目录，俗称"农民圣经"。它们非常受欢迎，以至于学校常常将其用到数学和地理课上。到1910年，估计有1000万的美国人通过邮寄购物，没见到现货就购买产品，并保证满意。精明的城市广告商迎合日益壮大的移民市场，使用明信片、报纸广告、商业名片和免费日历来传达其信息，激发消费者的好奇心。

30

对竞争的担心使得大型企业和小型企业之间的关系变得十分紧张。一些店主试图游说政府制定法律来限制百货商店的扩张，但没有成功。还有一些人，像小威廉·瑞格利，起初受到大型商店竞争的重创，但后来却从大型商店的创新中受益良多。

威廉·瑞格利13岁时就是个出色的推销员了，以在费城为父亲的公司推销肥皂时始终彬彬有礼而闻名。1885年娶了艾达·富特之后，瑞格利决定到芝加哥去碰碰运气，在那里他将自己品牌的洗涤皂和发酵粉卖给其他商家。其销售策略之一是每次销售都赠送一种免费产品。他卖过雨伞、烹饪书和化妆品。有段时间，每次销售他都搭上一包免费的"Zone"牌口香糖。当顾客们开始想要更多的口香糖时，瑞格利就决定开发自己品牌的口香糖。1891年他开办了自己的口香糖公司，之后，到1893年箭牌口香糖公司推出了果汁和薄荷口香糖。尽管1907年发生了经济滑坡，但瑞格利用25万美元贷款维持住了公司。他还不断制作创意广告计划。1915年他收集了全国所有公开发行的电话簿中所列出的地址，开始了一项极其成功的营销活动，向每个家庭免费发送一包口香糖。口香糖获得的利润使得他能够投资芝加哥小熊队，并最终从加利福尼亚海岸买下了卡特琳娜岛。

亚特兰大药剂师兼化验师约翰·彭伯顿是一位19岁获得医学学位的联邦退伍老兵。他为其源于法国配方的神经兴奋剂和头痛药物制订了一个巧妙的营销方案。1886 年富尔顿县通过禁酒令后，他重新调整了彭伯顿法国葡萄酒古柯配方，用糖替代了其中的葡萄酒成分。彭伯顿宣传他的古柯糖浆时说，它与苏打水混合在一起创造出了一种"可口，并令人愉悦、清爽和振奋的"汽水饮料，而且这是一种理想的"节制饮品"。他将这种不含酒精的饮品重新命名为可口可乐，让儿子查尔斯负责营销，这样他就能够在 1887 年亚特兰大废止禁酒令时将注意力转回到法国葡萄酒古柯的生产上。1888 年彭伯顿将公司卖掉，同年去世。新老板阿萨·坎德勒成功地将公司推向了国际市场。

19 世纪末，芝加哥律师阿道弗斯·格林决心要利用一下机械、铁路货运和方便食品领域的新进步。他创建了美国饼干制造公司，后来经过兼并成为全国饼干公司（即后来的纳贝斯克公司）。与此同时，公司员工利用起酥油创制了尤尼塔饼干，这种"薄脆饼干"很快成为公司的主打产品。格林的法律合伙人弗兰克·彼得斯对包装进行了实验。其密封蜡纸衬里的防潮纸板箱既保持了饼干的干爽，又保护了饼干免受破损。公司老板决定将单独盒装的苏打饼干直接递送到杂货店，以确保食品的新鲜，在此之前杂货店只能销售大木桶盛放的散装饼干。

纳贝斯克公司适时推出了首个百万美元的广告促销活动，很快该商品就成为全国知名的品牌。这种薄饼干一盒卖五美分，包装盒上是穿着黄雨衣拿着一盒尤尼塔饼干的小男孩，这是历史上最成功的广告之一。当男孩的形象出现在玩具上、动画片和照片里，它就深深地渗入到了美国文化当中。包装箱的使用大大促进了纸箱行业的发展。自 19 世纪 80 年代起，食品都是罐装销售的，但尤尼塔饼干改变了许多食品和物品的包装方式。这是首个以包装方便食品为特色的广告活动。其他食品公司，比如 1893 年在芝加哥世博会上首次推出其产品的桂格燕麦，就仿效该做法，将燕麦装在纸箱中，在全国范围宣传其桂格派教友形象的商标。全国饼干公司成为保障食品质量、推动食品卫生的领导者，倡议在全国层面进行食品立法。该公司在游说通过1906年《纯净食品和药品法》的过程中起到了重要的作用。

32　　用卫生密封罐、包装盒和瓶子盛装的加工食品，贴上商标，通过广告宣传很容易被人们识别，这就改变了美国人吃东西的方式。尽管19世纪80年代起面粉就成了加工食品，但面粉与其他原料预混合制成的"混合粉"却是后来才出现的。那时密苏里州圣约瑟夫的报纸编辑克里斯·L.拉特和他的朋友查尔斯 G.安德伍德决定要利用他们1888年购买的磨粉机磨出的多余面粉来制作销售煎饼混合粉。他们面对的是一个供大于求的面粉市场，需要某种方式去消化磨粉机生产的多余面粉。借助民谣歌曲和杂耍表演的流行，他们在1893年芝加哥世界博览会上推出了以流行歌曲"老杰迈玛阿姨"命名的产品——杰迈玛阿姨煎饼粉，从而为包装混合粉和布丁的生产销售铺平了道路。

在匹兹堡，德国二代移民亨利·约翰·海因茨彻底改革了国内传统的"储藏"或"罐装"食品的加工方式。海因茨很小的时候就在母亲的花园中种植蔬菜，开始了其职业生涯。十几岁时他就拥有了一批忠实的客户，他们欣赏这个年轻人彬彬有礼的销售方式。25岁结婚后，海因茨开始兜售瓶装芥末和芹菜酱，但事实证明是不成功的。1876年他在亲戚的帮助下重新创业进行番茄酱灌装。农业商品生产、新型罐装方式和广告活动三者的结合使他到1900年成为全国最大的食品加工商。海因茨与其他几位成功的食品企业家一起努力推动了《纯净食品和药品法》的通过。

菲利普·阿穆尔出生在纽约北部的一个农场，在加利福尼亚的金矿待过，还曾在密尔沃基一家包装厂工作，之后1872年与兄弟一起在芝加哥租赁了一家猪肉制品包装厂。1874年他们收购了一家厂子，采用亨利·福特所说的"分割流水线"，处理动物的所有部位。事实证明阿穆尔的方法有利可图，但也导致了大量的污染和不卫生的操作。他自诩为慈善家，可他雇用的大部分移民劳工都是在极其肮脏的环境中生活和工作，就像厄普顿·辛克莱的经典小说《屠宰场》中所描述的状况一样。阿穆尔也极其憎恶工会，他破坏了两次罢工，一次在1886年，另一次是在1894年。

到1915年，很大程度上由于健康改革者的努力，约翰和威廉·凯洛格兄弟以及 C. W. 波斯特生产的燕麦片取代了丰盛但高卡路里的美式早餐。约翰·凯洛格同他的七日教家庭一起搬到了密歇根州的巴特克里市。他很早就开始在父亲的扫帚厂工作，后来也在几个印刷店工作过。1875年凯洛格从贝尔维尤医学院（现为纽约大学的一部分）获得了医学学位。凭着其坚实的医学背景，凯洛格成为巴特克里七日教西部健康改革研究所的医学主管。他立即着手将改革研究所改造成了"一个人们学会保持良好状态的地方"。他研究评测"巴特克里理念"，即饮食、锻炼、正确的姿势、新鲜的空气和充分的休息对个人健康的影响。其成功项目源于七日教信徒素食主义和节制的原则。约翰和他的兄弟尝试将小麦粉加工成疗养院病人的食品，其间偶然有了烘烤干片的想法。威廉·凯洛格不断尝试，加入糖，最终研制出了烤玉米片。对这种添加食品，威廉与约翰产生了分歧，之后他于1906年开办了巴特克里玉米片公司。凯洛格的玉米片受到美国人极大的欢迎，他们寻找的就是这样一种快速方便的早餐。

查尔斯·威廉·波斯特也被认为是包装食品行业的先驱。他就读于今天的伊利诺伊大学，之后成为一名农业机械制造商。

1891 年由于要治疗工作引发的精神压力，波斯特去了巴特克里疗养院。这次访问启发他创建了波斯敦麦片公司。1898 年粒状麦粉作为治疗阑尾炎、肺痨、疟疾和牙齿松动的一种有效食品首次亮相。

综观全国各地，中小企业与大型企业间的竞争持续不断。一些小型制造企业通过生产特色产品设法生存了下来。比如在费城，大型工厂接管了基本的布料生产，于是一些小型纺织厂就专门生产高品质的布料。其他许多小型企业，诸如餐馆、洗衣店、酒吧、报纸和生产服装、珠宝、木材、皮革和家具的公司一直运转良好，没有受到大型企业竞争的直接威胁。大多数小企业都是独资或合伙经营。

尽管许多独资企业、合伙企业和家族企业一直在运营，但还是有些小型企业在公司发展过程中失败了。公司能够建立销售和分销网络，从而打破了商家对小型分销商的依赖。通过使用这些现代营销术获得成功的最好例子是美国的胜家缝纫机公司。艾萨克·辛格没有发明缝纫机，但门对门的营销方式使他的公司主导了这个行业。辛格还向工薪阶层家庭提供分期付款计划，这样人们就能用一系列掏得起的付款来购买产品。胜家的销售人员不仅在城市社区推销其产品，还深入农村地区吸引偏远的农村居民。胜家公司早期的成功很大程度上要归功于针对农妇的销售。胜家也是第一批利用国际广告推销产品的公司之一。办公机器和农业设备制造商们学习胜家的创新术，有效超越了竞争对手，占领了市场。

大企业

历史学家格伦·波特在《大企业的崛起》（1992）中指出，内战之后"国家对自身进行了重塑，以适应现代企业的要求"。

尽管有些人可能不赞同波特的这一评价，但所有人都认同大企业在将美国从一个农业社会变成城市工业国家的过程中发挥了主要作用。从 19 世纪 80 年代开始，国家铁路和电报网络的建成以及包括煤炭和石油在内的能源技术的发展为大企业的统治开启了大门。

35

　　作为第一批公司，铁路公司开发了复杂的会计程序和商业惯例。为了创建一个全国同步的时间表系统，铁路公司采用了四个标准时区。到 1899 年，六条铁路线控制了全美 95% 的铁路轨道。通过合并整合，这些铁路公司经由大企业，发展成了托拉斯。铁路和电报公司的特点是董事会与职业经理人权力分开，前者制定政策，后者负责制定生产计划以及生产和销售目标。董事会控制资本，即资金和物资，并制定指导公司发展的政策。银行家经常列席董事会，通过向其贷款影响公司的发展方向，对其施加限制。所有权和控制权的分离可能是大企业最显著的特征。

　　一些企业主仿效了安德鲁·梅隆的发展模式，他通过购买大量证券控制了海湾石油公司和美国铝业公司。职业经理人负责协调企业工作环境，监督工作人员。经理们穿着商界公认的得体服装——整洁严谨的蓝哔叽套装、白领衬衫加领带，用组织统计表来总结工作的进展。

　　有些企业，例如约翰·D. 洛克菲勒的标准石油公司，最初是通过"横向一体化"发展起来的，控制了某个商品或产品大部分乃至全部的供应，就他而言全国所有的煤气灯使用的都是他的煤油。来自纽约里奇福德的洛克菲勒从他的母亲，一位严于律己、虔诚信教的农妇那里懂得了存钱的价值。洛克菲勒的父亲则很少教导儿子。老洛克菲勒经常离家，四处寻找治疗癌症的办法，后来将这种疗法以 25 美元的价格卖了出去。农村男

36　孩小洛克菲勒为当地农民干杂活，为母亲养火鸡，由此存了50美元。他的母亲说服他将这笔钱借给了当地的一位农民。当这位农民一年之后以7%的利息偿还他这笔钱的时候，洛克菲勒学会了宝贵的一课——他要让他的金钱为他工作，而不是成为一个努力工作挣钱的奴仆。

在全家搬到克利夫兰之后，洛克菲勒短暂地读了一阵子商学院，16岁时获得了他的第一份工作，担任一家农产品运输公司的助理簿记员。他的勤奋以及处理复杂运输交易的能力给雇主留下了深刻的印象。最终，洛克菲勒20岁时与一位邻居合伙开了自己的粮食运输公司。此后不久，洛克菲勒在新兴石油冶炼行业中看到了机会，参与了这一新兴行业的加工和运输。很快他获得了巨大的成功，收购了所有的竞争对手，从而控制了全国所有的煤油生产。1863年之后，洛克菲勒巩固了其对煤油市场的横向控制，此时如果美国人需要煤油，唯一的选择就是从洛克菲勒的公司去购买。接着，洛克菲勒垄断了整个美国石油行业。

其他一些生产食品、化工、机械、石油和金属的行业出现在资本和能源密集型地区，特别是东北地区的工业可以进行大批量标准化生产。这些行业倾向于"垂直"整合，这意味着他们试图控制产品生产和销售的所有环节，从原材料供应到最终产品的制造、销售和分销（在许多情况下获得了成功）。一些企业主甚至整合了自己的油轮船队在国际上销售他们的产品。

19世纪90年代许多企业，诸如铁路、轮船、城市交通（电车和缆车），通讯（包括电话和电报公司），电力照明，化学品，石油，煤炭和保险业等开始跨越国界发展。可口可乐公司和美
37　国联合果品公司是美国公司中早期的两个例子。它们开始在加拿大和墨西哥销售产品，并在两国投资数百万美元，以缓解

1893 年经济大萧条对其利润的冲击。到 20 世纪初拥有一个或多个外国工厂的公司包括杜邦、福特汽车、通用电气和吉列。到 1917 年，由于美国参与了一战相关的工业，其大型制造公司主要集中在金属、食品加工、运输设备、机器制造、炼油和化学产品等领域。

兼并与垄断

1893 年大萧条前夕，比起其他所有竞争对手，美国生产了更多的木材和钢材，提炼了更多的石油，包装了更多的肉罐头，提取了更多的金银煤铁。经济增长如此迅速有以下几个原因。首先，企业需要一个稳定有序的发展环境。除了若干孤立的劳工罢工之外，美国的经济环境满足了这种需求。此外，美国的法律结构也有利于大企业的早期发展，因为当时还未制定任何法规来制约企业的发展。如果发生劳资纠纷，政府当局总是站在雇主一边。最后，正如商业史学家阿尔弗雷德·钱德勒所说，美国企业的蓬勃发展是因为拥有丰富的本土资源。不过商界领袖也愿意引进国外的资本和想法。查尔斯·阿尔弗雷德·皮尔斯伯里前往欧洲，将钢制面团辊带回明尼阿波利斯的工厂，使其面粉走上了国际市场。即将成为钢铁巨头的安德鲁·卡内基则从英格兰引进了亨利·贝塞默的钢铁工艺，这是第一个廉价的工业流程，实现了熔融生铁到钢的大规模生产。商业领袖之间相互联系。他们交换专利，参加新产品展览会，阅读贸易和技术期刊。

始于 1895 年前后的"兼并运动"持续了大约十年，很大程度上成为企业无限制增长的原因。在谋求控制市场的过程中，公司收购竞争对手，规模日益庞大。1901 年美国钢铁公司与 158 家公司合并成为一个机构时，美国企业开始转换模式：一个人

38

在台前管理公司，而真正的管理权是在幕后的董事会手中。

劳 工

有关进步时代历史的早期著作充斥着对进步派政治家和改革者的描述，他们驯服了强盗大亨，清理了城市，净化了政治，为社会福利铺平了道路。然而，20 世纪的大部分时间里，有兴趣研究进步时代工人生活的学生很难获得资料，因为劳工史直到 20 世纪 70 年代才成为正式的研究领域。而且，当学者们终于开始撰写有关工人及其经历的文章时，他们主要关注的是有组织行业中本土出生的男性，非洲裔美国人、墨西哥裔美国人和女工则很少得到关注。劳工史学家们很快意识到，大多数工人，无论是白人还是其他种族的工人都忙于漫长的工作，无暇撰写回忆录。并且，少数族裔的工人许多都是文盲，从而导致了这些历史模糊地带的产生。

尽管进步时代出现了所谓"扒粪者"这样的调查记者，但直到最近几十年，学术研究才把工人列为研究对象，成为劳工史学家梅尔文·杜波夫斯基在《工业主义与美国工人，1865—1920》（1996）中所谓"改革剧"的角色。雇主们的心血来潮和开放市场的起起伏伏决定着工人们的生活。整个 1893 年经济萧条期间工人们的日子都不好过，1894 年全国失业率猛增，并在未来三年保持高位。在经济萧条的第一年，据美国最大的劳工组织美国劳工联合会估计，全国失业人数超过了 300 万，联合会领导人鼓励失业人员举行大规模示威活动。艰难的境况迫使联合会主席塞缪尔·龚帕斯暂时放弃了对自主自愿原则的执念。这一原则认为工人不应该依赖政府的支持，而应该努力自给自足。1893 年夏天，龚帕斯要求纽约市为失业工人直接提供现金救济。到该年年底，劳工联合会要求联邦政府发行五亿美元纸币以资助公共工程项目。但这些要求都没有受到重视。

有些人，如俄亥俄州商人雅各布·S.科克塞，甚至走得更远。1894年春，一家成功的硅砂公司老板科克塞组织了一支由失业男子组成的"工业大军"到华盛顿特区游行，要求"为每个能够并愿意工作的人提供就业机会"。科克塞提出的创造就业计划是依靠联邦公共工程资金为失业者提供就业机会。科克塞及其队伍在穿越工业城镇前往华盛顿的途中受到了围观者们的欢呼，其追随者（他们进入首都时还不足500人）遭遇了大约1500名美国士兵的阻拦。格罗弗·克利夫兰总统和国会都没有回应科克塞的要求。相反，警方以非法入侵的罪名逮捕了科克塞，并解散了游行者。虽然政府没有以科克塞期望的方式作出回应，但他的示威确实迫使政府和公众注意到了失业状况。当时的一位年轻观察家，社会学家托斯丹·凡勃伦认为，重要的并不在于政府做出了多少努力，而在于人们需要联邦政府的援助。凡勃伦认为政府对于公民福利负有基本责任，这在当时是相当激进的观念。科克塞在监狱服刑20天后回到了俄亥俄州，随着经济回升，他的支持率下降了。

巧合的是，1896年经济萧条开始回暖时，探矿者在阿拉斯加的克朗代克河发现了金矿。然而，经济衰退的程度之深、持续时间之长使工人们对现代工作场所的变化感到"茫然"。此外，技术的同时出现和改进意味着生活节奏的加快。在博览会上首次亮相的同步时钟立刻被工厂、学校甚至教堂采用。工人们一旦回到工作岗位，低廉的工资、漫长的劳作时间和不安全的工作环境就成为他们最为关注的问题。如果在工作中受伤或残疾而失去工作，或者没有得到补偿，他们甚至连失业保险这样的基本保障体系都没有。在19世纪的最后几年，工人们，无论男性还是女性，都走上了改善其处境的漫长道路。

工作环境的改变

1880—1900 年，美国有偿雇佣工人增加了 1200 万。从事农业生产的工人数量有所下降，服装和烟草行业的工人数量则翻了一番。除了走进工厂大门的工人数量增加之外，人们的工作节奏也发生了巨大变化。对于离开家庭农场走进工厂或乘坐轮船前往美国的工人们来说，阳光下农村生活缓慢自然的步伐很快就让位于人造灯光下机器的轰鸣。工人们不再看太阳来计时，而是打计时卡上下班。在陌生的地方，被陌生的面孔包围着，许多工人被指定学习一项单一枯燥的工作，从"打卡上班"到"打卡下班"，他们一直在重复着这项工作。

工作场所的紧张氛围围绕的是一个焦点——工人们想要控制自己的劳动，而管理者们却要尽力控制这些劳动力。老板们对"新手"没什么耐心，这些新来的移民根本不了解现代工作场所对他们的期望和要求。新来者各种各样的种族和宗教习俗尤其让他们厌恶。工头们强迫移民美国化：学习英语，在工作中讲英语，并努力提高工作效率。那些从美国农村进入城市的工人同样也有这样的疏离感。

到 19 世纪末，"血汗工厂"雇用了比以往更多的工人。服装制造商负责提供原材料、服装设计和最终的产品销售，将成衣的实际加工包装交给承包商。承包商会租一个工作场所，配好缝纫机器，雇上 10—20 名工人，往往都是女性移民，每个工人负责一件特定的工作。制造商每件服装向承包商支付固定的价格，承包商则根据店铺最终的成衣数量向工人们支付"计件工资"。为了获得最高利润，承包商们尽量压低工资、延长工作时间"剥削"他们的雇员。

纽约迅速成为服装生产领域的主导力量。其制造商得益于交通运输的进步、商用机器的引进以及劳动力的专业化。1904年地铁系统的开通使得工人，甚至是贫穷的工人都能够通勤工作。此外，服装行业实现了现代化，搬往城郊，加强了大型工厂的员工队伍，拥有了更多更快的缝纫和剪裁机器。缝纫机操作员专门制作袖子、翻领、口袋、纽孔和袖口，不必将整件衣服缝在一起。在男装生产中心芝加哥，制造商们采用更加精良的材料和高质量的工艺生产更高等级的服装，在公开市场上彼此竞争。芝加哥的一家公司，哈特、夏弗纳和马克斯公司还率先开展了全国性的广告宣传活动，提升成衣服装的形象。

组织斗争

1877 年，即战后重建结束的同一年，美国经历了第一次真正的全国性罢工。铁路工人起来抗议西弗吉尼亚州马丁斯堡的连续减薪。罢工从铁路蔓延到工厂和作坊，从马里兰州的巴尔的摩蔓延到加利福尼亚州的旧金山，乃至全国各地。海耶斯总统对工人动用了联邦部队，刺激了工人运动的进一步发展。不过，这些运动对工业家力量的打击是微不足道的：他们的业务继续增长，与政府实现了结盟，可以替代一人或多人工作的技术进步削弱了工人的力量。工人在企业主那里备受挫折，在即将到来的进步时代，劳工问题无疑会继续恶化。

在整个 19 世纪晚期，工人们一致行动，共同努力改善他们的处境。其中 1886 年在芝加哥秣市广场发生的秣市暴乱，是劳工们的一次惨败。事情起初是麦考密克收割机厂的工人停工抗议，要求改善工作条件并确保每天工作八小时。美国劳工联合会的前身——劳工骑士团，推动"大工会"（即一个兼容并包的工人协会，所有工人无论属于哪个工种都可以参加）组织一次

42

43

集会来支持工人们的抗议。1886 年 5 月 1 日的集会是以和平方式结束的，但两天之后发生的一次冲突使得警察向人群开火，造成四名工人致命伤。第二天，由无政府主义者和激进分子组织的第二拨人数相对较少的民众聚集起来，抗议芝加哥警方在秣市广场组织的枪杀事件。其间，有人向警察扔了一枚炸弹，造成 8 名警察死亡。警方随即对人群进行了疯狂射击，使得 8 人死亡，约 100 人受伤。一些无政府主义者和激进分子遭到围捕并被指控犯有阴谋罪。尽管到目前为止还未确定是谁投掷了这枚炸弹，但所有 8 名被指控者都被定了罪。一人自杀，四人被绞死，其余三人①1893 年被伊利诺伊州州长约翰·彼得·阿尔盖德赦免。秣市事件或人们所知的秣市惨案使得公众将工会所有成员及其组织者，甚至当时美国最大的组织——温和的劳工骑士团的成员都打上了激进分子或无政府主义者的标签。事实上，秣市事件对劳工组织的声誉造成了沉重的打击，在接下来的十年里，1892 年波及全国的霍姆斯特德钢铁工人大罢工和1894 年普尔曼卧车公司工人大罢工进一步损害了他们的声誉。

　　1892 年 6 月，钢铁巨头安德鲁·卡内基离开美国回老家苏格兰度长假，让其经理亨利·克莱·弗里克掌管他在宾夕法尼亚州匹兹堡附近的霍姆斯特德炼钢厂。卡内基打算雇用一批听话且廉价的工人，人数将近四千。弗里克想方设法要拆散钢铁锡工人联合会——美国劳工联合会支持下由大约 700 名技术工人组成的一个联盟。同月晚些时候，弗里克设立路障将联合会工人挡在外面，并召集来了替代人员，即罢工者戏称的工贼。他还从平克顿侦探局雇了 300 名武装警卫。7 月 5 日，被挡在外

---

① 原文为 four，审核历史细节为：四人绞死，一人自杀于狱中，其他三人被赦。——译者注

面的联合会工人同平克顿警卫发生了冲突，双方各死了十几个
人，许多人受伤。虽然平克顿警卫最终撤退了，但冲突持续了 6
个月，宾夕法尼亚州其他卡内基工厂的工人也起来罢工以示同
情。最终，在卡内基公司的游说下，宾州州长召集该州民兵平
息了罢工。在这次事件中，尽管工人们没有得到他们要求的东
西，但对于资本的巨大力量他们有了深刻的了解，并开始警惕
商人对州政府施加的影响。钢铁业对行业工会大胆而勇敢的呼
吁使人们产生了一个更为了不起的想法——在全国建立行业工
会。几个星期以来，报纸上有关霍姆斯特德暴力事件的报道很
大程度上将公众舆论推向了劳工一方。然而，在罢工结束几个
星期后，与联合会没有任何关系的无政府主义者亚历山大·伯
克曼试图在其纽约办公室刺杀亨利·弗里克。伯克曼两次击中
弗里克差点就杀死了他，不过最终弗里克逃过了此劫，公众就
此厌弃了工人运动。

　　两年后，在经济萧条期间，伊利诺伊州普尔曼的工人举行
了一次罢工。铁路客车制造商乔治·普尔曼在这里建造了一座
模范企业镇。在普尔曼的体系下，公司的工人住在公司提供的
住房里，去公司赞助的教堂，并把孩子送到普尔曼经营的学校。
普尔曼的房屋租金比邻近的芝加哥高出大约 25%。于是当普尔
曼减薪 40%，同时不降租金或公用事业费率时，工人委员会试
图与他商讨一下这个问题，然而他没有商讨，反倒解雇了 3 名
工人。工人们向美国铁路联盟的尤金·德布斯寻求帮助。德布
斯所在联盟发出强烈呼吁，要求在全国范围内抵制所有使用普
尔曼卧车的铁路公司。

　　这次抵制行动以及 26 个州 25 万工人参加的声援罢工，造成
仲夏全国铁路交通的瘫痪。与此同时，由 26 个芝加哥地区铁路
公司组成的总经理协会下令解雇任何拒绝上班的工人。克利夫

45

兰行政当局允许将邮车挂靠在火车上，这样一来根据有关干扰邮件传递的联邦禁令，阻止铁路运输的罢工者就会受到指控。曾在几家铁路公司董事会任职的检察长理查德·奥尔尼在联邦法院系统中获得了针对罢工者的全面禁令。6个州召集了联邦军队和民兵。军队和罢工者之间的暴力冲突导致至少15名工人死亡。无奈之下，劳工联合会主席塞缪尔·龚帕斯敦促隶属联合会分支机构的工人重返工作岗位，德布斯及其铁路联盟的同伴被捕入狱。

不到五年，铁路联盟就解散了。德布斯本人从冲突中脱颖而出，成为美国工人阶级的英雄，加入社会党，并四次竞选总统。在19世纪末的3次劳资冲突中，雇主在政府当局的帮助下打败了工人。其后直到政府开始站在雇员而非雇主一方插手干预时，人们的工作条件才得以改善。

19世纪60年代末，在美国第一个劳工联合会——全国劳工联盟的灰烬上出现了劳工骑士团，到19世纪70年代该组织成为当时全国最大的劳工组织。1869年由费城9位裁缝秘密创建、尤赖亚·史蒂芬斯领导的劳工骑士团挑战了原有观念，公开支持工联主义理念。该组织欢迎几乎所有的工人加入，无论其职业、性别，或者种族背景如何，这意味到19世纪80年代劳工骑士团成员的数量估计达到了近100万。在主席特伦斯·鲍德利的领导下，骑士团拒绝接纳中国工人，其章程还排除了职业赌徒、律师、银行家、股票经纪人和酒商之类的"寄生虫"。骑士团的目标包括废除童工，实现女性同工同酬，接纳黑人劳工的融入，以及建立分级累进的联邦所得税制度。骑士团留给人们意义最深远的遗产就是其呼吁实现的八小时工作日制度。

然而不到十年，骑士团就失去了人们的欢迎，主要是因为劳资冲突对工人声誉造成了损害。除了帮助组织那场流产了的

针对杰伊·古尔德西南铁路公司的罢工之外，骑士团还领导了
1886 年 5 月 1 日的劳动节大罢工，该罢工以暴力、灾难性的秣
市事件而告终。由于受到暴力事件的指责，骑士团最终解散了。

在骑士团受公众压力被迫解散时，由雪茄制造商塞缪尔·
龚帕斯领导的美国劳工联合会出现了。这个新组织只吸纳那些
愿意为大公司工作的白人熟练工。随着时间的推移，劳动力队
伍发生了变化，"熟练"工一般指娴熟掌握工厂相关工种技术的
工人。随着 1893 年经济萧条的结束，工人对集体行动的需求增
加了，因此传统工会和激进工会的成员数量都有所增加。1897
年美国劳工联合会有 447000 名会员，随后翻了一番，到 1900 年
自称拥有近 868000 名会员。

职业女性

到 1890 年，在全国最大的城市地区有四分之一的女性工作
挣钱。美国妇女研究领域的历史学家赞同爱丽丝·凯斯勒 - 哈
里斯在《妇女一直在工作》（1981）中的观点，认为无论婚姻状
况如何，贫穷的少数族裔妇女一直在工作。大多数职业女性并
不像通常假设的那样为挣点"零花钱"工作，即花在生活奢侈
品上的额外金钱，而是出于经济上的需要去工作。许多妇女在
纺织厂和洗衣店担任机器操作员，在百货商店当零售店员，以
及在餐厅的厨房或柜台做帮手。而男性就业往往集中在铁路、
建筑、金属加工和采矿等"硬工业"领域。

到 19 世纪末，文秘工作成为女性就业增长最迅速的领域之
一。1870 年之前，商务办公室的规模一般较小，只有男性员工，
但到了 1900 年，办公室大约三分之一的员工通常都是本地出生
的白人年轻女性。由于打字机是一项新发明，与任何一种性别
没有历史联系，因此女性利用这个机会在高中、商学院，甚至

当地基督教女青年会开设的课堂中学习打字机操作。文秘工作收入不错，而且由于男性职员有望成为管理者，女性就填补了工业官僚机构对于文秘人员不断增长的需求，以及政府对于公务员的需求。除了打字机之外，女性还学会了操作录音电话、油印机和加法机。白衬衫（宽松式）黑裙子被认为是女性职员实用的办公室穿搭，再扎一个"高髻"就彻底完成了。艺术家查尔斯·丹娜·吉布森在他的插图中永远地保留下了这种"吉布森女孩"的特色风格。

女性参加工作的情况因民族和种族而异。例如，纽约州水牛城的未婚波兰女性通常在工厂做工或在私人住宅中担任家庭佣工，来自意大利南部的未婚女性则往往成为农业工人或接受"居家工作"，即在家中进行有偿的工业劳动。女性居家工作能让她们留在家中工作，同时照看孩子，并完成丈夫想让她们干的家务活。女性居家工作者常常聚集在一个阳光明媚的房间里，彼此陪伴进行单调枯燥的手工劳动。当时最著名的摄影师之一路易斯·海恩拍摄了一家人围坐厨房桌子工作的情景，她们制作假花、给坚果剥壳，或者做衣服。

48　1900年之前，女性更多的是当"私人家庭工人"，直到这一年家用技术开始逐步取代她们的角色。大约有三分之一的职业女性靠做家佣谋生。在该领域，本土出生的白人女性先是被爱尔兰移民排挤，后来又被来自南方的非洲裔美国女性所取代。在19世纪晚期的费城，90%的非洲裔美国妇女都在外做家佣。

除民族和种族之外，婚姻状况也往往决定着女性的工作参与情况。许多进步时代的美国人认为，在外就业的已婚女性踏出了家庭的藩篱。弗吉尼亚·严斯 - 麦克劳克林在《家庭与社区：水牛城的意大利移民，1880—1930》（1982）中对水牛城意

49　大利妇女的研究表明：已婚妇女几乎都会从事丈夫认可的工作

去贴补家用，接待寄宿生或者在罐头厂做季节工。

到了 20 世纪初，随着越来越多的妻子加入劳动者队伍，已婚女性属于家庭这个维多利亚时代的看法逐渐淡化了。1890 年，只有不到 5% 的已婚妇女工作挣钱，但到 1920 年，这个比例翻了一番。当时的现实是，职业女性一直忍受着比男性更低的工资和更少的机会。熟练的男性工人建立工会要求更高的工资和更短的工作日，但这些工会对组织或招募女性成员没有兴趣。

非洲裔美国工人

从 20 世纪 70 年代起，历史学家记录了大迁徙，即非洲裔美国人从南方大规模地迁移到北部和西部的工业化城市，迁徙始于第一次世界大战前。几十年来，数百万贫穷的黑人沿着铁路为他们开辟的路线走出贫困的南方，来到了费城、纽约、芝加哥、底特律，甚至向西远到旧金山这样的地方。在 20 世纪之交，90% 的黑人生活在南方，而到了 1920 年，美国黑人中有一半生活在北部或中西部的城市里。

进入北方的黑人不一定能够摆脱偏见和歧视，然而这些新来者们的确成功摆脱了南方无处不在的私刑和罪犯租赁制度。在种族歧视根深蒂固的南方，这种威胁是常常侵扰黑人的噩梦。伊莎贝尔·威尔克森的《其他太阳的温暖：美国大迁徙的史诗故事》（2010）中所载的学术研究成果表明：冒险迁徙的南部黑人并不像许多学者曾经认为的那样是文盲或者非常贫穷。令人惊讶的是，与北方出生的黑人相比，迁徙过来的黑人就业率普遍较高，家庭也更稳定。迁来的黑人男性只能找到少数一些卑贱的工作，而非洲裔女性在北方倒是更容易找到家政工作，乃至工厂里的工作。北方的生活也为黑人儿童提供了更多的教育机会。历史学家们推测，由于非洲裔美国工人一战前很少出现

50

在工业舞台上，所以白人进步派改革者很少关注他们，无论男女。一些中产阶级的黑人妇女成为活跃的进步派改革者，并建立了自己的种族组织以消除种族隔离和私刑。然而，她们似乎也忽视了黑人劳工所面临的困境。

移民工人

1880—1920 年间，两千多万移民进入了美国。到 1900 年，移民至少占芝加哥、纽约和波士顿人口的三分之一。来自斯堪的纳维亚和中欧的新移民到西部去寻找农田，来自南欧和东欧众多没有一技之长的欧洲农民则大多进了美国城市的厂矿、仓库、码头和货场。在小城市，不同的种族群体一起聚居在工厂或铁路站场附近，男性移民及其子女往往在这里找到工作。

在大城市，各个移民群体——波兰人、意大利人、俄国犹太人——聚居在自己特定的社区中，保留了其原生生活和文化的某些方面。商人们讲自己的母语，进移民顾客想要的食品，并向移民家庭提供信贷。小贩们兜售手推车中针对特定移民人群口味的肉类和农产品，特别是密集聚居在一起的犹太人和意大利人。他们提供的产品和服务多种多样，范围从服装、刷子到牙科诊疗。这里还可以进行传统的宗教活动。包括意大利之子、波兰猎鹰和爱尔兰人会社在内的民族兄弟会除了友情之外，还向人们提供健康福利和丧葬保险。移民们往往依靠朋友和家人的关系网络来寻找工作和住房。

19 世纪 30 年代开始的北欧、西欧早期移民潮受到了本土美国白人的普遍欢迎，但来自南欧和东欧的移民却没有享受到这样的待遇。他们往往成为反移民情绪的发泄对象，尤其是某些族群在城市经济的特定行业形成垄断的时候。意大利人主导了隧道的挖掘和施工工作；服装行业大部分的劳动力都是东欧的犹太人；波兰人和中欧人则拥入了钢铁厂和肉类加工厂；爱尔兰移民垄断了东海岸的码头工作。一个仇外组织指责 1893 年经济萧条就是源于移民劳工的竞争，并于 1894 年成立了美国保护协会，从根本上来讲这是一个反天主教组织。社会工作者及其他进步改革者认识到要保护弱势的新工人，无论在家里、工作中，还是在外面的大街上。

新时代的曙光

虽然那些后来被称为"进步派"的人，大部分时间都在应对他们所察觉到的周围的弊病，但他们的应对让史学家们认为，以他们命名的这个时代具有乐观主义的特征。到 20 世纪初，现代化几乎已经渗透到了美国生活的方方面面，这一点在娱乐界看得最为清楚。那时，新的娱乐形式吸引成千上万的工薪阶层将他们辛苦赚来的钱花在商业休闲上。工人们有史以来第一次抽出时间花钱光顾舞厅、五分钱戏院，参加其他形式的娱乐活动。孩子们和年轻人玩儿的拳击、棒球和其他体育运动从游戏发展成为极受欢迎的大产业。

在电影院建成之前，到 19 世纪末单卷电影一直是在全国各地的店面（即由空置商店改成的临时剧院）里放映的，将电影发展为独立的娱乐方式这一想法源自游乐场或娱乐厅。活动电影放映机或者动画西洋镜实际上比老虎机、算命机、自动秤、肌肉测试机乃至电唱机更受游乐场客人的欢迎。埃德温·S.波特的电影《火车大劫案》从 1903 年试映开始就是一个巨大的成功。1905 年，约翰·P.哈里斯和哈里·戴维斯在宾夕法尼亚州麦基斯波特开设了第一家专为放映电影设计的剧院，使用的是一家倒闭的歌剧院的座椅。电影院向客人收取五分钱的入场费，因此被称为五分钱戏院，这在工薪阶层聚居区特别受欢迎。移民母亲会在星期六把孩子们送那儿看一下午的无声电影。据一项研究估计，1910 年大约有四分之一的纽约市居民光顾了电影院。尽管 20 世纪早期"五分钱的疯狂"席卷了整个城市地区，但中上阶层顾及自己的体面起初并不去看电影。相反，改革者们倒是试图吊销剧院经营者的执照。

　　杂耍歌舞表演是从 19 世纪的吟游表演和酒吧滑稽戏演变而来的，成为 20 世纪初美国最受欢迎的娱乐形式之一。杂耍歌舞巡演会绑定一家主要的预订机构，在全美及加拿大两千多家剧院演出。表演者收入丰厚，乘坐火车来往于各个城市之间，在城中演出，并通过电话电报预订其后的表演。表演通常包括九个节目，每天演两次。这些节目往往利用性吸引，采用幽默的民族短剧，脚本亦会顾及当地的文化价值观。美国城市所谓的民间音乐拉格泰姆伴随其他流行产品传播开来。拉格泰姆的旋律非常适合铜管乐队和充满活力的舞蹈，还为舞台音乐喜剧提供了生动热闹的歌词。在犹太人较多的城市，意第绪语戏剧吸引了大量观众。

　　总的来说，在世纪之交的美国，年轻的移民工人对于现代生活的前景备感兴奋。他们经常参加专门针对年轻工人阶级的娱乐活动。游乐园的木板路上到处都是游戏和表演，冲击着人们的感官，最终也赢得了中产阶级的喜爱。其受欢迎的程度如此之甚，以至于到 1919 年，美国已经拥有超过 1500 家游乐园。这些游乐园为年轻人提供了一个安全的公共聚会场所，让他们有机会几个小时甚至一天逃离没有隐私的住处。年轻的男女以前只能成群外出，或者由年长者陪伴出门，现在他们开始不受监督地约会了。游乐场的休闲气氛让成年人摆脱了日常生活的压力，让其想象力任意驰骋。

许多工薪阶层在休息日会去博物馆、图书馆和音乐厅。安德鲁·卡内基最令人瞩目的善举之一就是支持建造了免费的公共图书馆。随着识字率的提高，更多的美国人能够读书写字了。到1900年，大约95%本土出生的白人，约90%的移民和几乎一半的非洲裔美国人拥有了读写能力。卡内基想给人们提供受教育的机会，于是在全国各地开设了1900多家图书馆。当时一幅著名的社论漫画将他描绘成了一个连体双胞胎，其中的一半在建造图书馆，另一半则在削减工人的工资。

其他行为也开始发生变化。大规模生产不仅雇用了大量工人，还制造消费品供工人们购买，例如罐装牛奶和食品、包装肉类、肥皂、香烟、麦片和火柴。成衣、家用电器和收音机也包括在内。亨利·福特为自己的工人有能力购买他们生产的汽车而感到骄傲。营销成为一门科学。广告专业人士开始取悦所有类型的消费者，包括工人阶级的消费者，甚至美国化的移民后裔。

19世纪的最后十年给了美国一个沉痛的教训。普通美国人开始明白一个国家的经济衰退会让个人财务变得脆弱。然而，上个世纪最后几年发生的大规模抗议活动、社会和政治激进主义、劳工罢工以及暴力事件在新世纪之初似乎很快就被遗忘了。在越来越多的美国人的支持下，出现了新一代充满希望的改革者，他们将从根本上改变美国人民与政府之间的关系。这些人就是进步派。以前与欧洲现代工业社会相关的政府直接行为理念为这一基础广泛的运动提供了思想基础，在美国这被称为进步主义。

然而直到20世纪30年代大萧条时期，富兰克林·德拉诺·罗斯福总统领导下的联邦政府才最终采纳了这样的政策，即政府承担部分责任以保障劳动人民工作及工作以外的福利。那么，有几个基本问题就需要回答。在 19 世纪 90 年代和 20 世纪 30 年代之间发生了哪些变化来创造现代福利国家？在这个过程中，进步派人士到底有多少功劳？不过，回答这些问题前，我们首先需要回答其中最为迫切的问题：谁是进步派？

第二章
挽救社会：谁是进步派？

多年来，历史学家们一直在讨论甚至争论进步派是哪些人。格伦达·吉尔摩在《谁是进步派？》（2002）中进行了最新的一次尝试，试图了解这个多元化的改革者群体。吉尔摩及之前的研究者们认为，简单来说，无论是社工、专业人士、商人、工人、政客，还是某个俱乐部或特殊利益集团的成员，进步派主要指那些力图改造落入工业化陷阱之中的社会中产阶级女性和男性。

乔治·莫里20世纪60年代初撰写了一篇有关加州进步派的文章，指出进步主义与当时繁荣的经济气候相吻合，进步及现代的理念挑战了当时的社会秩序。事实上，进步派人士也有各自不同的策略和目标，因此我们需要区分一下不同的进步派群体，确定他们追求的目标。不过总的来说，无论属于哪个群体，进步派人士都是那个时代的产物。相对繁荣的环境孕育出了乐观主义，培养了一种具有时代特征的希望精神。进步派们可能会以不同的方式处理问题，但他们中的大多数都是充满活力的活动家，相信未来进步的可能性。

"扒粪者"

发出最深刻、最有影响力的改革呼吁的是那些改革运动中的作家和记者们。世纪之交，最有才华的一批改革者开始使用当时还是新技术的摄影术来记录生活和工作状况。1890年，出生于丹麦的警方记者雅各布·里斯成为一名社会改革者，出版了当时广为流行的书《另一半人如何生活》，向中上阶层读者详细描述了经济公寓住户的贫困状况，正如里斯所说，"世界上的一半人不知道另一半是如何生活的"。里斯捕捉到的生动的贫民窟场景立即引起了西奥多·罗斯福的注意，当时这位未来的总统还在华盛顿公务员委员会任职。该书出版后不久，罗斯福匆匆写了张字条给里斯："我已经读了你的书，我来帮忙了。"不到五年，罗斯福回家乡纽约担任了警察局长，与里斯一道工作，当初承诺的帮助这时成为现实。通过一起共事，罗斯福渐渐发现里斯是"美国最有用的公民"。

有一段历史时期，调查记者和摄影师，即所谓的"扒粪者"似乎成为早期进步主义的化身。这些"扒粪者"希望自己的揭露会影响社会的变革，他们除了调查企业和政府的贪婪腐败，还探究城市生活的诸多问题，包括童工、非人道的监狱条件、司法制度、卖淫、妇女不平等、毒品贸易、税收制度、保险业、自然资源开采，以及牛肉、石油和烟草托拉斯。"扒粪者"在书籍、报纸及杂志上发布令人震惊的照片和严厉的措辞，让中上阶层读者了解那些与工业化相关的问题，事实上此前读者们对这些问题是一无所知的。最终，这些记者和摄影师，这些男人和女人们，的的确确对决策者及立法者产生了巨大的影响。

"扒粪者"是西奥多·罗斯福无意间创造的一个词语。1906

年他在新国会大楼的落成致辞中，把这类新型的记者比作清教徒约翰·班扬 17 世纪的经典著作《天路历程》中的朝圣者。罗斯福发现，这些记者就像书中的朝圣者那样一心清除地上的粪便，总是往下看，还因此拒绝了天国的王冠。他认为"扒粪者"有助于推动进步主义事业的发展，但同时也认为有的时候这些记者对美国社会苛刻的评价和悲观的看法太过分了。

打字和印刷技术的进步使得廉价的报纸和杂志得以大批量发行，成为"扒粪者"展示调查成果的工具。由《纽约先驱论坛报》的霍勒斯·格里利、《纽约世界报》的约瑟夫·普利策和大亨威廉·伦道夫·赫斯特等创造的传媒帝国改变了识字美国人的世界观。这些传媒领导人监督并资助针对新城市生活不公正现象的调查。在纽约，普利策的《纽约世界报》和赫斯特的《论坛报》竞相发表文章，详细描述 1898 年美西战争的情况。这些报纸及模仿者的轰动效应带来了一个绰号"黄色新闻"，取自当时流行的黄孩子系列彩色漫画。这种情绪很容易就转移到了国内的政治舞台上。

1892 年，爱尔兰移民塞缪尔·S. 麦克卢尔在波士顿创办了一本专为"扒粪者"提供论坛的杂志，属于第一批这样的杂志。1902 年 10 月，林肯·斯蒂芬斯发表《圣路易斯的特威德时代》，这是一篇揭露民主党人威廉·特威德对纽约市进行政治控制的文章，论述了政党领袖进行政治控制的问题。该文的发表使得《麦克卢尔》杂志销售量猛增。许多人认为这篇文章是美国"扒粪"运动的开山之作。其他期刊，包括《芒西》《世界主义者》《人人杂志》《皮尔森杂志》《成功》，甚至《妇女家庭杂志》也都纷纷发布引人关注的报道。《麦克卢尔》杂志发表了一些最著名的"扒粪者"撰写的文章，其中包括艾达·塔贝尔曝光标准石油公司的文章，林肯·斯蒂芬斯的《城市的耻辱》以及雷·

59

S. 贝克攻击铁路托拉斯的系列文章。

　　林肯·斯蒂芬斯 1866 年出生于加利福尼亚州，后搬到纽约。1892 到 1897 年间在纽约的主要报纸之一《纽约晚间邮报》担任警方及财经新闻记者。他深入了解华尔街和下东区的贫民窟，在此过程中与当时的警察局长西奥多·罗斯福成为好友。1901 年，斯蒂芬斯加入著名的《麦克卢尔》杂志担任执行编辑。在其最令人难忘的一篇报道《城市的耻辱》中，斯蒂芬斯发布了他对圣路易斯、明尼阿波利斯、匹兹堡、芝加哥、费城和纽约的访问结果。该作品 1904 年以系列连载形式发表在《麦克卢尔》杂志上，当时的读者总在迫不及待地等待下月的内容。在这个据称第一手资料的报道中，他描述了城市生活中猖獗而系统的政治腐败和不平等现象。根据斯蒂芬斯的说法，各个政党都会筹集资金向城市大众发放各种形式的礼物、贿赂和恩惠，以换取人们的选票使其"政党机器"候选人当选。实际上，斯蒂芬斯的大部分陈述都基于他从当地报纸上总结的信息。然而，在这个作品中，他的确塑造出了冷酷无情，但到处撒播小恩小惠的城市老板以及极力对抗城市老板的过度热情的改革者长久以来模式化的形象。此外，斯蒂芬斯对城市生活的生动描述凸显了城市居民面临的严峻挑战，并试图推动改革者采取行动。比如迅速崛起为全美第二大城市的芝加哥，"扒粪者"们揭露了其不为人知的下层社会。据斯蒂芬斯估计，芝加哥的"暴力活动最猖獗，污垢最深厚；嘈杂喧闹、无法无天、让人厌烦、臭不可闻、新起乍富；在诸多城市中像一个体型过大的村汉。在犯罪方面它易受攻击；在商业方面它厚颜无耻；在社交方面它生硬轻率"。

　　对政治腐败的揭露超越了地方层面，到达了美国参议院的大厅。大卫·格雷厄姆·菲利普斯 1906 年在《世界主义者》上发表的系列文章《参议院的背叛》将上议院置于进步时代改革者刮起的风暴中心，力图削弱大公司和其他主要金融利益集团对政府决策的影响。民众直接选举参议员完全符合让政府亲近人民这一要求。圣路易斯地方检察官约瑟夫·福克 1904 年当选密苏里州州长后，联合底特律市长哈森·平格里以及威斯康星州长罗伯特·拉弗莱特，提出一项宪法修正案，呼吁由民众直接选举美国参议员而不是假手于州议员。他们提出的修正案尽管遭到强大的南方参议员阵营抵制，但最终于 1913 年获得通过。

61

斯蒂芬斯和菲利普斯主要致力于揭露政治上的腐败，而别的"扒粪者"则试图揭露困扰美国人生活的其他弊病。从如今的密歇根州立大学毕业后，雷·斯坦纳德·贝克在密歇根大学法学院短暂工作了一段时间，之后于 1892 年作为《芝加哥纪录报》记者开始了他的职业生涯。在那里，他报道了科克塞"大军"的游行，以及奥尔德曼·霍普金斯设立的工人罢工基金。设立这样一个基金是为了避免罢工者及其家人在漫长的普尔曼大罢工期间挨饿。1898 年贝克加入了《麦克卢尔》杂志，他对于这个国家的产业工人，特别是失业者怀有深切的同情。贝克花了很多时间在杂志上详细描述铁路公司的腐败情况。不到十年，他撰写完成了一本颇具影响力的书调查私刑，从而拉开了非洲裔美国人新闻研究的序幕。贝克的作品《追随色彩线》（1908）谈及种族偏见问题时对北方居民和南方居民都毫不留情，引起了全国各地改革者的关注。

艾达·塔贝尔是少数几个女性"扒粪者"之一。她在宾夕法尼亚州西北部的油田附近长大，她的父亲在那里有一家不错的企业制造储油罐，最终发展成为一家炼油厂。在南方改善计划到来之前，塔贝尔家的事业发展得一直都很顺利。这项由约翰·D. 洛克菲勒和铁路利益集团合作实施的计划，旨在消除石油行业的竞争，最终成功摧毁了这一地区所有的小型石油企业。年少的塔贝尔眼睁睁地看着父亲以及邻居们的企业衰退、倒闭。尽管家庭遇到困难，但塔贝尔仍然从阿雷格尼学院毕业并教了几年书。之后，她前往欧洲收集资料，撰写一部有关法国大革命领袖罗兰夫人的传记。回到美国，塔贝尔被《麦克卢尔》杂志雇用。在对洛克菲勒的背景进行了两年多的调查研究之后，45 岁的塔贝尔从 1902 年 12 月开始在《麦克卢尔》杂志上发表系列文章，单枪匹马揭露其不道德的商业行径。这些文章最终成为《标准石油公司历史》（1904）一书。塔贝尔的作品拥有广泛的阅读群和影响力，因此洛克菲勒不得不聘请一位宣传代理人来修复他受损的声誉。

62

在芝加哥慈善局工作期间，激进记者阿尔吉·马丁·西蒙斯率先撰写文章，揭露了从事病肉加工的工人所面临的困境。他是第一批撰写此类文章的人，首先发表在《美国社会学杂志》上，后来收入了《肉类加工厂》（1899）。受这种探索性研究的影响，并希望引发改革，一位名不见经传的 28 岁作家厄普顿·辛克莱写了一本书，详细描述了众多移民工人在芝加哥牲畜围场遭受的不人道状况，以及其家人遭受的掠夺。这就是现代经典小说《屠宰场》（1905）。辛克莱的酒鬼父亲在他 10 岁时将家人从巴尔的摩搬到了布鲁克林。虽然父母一直生活在廉价公寓里，经济上十分困顿，但年少的辛克莱一直同富裕的祖父母生活在一起，这样的生活方式导致他确立了社会主义信仰。辛克莱后来解释道，正是看到父母和祖父母生活方式之间的极度差异，他才走向了社会主义。由于学术上颇具天赋，辛克莱 14 岁就进入了纽约市立大学读书。次年，辛克莱发表了一个"男孩子的故事"，挣到了足够他读完大学的钱。17 岁毕业后，他继续

63

读研究生。1904 年辛克莱在哥伦比亚大学攻读研究生期间，颇为畅销的社会主义周刊《呼吁理性》的编辑说服他撰写一本有关工资奴的小说。在一次艰难的牲畜围场罢工中，他在芝加哥肉类加工厂待了将近两个月，记录工人们的困境。辛克莱写这本小说的主要目的是引发人们对贫困产业工人的同情，但《屠宰场》更令人难忘的是其对不卫生甚至令人作呕的工业食品加工过程和标准生动形象的描述。辛克莱赢得了社会改革者的声誉，他的书促成了政府对肉类加工业的干预。

　　"扒粪"运动在 1906 年前后达到了顶峰，记者们的文章成功说服政府改革者发起了若干反托拉斯诉讼。艾达·塔贝尔的作品使得司法部 1911 年将标准石油托拉斯拖进了联邦法院。雷·S. 贝克的报告增加了针对铁路公司的监管行动并导致了《赫本法》的通过，授权州际商务委员会调节铁路费率。西蒙斯、辛克莱以及其他许多人参加的"扒粪"运动最终推动了美国农业部的成立，以及《纯净食品和药品法》的通过。大卫·格雷厄姆·菲利普斯在赫斯特的《世界主义者》上发表了一系列揭露参议院政治腐败和贪婪的文章，促成了第十七修正案的出台，从而确立了参议员的直选制度。然而由于"扒粪"杂志充斥了读者市场，1910 年政府开始接手其部分调查职能，这些杂志的吸引力由此减弱。到 1912 年，只有少数"扒粪者"还在挑战腐败，提出实际解决办法的人就更少了。

64

从宗教根源到世俗救赎

　　除了"扒粪者"的揭露，宗教热情也促进了进步主义的兴起。1893 年经济萧条时期出现的经济困难使得 19 世纪后期工业城市化引发的深层紧张局势进一步加剧。其中的一些矛盾同宗教密不可分。特别令人不安的是国家基本的政治及道德传统与大城市生活的严峻现实之间存在着明显的差异。主要的传统守护者，本土出生、信奉新教的老派美国人，大多数属于社会中上层（尤其是商人和专业人士家庭）。他们对于大城市移民人数的大幅增加，充满了疑虑。

新移民主要来自南欧和东欧，包括意大利、波兰、俄国和奥匈帝国，其中许多人都信奉天主教或犹太教。天主教会以及它的教区学校、孤儿院、周报、医院和墓地，帮助不断增多的新移民在美国扎根落户。一些老派美国人担心城市里的天主教徒主要效忠于他们的教会和罗马教皇，而不是新接纳他们的城市和美国总统。此外，当时相当多的犹太人选择在东北部和中西部的城市定居。德国犹太人比大多数其他欧洲犹太人更早地移民到了美国。内战之后，他们中的许多人事业有成，成为成功的贸易商、出版商和企业家。后来的犹太移民主要来自中欧和东欧。他们的境遇一般，来美之后往往从事无须任何技能的工作岗位。拥有芝加哥最大服装企业"哈特，夏弗纳和马克斯公司"的德国犹太人雇用了大量从 19 世纪 90 年代开始陆续抵美的东欧犹太人。许多白人中产阶级新教徒是过去的农村生活的推崇者，他们感受到了多方的威胁——来自天主教会不断增强的力量，来自犹太传统的影响，以及传统新教权力机构潜在的腐败。

原教旨主义者

无论是新来的还是本地出生的美国人，面对遭遇的无数问题许多人都寻求宗教的帮助和安慰。阿什利·"比利"·森戴1862 年出生于艾奥瓦州，12 岁时成了孤儿，30 岁出头开始了他非凡的宗教生涯。这位前棒球运动员后来成为宗教复兴主义者，用充满激情的跨世纪原教旨主义布道吸引了广大的民众。组织严密的改革运动和古怪的行为举止使得森戴这个中西部福音传教士 1908 年闻名全国。森戴建立了一个令人印象深刻的组织，总部设在芝加哥，带有自己的经纪人、乐师和专用按摩师。森戴和他的公司在全国各地巡回演讲时，一群引座员从罪人和好奇的观众（两类人都会捐钱，一种是宗教意义上的罪人，一种是纯粹出于好奇的观众）那里募集到数以百万计的捐款，临时的木制帐篷后面还设有巨大的纪念品销售处。森戴及其团队在他 1935 年去世前巡讲 500 多场，观众估计达到了一亿人次。他在美国中产阶级中特别受欢迎，20 世纪 20 年代几位报纸评论员甚至鼓励他代表共和党参与总统竞选。比利·森戴试图通过拯救灵魂来解决美国社会固有的问题。按照他所传达的简单信息，问题在于人们的罪恶而不是社会，解决问题的方法在于个人而不是国家。

　　森戴这样的基督教原教旨主义者认为，每个人都要为自我的救赎而负责。1910 年，一群基督教神学家发表了一部十二卷的论文集，题为《基本原理》，试图说服读者回到传统基督教的基本原理上来。这些文章强调了皈依体验的必要性。由于联合石油公司米尔顿和莱曼·斯图尔特兄弟的资助，信徒们分发了三百万份作品，主要是面向教会。宗教原教旨主义对《圣经》基本原理传统的、看似坚定的强调对于许多抗拒现代化的美国人而言非常有吸引力。

　　然而，进步派们坚决反对森戴和原教旨主义者将罪责归咎于个人而不是社会的观点。相反，改革者们认为，他们有责任保护不幸者免受资本主义的踩踏。需要拯救的是这个社会，如果对个人还抱有期望，那就是应该由他们来拯救这个社会。

66

社会福音派

受俄亥俄州公理会牧师威廉·格拉登社会福音派神学思想的启发，19 世纪后期出现了一个融合宗教和世俗的、广泛的改革方案，以应对工业化相关的深层次问题。格拉登在布道中指出，罪恶的城市工业社会有必要遵循基督教教义进行必要的社会变革。例如，他鼓励教区居民考虑一下当时工业中心的劳动状况。格拉登认为，雇主不应把工人当作工业机器的一部分，而要把他们当作基督教大家庭的成员，这就是"社会福音"的理念。他可能是第一个支持工人成立工会的宗教人士。

67   尽管都是受宗教运动的启发，但原教旨主义者和社会福音派试图通过截然不同的方法来打击腐败和贪婪。原教旨主义者认为个人应当为自己的行为负责，而基督教进步派则遵循社会福音理念，承担了对城市贫民的道义责任，积极开展慈善工作。

如果说格拉登是社会福音派的神学理论家，那么其他一些新教教士，如沃尔特·劳申布施则是福音派的实践者。作为浸信会牧师和基督教社会运动的主要倡导者，劳申布施最初在纽约州罗切斯特担任牧师，后来搬到纽约市直接为地狱厨房社区的穷人们服务。对于服务对象遭遇的低工资和恶劣的生活条件，劳申布施感到震惊。他反对这样的观点：贫穷是个人罪恶行为的产物，如饮酒或赌博，坚持认为虔诚的基督徒应当同耶稣一样关爱穷人，共同努力减轻贫困。劳申布施无论去哪里，都会照看病人和穷人、工人阶级和老年人。他同其他许多进步派人士一样，希望通过社区改革来改善社会，用他的话说就是为"所有种族和信仰的人提供友谊和希望"。社会福音派的信奉者们反对雇主剥削工人和虐待工人的行为，比如使用童工，鼓励为工人们建造更好的住房。其中一些信徒更是创立了救世军，专门帮助无家可归和极度贫困的人。

知识的启迪

虽然慈善工作最初往往源于宗教信仰，但后来进步改革运动的基础也包括带来新思想力量的知识方法。城市社会服务所的领导人与当时主要的哲学家都有着密切的联系，特别是威廉·詹姆斯、约翰·杜威和乔治·赫伯特·米德。哈佛大学哲学教授詹姆斯和他的学生米德提出了独特的美国实用主义理论，强调实用知识而不是抽象概念。实用主义者强调用实际行动推动社会改革的重要性。根据詹姆斯及其追随者的说法，任何改革的价值都取决于它的影响，以及它实际造成的变化。实证研究可以帮助确定一个社会在某项特定改革措施应用之前和之后的运转情况，而社会学、人类学、政治学和经济学等新兴社会科学则为衡量成功程度提供了必要的方法。与芝加哥大学和哥伦比亚大学都有联系的约翰·杜威把公立学校看作社会变革的潜在推动者。詹姆斯和杜威在研究了当地社会服务所的工作之后，鼓励学生们摒弃流行的社会达尔文主义观点，即在竞争激烈的社会中，个人应当根据自己的优点和能力自我奋斗、挣扎起伏。

简而言之，哲学家们与改革者的看法一致：穷人是其环境的受害者，需要外界的帮助来应对城市工业生活中的危险。改革者的工作就是要创造积极的变化去解决民主社会的问题。美国的改革者们追随欧洲同行的脚步，最终通过起草和颁布新的法律和社会政策寻求政府的帮助来纠正美国生活中的错漏，运用知识使得越来越多的贫困工人及其家庭获得力量，创造了我们今天所知的福利国家。

从慈善事业到社会工作

冰冷的春雨开始融化 1893 年创纪录的大雪，一位无家可归的 18 岁少女因为饥饿虚弱，倒在了罗切斯特市中心的大街上。美国全国选举权领袖、罗切斯特居民苏珊·B. 安东尼 1893 年在成立罗切斯特妇女教育与工业联盟时回忆道，"她没地方可去，"巡逻警察只好把这个失去知觉的女孩带到警局等待苏醒。类似的事件以前并没有引起公众的注意，但这一次的情况不同了。当罗切斯特最杰出的女性公民安东尼得知这个贫穷的少女在监狱里醒来时，她被彻底激怒了。在那一刻，安东尼坚定地发誓要捍卫这座城市贫穷妇女的福祉。几天后，她前往邻近的水牛城会见了水牛城妇女教育与工业联盟主席哈里特·汤森，就水牛城居民如何处理类似情况征求了对方的意见。罗切斯特长期以来一直怀抱着政治行动主义传统和慈善情结，但这个无家可归少女的案件暴露出一个严酷的现实：现有的慈善组织对于最需要帮助的市民并没有给予应有的救助，其中大多数是妇女。

在救助贫困城市居民方面，哪个群体也没有社会工作者们尽心尽力。社会工作者，作为一个群体，是进步时代许多重大变革背后的推动力量。社会工作作为一种职业，最早可追溯到慈善工作者的正式组织。

到 19 世纪末，全国各城市中的慈善工作者包括中高阶层的男性和女性、传教士和牧师，他们全力帮助穷人，这些穷人往往是他人贪婪的受害者。慈善工作者建立了传教团体、孤儿院和妇女之家。他们还组织活动，努力改善公共卫生设施，消除卖淫、酗酒和赌博。一些慈善工作者将穷人区分为值得救助和不值得救助的人。总之，到 19 世纪 70 年代早期，许多慈善工作者作为"友好的访客"走访了穷人家庭，他们很快意识到贫穷几乎都不是道德或性格缺陷造成的，而是因为找不到收入体面且稳定的工作。慈善工作者们得出结论，必须通过计划干预来消除贫困，而不能只依靠财政救助。于是慈善志愿者们建立了数不胜数或独立或附属于教会的慈善机构。1877 年，水牛城成为第一个在单一机构——慈善组织协会的主持下组织其慈善机构的城市。在接下来的 20 年，几乎每一个美国城市都建立了某种形式的集中统一的慈善组织。

克利夫兰的慈善组织是其他城市的典型代表。1881 年 3 月，该市的慈善工作者成立了慈善组织协会，负责协调服务的发放，防止受助者陷入"精神上的贫困"。协会工作者是穷人的代言人，他们呼吁建立日间托儿所替在职妈妈照看孩子，并且保留工作登记处。为了管理好范围庞大的城市慈善业，协会建立了集中统一的记录系统，以便系统记录救济领取者的姓名，防止受助者从不止一个机构获得救济。工作人员尽力登记上所有受助者的姓名，无论他是从哪个机构获得的援助，并呼吁慈善机构之间开展合作，敦促各机构将乞丐和其他有需要的人送到协会来。协会向"贫困但值得救助"的人颁发救济证。每年五美元或终身一百美元的会员资格费维持着协会的工作运转。

妇女进步派

社团女性

在许多城市，最初组织俱乐部讨论文学、研究艺术的女性最终将注意力转向了社会行动主义。类似基督教妇女禁酒联盟这样的组织为其他许多"社团女性"提供了可以仿效的改革模式。基督教妇女禁酒联盟超越了最初的禁酒行动，要实现其全面的"做好每件事"的座右铭。联盟领袖，诸如弗朗西丝·威拉德鼓励联盟成员为美国妇女寻求性别平等。

弗朗西丝·威拉德 1839 年出生于纽约州的彻奇维尔，父母是恪守教规的卫理公会派教徒，将年幼的她带到了伊利诺伊州。16 岁、充满好奇心的威拉德对加在维多利亚时代美国"体面"女性和女孩儿身上的诸多限制感到沮丧，包括穿紧身胸衣和长裙以及缺乏良好的教育机会。在一所卫理公会大学接受教育后，不遵传统的威拉德取消了与一位虚伪求婚者的婚约，进入了教师行业。其后她升任当地一所大学的管理人员，不巧的是前任未婚夫当上这所大学的校长，于是威拉德辞去了这个职务。心情低迷、经济拮据的威拉德全身心投入了妇女运动，当选为致力于改善妇女教育、促进妇女就业的妇女促进会副会长。1874 年威拉德参加了禁酒示威游行，之后成为新组建的基督教妇女禁酒联盟芝加哥分会的通信秘书。在此之前，年轻的威拉德曾在伊利诺伊州的埃文斯顿参加过禁酒运动，并于 1856 年发下了戒酒的誓言。

1877 年，威拉德参加了德怀特·L. 穆迪领导的福音派改革运动。尽管她和穆迪都宣扬福音派的节制观，但对于女性在社会中的地位两人的看法却产生了分歧。穆迪试图为男性和女性分别举行集会来拯救他们的灵魂，威拉德却反对这样的做法。穆迪同样也不赞成威拉德与福音派圈外的女性建立联系。二人无法弥合彼此的分歧，因此到 1879 年，威拉德与穆迪断绝了关系。

在 1879 年基督教妇女禁酒联盟的全国大会上，威拉德当选为联盟主席。她支持监狱改革，主张建立公立幼儿园，为职业母亲的子女提供日托，并提供设施帮助无法自理和受到忽视的儿童。她还鼓励向年轻女性提供工业岗位培训，支持工会工人争取八小时（最多）工作日的斗争。威拉德还致力于废除卖淫，阻断性病的传播。1893年，正当她的健康状况开始恶化时，联盟通过了一项反私刑决议。

威拉德和基督教妇女禁酒联盟为确立20世纪最重要的若干改革议程，以及树立改革斗争中妇女的中心地位奠定了基础。到19世纪末，基督教妇女禁酒联盟逐渐发展成为全国最大、最重要的妇女组织，提出了一系列广泛的社会立法，其中包括倡导在工作场所实行强制性健康和安全措施以及给予妇女选举权。

基督教妇女禁酒联盟和其他许多妇女社团都隶属于一个全国性的保护组织——妇女社团总联合会。联合会1890年成立后，所谓的社团女性主要致力于改革工作。进步时代历史学家莫林·弗拉纳根在《用心看待》（2002）一书中详细描述了芝加哥妇女在城市政治改革中的关键地位。到20世纪初，总部设在华盛顿特区的妇女社团总联合会下辖五百多个妇女社团，成为进步时代最大的基层妇女组织。

尽管抱有良好的目的，但妇女社团总联合会是一个种族排他性组织，一个不接受黑人、犹太妇女或为她们争取权利的组织。由于不被白人中产阶级妇女社团接纳，当时有影响力的非洲裔美国女性，如哈里特·塔布曼和艾达·威尔斯·巴奈特，都在她们自己的组织——成立于1896年的全国有色妇女联合会的主持下，领导开展反对私刑和种族隔离的斗争。贫穷的工薪阶层黑人有时会指责这些想要解决社会问题、提升种族地位的中产阶级黑人社团女性拥有某种精英主义的态度。犹太妇女也成立了自己的组织——犹太妇女全国委员会，为妇女儿童争取权利，帮助犹太移民并倡导社会福利。

73　　　**社会工作者倡导社会正义**

　　女性社团正在形成联盟并制定新的改革议程，与此同时包括慈善工作者、神职人员、社区工作者以及最重要的职业社会工作者在内的一批新的改革者也开始将社会环境而非个人情况视为改革的着手点。私人及公共慈善机构继续为某些特定人群提供服务，但人们越来越支持更加全面的、公共资助的社会项目。尤其是社会工作者采用了非宗教的科学方法来遏制社会的弊病。他们将穷人视作环境的受害者，因此推断，缓解其困境的关键在于改善他们的居住及工作环境。正是这种对社会正义的承诺，这种人人都应享有平等的经济、政治和社会权利的观念导致了社会服务所的出现。19 世纪的慈善工作到 20 世纪社会福利工作的转变最终促成了社会工作的职业化发展。

　　基于芝加哥女性行动主义的浓厚传统，一位名叫简·亚当斯的年轻女士将社会福音派的理想主义与实用主义哲学家的现实主义结合起来，成为开启进步运动的主要力量。（劳拉）简·亚当斯 1860 年 9 月 6 日出生在伊利诺伊州的塞达维尔，父母分别叫约翰·胡伊·亚当斯和莎拉·韦伯·亚当斯。父亲是一位富裕的磨坊主，在州参议院任职 16 年，曾在南北战争中担任联盟军官，并成为亚伯拉罕·林肯的朋友。母亲去世时简只有两岁，之后她与父亲变得异常亲近。约翰·亚当斯支持女儿上大学的想法，但简提出要到东部的史密斯学院求学时，他拒绝了，希望女儿离家更近些。1877 年，简进入附近的罗克福德女子神学院（现为位于伊利诺伊州罗克福德的罗克福德学院）学习，并于 1881 年作为致告别词的优秀毕业生代表毕业。作为罗克福

74　德神学院的学生，亚当斯却拒绝当时席卷中西部的主张灵魂救赎的基督教福音派教义，接受了合作民主的世俗理念，主张公

民行动和社会权利。

　　毕业几周后，亚当斯就遭受了丧父之痛，当时两个人在一起度假。1882 年，简接受了矫正先天性脊柱缺陷的手术。从 1883 年到 1885 年，她在继母的陪同下游历欧洲，并参观了伦敦的贫民区。1887 年，亚当斯和她的大学校友艾伦·盖茨·斯塔尔一起重游欧洲。旅途中，两位同伴拜访了汤因比馆，这是一家 1884 年成立、位于伦敦东区贫民窟的社会服务所，旨在帮助那里的犹太和爱尔兰居民消除贫困。亚当斯和斯塔尔造访时，汤因比馆已经引起了一些著名社会活动家的关注。亚当斯在汤因比馆看到的一切使她找到了自己的生活方向。

　　19 世纪末的英国，富人和穷人很少来往。事实上，两个群体之间已经形成了相互的不信任。因此，为了重建与贫困者的联系并亲自了解他们的问题，富裕的改革者会住到位于贫穷混乱的社区中心的社会服务所内，这样他们就名副其实地"落户"于穷人之中了。

　　这些社会服务所的"居民"努力营造"相互理解"的氛围来解决社会问题。汤因比馆的工作人员经常是牧师或者"大学生"。最近是几位牛津大学的毕业生为服务所社区的穷人提供日常文化、娱乐和社交活动。社会服务所提供了一个基地，这样服务所社工就能够深入社区，走进贫困市民的家中。简·亚当斯悉心观察汤因比馆所做的工作，深入思考相对富裕的美国人在解决移民、工业化、城市化和贫困问题上的失败。

　　刚从欧洲游历回到美国，亚当斯就用她继承的遗产购买了查尔斯·赫尔的破旧大宅，住进了芝加哥十九区的霍尔斯特德街。赫尔宅邸周围的工人社区里住满了新来的贫穷移民。随着 1889 年赫尔馆的成立，以及她对管理工作的美好展望，亚当斯推动了美国社会服务运动的发展，并很快成为美国重要的社会

75

改革家。

　　赫尔馆很快发展成为美国最具影响力的社会服务所，然而它并不是美国第一家这样的机构。斯坦顿·科伊特在亚当斯之前若干年就造访了汤因比馆。1886 年，他在纽约下东区创建了邻里协会（后来被称为大学社区服务中心），希望对社区进行革新。为了避免宗教带来的障碍，科伊特和其他早期社区服务领导人都强调社会服务所的世俗性质。他们发现与贫困市民居住在一起，为其提供活动倡导睦邻友好的理念，是帮助他们的有效方式。尽管邻里协会的创立并没引起公众的关注，但随后纽约就建立了大学服务所。这是 1889 年由一群东部女大学毕业生创建的，仅仅过了一周赫尔馆也正式开张了。当时比较著名的社会服务所包括罗伯特·A. 伍兹在波士顿创建的南城馆（1892）；艾米莉·格林·鲍尔奇建立的丹尼森之家，也在波士顿（1892）；莉莲·瓦尔德在纽约建立的亨利街社区中心（1893）；格雷厄姆·泰勒的芝加哥共同会（1894）；以及约翰·洛夫乔伊·艾略特建立的哈德逊公会，也在纽约（1895）。到 19 世纪 90 年代末，赫尔馆已经成为全国首屈一指的社会服务所，为 1920 年之前美国各地大大小小的城市所建立的四百多个社区服务所提供了模式。

　　亚当斯在近西区的赫尔馆开张时，这个社区拥有九座教堂和 250 间酒吧。腐败的选区政客控制着这个城市的政治。这些政客和他们的密友把城市服务分配给各个社区，以换取他们的忠诚。那时的芝加哥拥挤、肮脏、犯罪猖獗。城市当中 60% 的居民是移民，其中大多数一贫如洗。同全国其他城市一样，在芝加哥"移民"一词带有低人一等的烙印。

　　在斯塔尔的协助下，亚当斯试图通过让贫困社区的居民接触文学艺术来弥合贫富之间的差距。然而，这些新来的美国社工很快就意识到，莎士比亚课程和欧洲艺术复制品展对于无法养家糊口的饥饿者毫无意义。服务所的工作人员很快找到了替代方法，他们不再试图向居民们送文化，而是尽量有效满足社区的直接需求。

服务所的女性加入了历史学家保拉·贝克所说的"家庭政治"的前沿阵地，培育发展她们的社区，而此时该领域还没有政府的管控机构。进步派女性对家庭的关心不仅限于自己的家门口。这些"市政管家"们将家庭关注延伸到了城市的街道，她们为获得纯净的水、安全的牛奶，更好的卫生和排污条件而努力奋争。赫尔馆的居民和相关工作人员采取了务实的改革方法来实现政策的变革。他们走出家门来到当地的公共场所，表达其作为公民的权利，要求市政府提供教育、娱乐、交通、防护以及道德上安全干净的环境。在过去的几十年中，历史学家已经充分证明妇女改革者作为政治行动者在进步时代起到了极其重要的作用。

无论是关闭声誉不佳的机构还是为改善卫生条件而斗争，改革者的动机都受到了批评者的质疑。这些批评者大多是白人男性政治家和神职人员。他们指责这些改革者妄想在贫困社区推行中产阶级价值观。改革者们认为，向移民儿童教授礼仪，倡导"干净的头脑、干净的肺和干净的皮肤"并无不妥，但移民父母很难不将这些看作对其私人住宅和个人生活的无礼入侵。社会服务所到底是民主机构还是加强社会控制的机构，这一问题在整个进步时代都存在着争议。在该机构的领导下，改革者们有时的确向人们强行灌输了道德价值观，但他们也提供了拥有大量社区资源的民主模式，并且自然而然地将文化带给了移民。

改革者的社区工作并不总是一帆风顺的。有些居民将他们

77

看作受过良好教育的闯入者。他们居住在服务所而不是出租屋里，因而与当地居民是隔离开的。他们只是生活在城市贫民之中而已，不是真正与城市贫民住在一起。所以这些改革者并不总能准确地了解到城市贫民的需求。例如，拆除出租屋去建造游乐场淘汰了不合标准但贫民们租得起的住房。此外，改革者提出建造新住房时，随之而来的高租金就成了问题。

社工们认为社会服务所是帮助移民适应美国生活的创新机构，但另一些人却批评服务所工作人员在设法将移民美国化。纽约市教育联盟 1893 年的年度报告指出，为了"传播政府、政治和公民生活方面的美国观念"，一些改革者鼓励社会服务所的服务对象摆脱以前的传统和忠诚，重新塑造自我。有些批评家甚至对超受欢迎的英语课也皱起了眉头，认为这些课程给移民施加了压力，要求他们完全同化。亨利街社区中心的创始人莉莲·瓦尔德反对针对美国公民资格的语言水平考试和其他任何资格测试。瓦尔德最终远离了美国化运动，选择游说反对排外的"百分之百美国人"运动以及后来与一战相关的移民限制政策，为移民争取权利。

对于社会服务所的改革者，意大利移民疑虑重重。意大利男子憎恶服务所的社工引诱妻子离家参加服务所的课程和其他活动。更令人反感的是，改革者们还试图鼓励移民父母将子女送到公立学校去读书，而许多移民父母是要依靠年长一些的孩子挣钱来维持生计的。起初即使意大利人同意孩子们上学，他们也更喜欢选择教区学校。不过到 1900 年，或许部分由于社会服务所所做的工作，这些父母也越来越多地把孩子送往公立学校了。

社会服务所巧妙地消除了民族对立。移民们以往会建立种族特色的互助会和教会来帮助其适应新生活，如今他们可以聚在一起参加服务所的合作活动。服务所的社工们给了多元化社区一种社会团结感，弥合了阶级差异，鼓励来自不同故乡的人们怀揣同一个美国梦。

改革者的道德色彩挑战了社区的价值观，常常会遭遇形形色色不同的反应。例如，他们试图关闭舞厅和赌场，这自然会激怒那些经营者以及从中受益的人。出于自认为很好的理由，改革者们还想在休闲空间方面发挥控制权。他们甚至质疑诞生于纽约科尼岛的现代游乐园是否体面。到世纪之交，科尼岛拥有了三个游乐园：建有机械游乐设施的越野障碍赛马乐园旨在吸引工薪阶层的年轻人，后来的月神乐园和梦想乐园受到 1893 年芝加哥世博会中途街乐园和游乐场的启发，针对的是中产阶级顾客。在 24 英亩的区域内，人们可以找到数百种娱乐活动：餐厅、酒吧、三明治柜台、舞台表演、音乐会、杂耍表演、机械游乐设施、凉亭和浴室。公园周边也因其廉价旅馆、妓院和脱衣舞表演而闻名。科尼岛不道德、粗俗、恶行、犯罪和公共秩序混乱的名声使得改革者们下定决心清理这一地区。然而由于担心利润下降，乐园的经营商以及附近其他产业的拥有者都对此进行抵制。光顾这些机构的顾客也对改革者侵入他们的私人生活感到不满。当地的商人和表演者既想让改革者满意，又想满足工薪阶层的休闲需求，于是就将游乐设施和游戏项目围起来，把不受欢迎的人排除在外。

尽管人们对社会服务所的反应不一，但历史学家艾伦·戴维斯 1967 年在《改革先锋》中提出的论点——社会服务所是"改革的先锋"，在 50 年后仍然是正确的。即使争议常常围绕着这些改革者，但他们的努力毫无疑问催生了更加有效的法律法规，包括廉租住房法、学校改革、公共游乐场、母亲津贴，以及公共游乐场和公园的创立。最重要的是，到 19 世纪晚期，服务所及其领导人为未来的改革和行动奠定了基础。作为改革运

79

动一直以来的先锋，赫尔馆允许妇女们加强与其他女性组织的联系，实现与组织中男性的合作，从而壮大其集体力量、制定改革战略。

社会服务所采用有限政府所无法使用的方式积极响应城市的需求。为鼓励改革的发展，服务所领导人举行会议、出版报告和期刊、组织全市联合会，并最终于 1911 年成立了全国社会服务所联合会，以推动美国、加拿大各地社会服务所的发展和完善。最初几年，全国社会服务所联合会与全国慈善与矫正大会共同举行会议，全国社会服务所联合会最初就是从后者脱胎发展出来的。然而，全国社会服务所联合会领导人最终决定与全国慈善与矫正大会脱离关系，因为他们希望明确一点：社会服务所不能仅仅被当作慈善组织，它要给予社区居民改善自身条件的能力。到美国加入一战前，全美大约有四百家社会服务所。其中大多数位于东北部的工业中心，但也有几家在南部城市。这些社会服务所当中有一些依靠教会的支持，另一些像赫尔馆则主要依靠当地有钱赞助人的捐助。新颁布的政治改革措施扫除了他们的顾虑，进步派开始采取政治行动敦促政府进行广泛的社会改革。

社会服务所的居民大部分是妇女。到 1914 年，十分之九的服务所女性都接受过大学教育。其中一些妇女更是将服务所同事视为家人。有些妇女在服务所担任领导职位，包括芝加哥赫尔馆的亚当斯和纽约亨利街社区中心的莉莲·瓦尔德。她们同男性一起平等参与人事和管理工作。服务所的男性大多数是新教神学院的毕业生，他们管理着芝加哥共同会和波士顿的南城馆。女性管理的服务所往往类似家庭，男性管理的服务所则有种俱乐部的氛围。这些服务所的女性和男性后来都成了公共卫生诊所和社会服务部门等机构的领导者，这些机构正是源于服务所的工作。

进步时代的职业化

改革派属于进步时代新涌现的中产阶级，他们塑造了历史学家斯蒂芬·迪纳在《大相径庭的时代》中所说的"当代美国新型官僚文化"。"进步时代"职业化的出现引发了人们对于经济收入、社会地位和自主权的竞争，给有些人带来了收益，也给另一些人带来了损失。

"进步时代"职业的发展改变了阶级和社会结构，也改变了人们解决问题和提供服务的方式。除牧师外，受过良好教育、最成功的法律和医学从业者以及其他一些行业的专业人士通过限制职业资格和提升专业标准来提高其声望和经济回报。进步派的视野取决于他们用专业技能解决社会问题的能力。

81

社会工作者

尽管并非所有社会服务所的工作人员都接受过社会工作方面的正式培训，但由于其所从事的工作性质，他们被认为是第一批社会工作者。服务所社工要接触新来的移民，并对特定的改革项目提供支持，诸如政府提供的母亲津贴、健康和生育护理、改善工厂工作条件、家政和行业教育、公民及英语课、城市卫生、性卫生运动、住房法规和劳动组织。随着社会服务所运动在政治上变得日益活跃，改革者的目标从寻求与服务对象之间的相互理解扩大到追求美国公民权和社会正义。

在这种情况下，对成员资格要求更严格、更加正规的组织开始出现。1908 年，包括简·亚当斯和格雷厄姆·泰勒在内的17 个社会服务所领导人迈出了第一步，成立了一个社会福利组织，致力于发展和完善美国的社会服务所运动。只有不含宗教附属机构的服务所才能加入这些领导人 1911 年成立的全国社会服务所联合会。一些新兴中产阶级加入了社会工作者的行列，如历史学家罗伯特·韦伯在《寻找秩序》中指出的，他们希望寻找解决社会、经济和政治问题的科学方案来重塑人类世界。

82

1898 年，纽约慈善组织为社会工作者建立了第一所学校——纽约实用慈善暑期学校，开设了整六周的实地工作课。其他几个城市机构也为员工创建了社会工作培训计划。社会福音派牧师、社会学教授、芝加哥共同会创始人格雷厄姆·泰勒启动了一项研究计划，调查住房不足、青少年犯罪和逃学的原因，从而将社会工作教育同实际社会工作结合了起来。泰勒与芝加哥大学的玛丽·麦克道尔、赫尔馆的简·亚当斯一道于 1903 年创建了社会服务管理学院。1908 年，该校得到罗素·赛奇基金会的资助，更名为芝加哥公民教育与慈善学院。赫尔馆的朱莉娅·拉斯罗普、索福尼斯巴·布雷肯里奇和伊迪丝·阿伯特将芝加哥公民教育与慈善学院的职业课程转变为社会福利政策研究生项目，1920 年演变成为芝加哥大学社会服务管理学院。

这所新学校的学生将芝加哥当作广阔的城市实验室，研究贫困以及环境、家庭结构和地方政治之间的关系对个人社会和经济机会的影响。芝加哥大学社会学系的查尔斯·亨德森这样的教职人员与服务所的工作人员通力合作，利用最新的社会科学方法引导社会调查。这些调查后来成为进步改革者的特殊标志。

除了改善广大城市居民的生活，社会服务所还使女性有机会成为职业的社会工作者。当时对于受过大学教育的女性来说，就业机会几乎完全局限于教学、护理和图书馆管理几个领域。19 世纪 90 年代早期，巴尔的摩慈善组织主席、社会工作领域经典著作《社会诊断》（1917）的作者玛丽·里奇蒙德为社会工作者开设了培训课程。里奇蒙德只接受过高中教育，但她早期做过慈善工作，再加上对学习的热爱，使之成长为该领域的权威人物。

1910 年，受过大学教育的女性约占社会工作者的一半，到 1920 年占 62%。无论其婚姻状况如何，这些职业女性都享有相对的自由，不受丈夫或家庭的过多约束。由于女性工作机会依然稀缺，妇女们仍然无法投票或影响公共政策，于是她们将精力倾注到自己的工作中，迅速成为社会服务所运动的主导力量。

医学界

在进步时代，医学领域经历了最深刻的变化。19 世纪后期，包括英国外科医生约瑟夫·李斯特提出的细菌学在内的疾病细菌理论，同微生物学和免疫学方面的进步一起，使医学实践发生了革命性的变化。如今该领域的专家开始致力于用疫苗、血清和其他细菌产品治疗某些疾病。1894 年至 1910 年间，细菌实验室成为公共卫生工作的中心。在此期间，研究人员研发了新的检测法，用以诊断数千年来困扰人类的致命疾病，包括结核、梅毒和伤寒。发明抗毒素来治疗白喉，延缓或阻止了疟疾和黄热病的传播。这些进步带来了新的希望，因此管理者开始将医院从慈善病人的终端护理机构转变为现代的医疗中心和医学教育资源机构。

到 19 世纪末，美国改革者已经成功控制了专利药品的扩散，这些专利药品往往是由游商小贩和其他没受过正式医疗培训的人员炮制和出售的，不过那时还不要求医生持有医学学位。医生的特殊利益集团——美国医学协会自 18 世纪 40 年代以来就一直存在，但直到 1902 年才成为一个全国性的活跃组织，为从业医生制定了一套规则。这套新规则规定医生必须加入美国医学协会，这就需要行医者既获得认证机构的本科学位又要拥有一个完整的医学学位。不过直到 1910 年《弗莱克斯纳报告》（由安德鲁·卡内基的一家慈善机构委托资助的研究）出版之

84　后，美国医学协会才在州和国家层面进行重组，规定系统的行医执照和标准，关闭不合格的医学院。此后，加入美国医学协会的医生人数急剧增加。然而，医疗行业的升级运动使那些渴望成为医生的女性和非洲裔美国人更难成为医生了。

　　在这种氛围下，具有社会意识的医生和公共卫生官员开始着手推动公共卫生领域的职业化。进步派医生与地方公共卫生官员及志愿者组织进行合作，领导开展了根除北方大城市结核病、痢疾和霍乱以及南部农村地区钩虫等寄生虫病的运动。结核病也被称为"白色瘟疫"或肺痨，1915 年之前是美国头号的致命性疾病。在 1907 年的纽约州，每十万居民中就有 152 人死

85　于该病。结核病患者通常住在医院的普通病房或慈善医院里，他们在那里将结核病传播给了其他患者。不过纽约州预防结核病运动一启动，死亡率就降低了一半。运动措施包括向每个郡公民征税，资助建立及维护单独为结核病患者设立的医疗机构。纽约州还创建了首个州一级的公共卫生委员会来协调和提供服务。

　　穷人不懈的支持者、纽约亨利街社区中心的莉莲·瓦尔德培训了一批家访护士。人们经常会看到她们拎着黑色的大皮包一家一家地入户探访贫困移民。参与医疗改革的进步派们努力争取为婴儿提供清洁的用水和安全的牛奶，并自愿参与学校卫生诊所的工作。他们还支持开展性卫生运动，尝试向公众普及性病知识，解决公立学校的护士安置问题。

公共卫生的倡导者、计划生育活动家玛格丽特·桑格冒着被监禁的危险呼吁进行公开的节育教育，并发布相关信息。桑格在纽约康宁一个爱尔兰天主教家庭长大。还是小姑娘的时候，她就眼睁睁地看着 40 岁的母亲死于肺结核。桑格认为，频繁怀孕（其母共经历了十八次怀孕，其中十一次成功生产），是母亲患病和死亡的重要原因。为了逃避同样的命运，桑格在姐妹们的帮助下就读了护理学校。1912 年桑格结婚，定居纽约，开始为社会主义杂志《纽约呼声》撰写有关性教育的一个专栏。不到两年，桑格创造了"节育"一词，开始出版发行自己的报纸《妇女反抗者》，谨慎地鼓励避孕。然而，1914 年 8 月，美国邮政署长控告她违反了《康斯托克法》（指 19 世纪 70 年代在虔诚的基督徒和反淫秽斗士安东尼·康斯托克的推动下通过的一系列严厉的邮政法案），认为发布节育信息是下流淫秽的行为。稍后 1914 年与其分居的、桑格的丈夫威廉，继续发行有关节育的小册子，结果威廉也被判入狱三十天。桑格在保释期间逃往英国，后于 1915 年 10 月回国直面对她的指控，希望引起人们对其事业的积极关注。然而她唯一的女儿、5 岁的佩吉此时突然死亡。公众对她的同情导致该案件被驳回。1916 年，凭借巡回演讲中获得的利润、富裕捐助者的赞助，以及妹妹埃塞尔和一位朋友的帮助，桑格在布鲁克林的布朗斯维尔社区开设了全国第一家计划生育诊所。诊所为贫困移民妇女提供避孕用品（子宫帽和避孕套）及节育建议。然而不到十天，警方突袭了该诊所，逮捕了这些女性，并没收了节育材料。1921 年，英勇无畏的玛格丽特·桑格创立了美国生育控制联盟（1942 年更名为计划生育联盟），继续为美国妇女获得节育措施而努力奋斗。

1922 年，桑格嫁给了詹姆斯·诺亚·H. 斯利。这是一位成功的石油商，为桑格的事业提供了资金。1926 年，桑格开设了

86

美国第一家合法的计划生育诊所。1917 年，她结识了致力于计划生育运动的凯瑟琳·麦考密克，国际收割机财团继承人的妻子，但凯瑟琳·麦考密克无法控制家族财富，因此并不能为桑格那充满争议的事业提供财务支持。在年轻的丈夫斯坦利 1906年被诊断患有精神分裂症后，麦考密克决定不再生孩子。斯坦利于 1947 年去世，当时 70 多岁的麦考密克完全获得了这笔财产的所有权。在桑格的建议下，麦考密克将财产用于研究，到 20世纪 60 年代，开发出了一种安全有效的口服避孕药。1966 年桑格去世时，大约有 1200 万美国妇女在使用这种"药丸"。1967年，92 岁的凯瑟琳·麦考密克去世时，她对这种药丸的贡献还未在历史文献中得到认可，尽管她是口服避孕药研究唯一的资助者。

87　　　总的来说，有组织的公共卫生运动有效地改善了许多美国人的社会和经济状况。更好的法律、健康教育、医院和公共健康护理有助于降低结核病、白喉、梅毒和其他传染病的发病率和死亡率。新的医学发现，更好的营养，乃至一些公立学校免费提供的校园午餐都是有益的补充。

　　精神病治疗领域也发生了重大变化。以前要送到州精神病收容所的病患如今开始在专门针对精神疾病的州精神病医院接受治疗。这个相对较新的医学分支努力探究精神疾病的社会和心理学原因。改进措施旨在对"精神病患者"进行更多的同情疗法，包括为医院护理人员提供培训课程，以及制定病后护理的规定。康涅狄格州一位社会工作者说，"这项工作的主要目标是彻底改变公众对于精神疾病的态度"。然而与此同时，许多重要的进步派人士却赞成优生学的做法，支持将社会工程学应用于人类的繁殖。他们甚至主张对精神有缺陷的人采取强制性绝育。

　　社会服务所的工作人员开始尝试为智力不足和身体残疾的儿童提供特殊教育。亨利街社区中心早期项目的工作人员说服纽约市教育委员会允许伊丽莎白·法雷尔，一位有志于从事特殊需求学生教育的社区老师，在一个不分年级的教室里给他们授课。1908 年，教育委员会认识到她工作的重要性，为其购买了专用设备，并批准设立了一个单独的部门，这就是全国各地公立学校特殊教育部门的前身。

　　1906 年，美国劳动立法协会，一个由律师、经济学者和其他改革者组成的团体，领导了强制性健康保险运动。1912 年，他们成立了社会福利委员会，次年举行了第一次全国会议。尽管委员会感兴趣的领域很多，但最终决定把精力集中在健康保险上。他们于 1915 年起草了一份示范法案，覆盖范围包括工人阶级和其他年收入不足 1200 美元的人及其家属。医生、护士和医院的服务，以及病假工资、产妇津贴和用于支付丧葬费用的50 美元死亡抚恤金都包括在内，费用由工人、雇主和国家共同分担。许多医生支持建立更加普遍的公共医疗保健方式，但有些人，例如美国劳工联合会主席塞缪尔·龚帕斯，仍然反对这个想法，因为他们不赞成政府的直接干预。

法律行业

　　进步时代法律培训逐步发展起来。律师学徒期间"阅读法律条文"的做法改为在法学院进行更加正规的培训。与医学界一样，律师们于 1878 年成立了一个专业协会——美国律师协会，作为管理和监控该行业的一种途径。律师协会领导人力图限制移民、犹太人、非洲裔美国人、女性和工人阶级进入该领域的人数。不过白人男性律师的数量增长太过迅速，也同样让律师们抱怨竞争的加剧使其收入下降。有人提出增加教育培训方面的要求，比如要求从业者通过法学院和州律师考试，但也有人反对这些想法。

法律行业对于教育培训的要求一直没什么变化。即使到了1917年，也没有一个州把读法学院作为当律师的先决条件，不过必须接受过学校教育。少数律师开始建立专门的公司来处理公司法和商业法的复杂问题。到进步时代结束时，专业化理念仍然是相当新的，只有大约1%的律师属于这一范畴。

工程业

直到19世纪末，工程师大部分时间都在设计运河和铁路。他们像其他专业人员一样，许多专业知识都是在工作中学到的。工业化使得工程师的机会倍增，工程学院开始培训专门从事民用、电气、机械和工业工程的新一批专业人员。有些工程师认同行业管理，也享受管理者的金钱和地位，但却反对州核发执照的理念。与此同时，一小部分公司外聘的独立工程师则支持通过州核发执照对职业进行规范。少数族裔一般不会进入工程行业，因此它几乎是一个完全由白人男性主导的行业。

学术界

内战之前，大学往往是小型的教派机构，由五六位教授组成，通常都是牧师。他们坚持开设经典课程，包括语言和哲学。战争结束后，在联邦政府的帮助下，各州在政府拨赠的土地上建立了大学，包括康奈尔大学、约翰·霍普金斯大学、芝加哥大学和斯坦福大学。这些新的高等教育机构鼓励发展农业、科学和工程研究的科学方法以响应工业主义。便利的地理位置和较低的学费意味着比以往任何时候都能有更多的学生攻读大学学位。包括哈佛、耶鲁和哥伦比亚大学在内的许多老牌文理学院的教职人员都致力于研究生阶段的学术研究和新课程开发。在进步时代，就读专科学院和综合性大学的本科生数量急剧增加，1920 年达到了历史最高水平 598000 人。

研究生院专注于学术研究和社会科学的专业化。在社会学、政治学、历史学、经济学和统计学等学科领域开设的新型硕士和博士课程，有助于提升某些学校的声誉。第一批研究型大学是以医学和经济学著称的约翰·霍普金斯大学，和以历史学和劳动经济学知名的威斯康星大学。芝加哥大学等以社会学课程闻名的研究生院，为社会政策和政府改革提供了专家意见。反过来，教授们也在政府和公共管理领域，以及慈善组织和改革组织中，作为政策专家寻求其在公众中的认可度和影响力。

对于学者们来说，专业能力的认可度以及社会的尊重度取决于其是否获得了博士学位。这种做法与德国的高等教育风格类似。尽管学者们获得了比工程师更高的专业自主权，但专科学院和综合性大学在一战前并没有给予他们终身教职。1915 年，为了保护其自主权，一群教授组建了美国大学教授协会。大学教授协会很快获得了学科和机构内大多数活动的控制权。协会成员主要是盎格鲁－撒克逊白人新教徒，他们控制了高等学位的授予，反对天主教徒、犹太人、女性和非洲裔美国人进入主要学科。然而，一小部分有色人种确实在社会学、人类学和法律等专业方面取得了进展。女性的职位往往局限于女子学院的传统领域，如家庭经济学。《身体规划：美国女孩秘史》的作者，历史学家琼·雅各布斯·布隆伯格认为：到 20 世纪初，这些"女性在进步时代扮演了重要角色"。布隆伯格指出了她们在诸多领域的贡献：福利国家的发展，现代卫生、科学医药的进步，科学研究在某些行业的应用，以及儿童发展、家庭健康和家庭经济等领域重要研究的普及。然而，直到最近几十年，这些女性才开始获得应有的认可。

91 女性职业：教学、护理和图书馆管理

尽管妇女并没有完全被排斥在所有职业之外，但那些被视作妇女传统角色延伸的工作，如社会服务工作，是最为社会所接受的女性职业。到1880年，每三名大学毕业生中就有一名是女性。不过尽管女性上大学的人数增加了，但毕业后，大多数女性仍得在家庭和事业之间做出选择，其间的余地不大。

1870—1900年随着美国免费公立学校数量的增长，教师人数增加了两倍。到1900年，大多数中小学教师都是收入较低的女性，其中多半都是未婚女性。许多美国人，无论是男性还是女性，都认为教书是"天生"适合女性的职业。在"师范学校"接受过教师培训，来自普通农村家庭的年轻单身女性往往会到高中去任教。许多师范学校毕业生会在乡村和小城镇任职。教书工作逐渐开始向移民或移民子女放开。到1900年，爱尔兰血统的人大约占了教师总数的四分之一；在种族隔离学校，黑人教师承担了大约5%的教学工作。进步时代对教师的教育要求大幅增加，但女性在教育领域的晋升机会仍然很少，像校长和主管这样的领导岗位还是由男性垄断。教育委员会管控相当严格，一般不允许教师加入工会或选择教科书。

正式的护士培训项目是在内战后开始的。1873年，美国第一所护理学校在纽约市的贝尔维尤医院开办。纽约成为首批要求护士获得执照的州之一。1900—1910年，美国护士的数量增长了7倍。曾在顶尖学校受训的护士们主导着专业组织。她们92 主张提高进入该专业的教育要求和标准，但收效甚微。女护士们经常不得不面对居高临下、十分傲慢的男性医生和医院管理人员。

　　除了教书和护理，图书馆管理是最受女性欢迎的职业。图书管理员是收入最低的职业女性。大学图书馆学院培养图书管理员，训练他们对书籍进行组织、分类和照管，但普通图书馆员工很少有机会进行独立的研究或档案收集工作。女性图书馆管理员在小型社区图书馆中担任着重要职位，但实际上她们从未负责过大型馆藏。

　　到1910年，女性约占全国教师和图书管理员的80%，占护士的93%。尽管她们受过教育、拥有专业知识，但在整个20世纪的大部分时间里，她们获得的只有微薄的薪酬和最低程度的自主权。1915年，几所女子学院在纽约合作设立了职业信息局，以确保女性专业人员的就业。信息局鼓励职业女性追求事业，而不是结婚后辞职当全职家庭主妇。1917年美国加入第一次世界大战，挑战了女性缺乏职场所需体力或才智这一看法。在美国历史上，女性第一次被聘为邮递员、有轨电车售票员，并在商业部门担任管理职位。然而，这些变化只是暂时的。1918年战争一结束，士兵从国外返回，男人们就恢复了他们以前的工作岗位。女性要么自愿辞去战争期间的职位，要么干脆被解雇，就像辛辛那提发生的状况一样：125名女性有轨电车售票员在没有任何法律补偿的情况下，瞬间就失去了工作。

　　女性的新机遇也意味着战前那些年她们行为所发生的变化。这些人们所称的"新女性"和摩登女郎，往往会更加自由地旅行，在没有年长妇女的陪伴下与男男女女混在一起，在舞厅里跳舞，在公共场所吸烟，自己给朋友打电话，自己钻进汽车。行为方式的变化也伴随着时尚的变化。起初是工人阶级女性，最后中上阶层女性身上也发生了变化。显而易见，到1913年摩登女郎们把紧身胸衣扔到了一边，剪掉头发，露出了脖子，亮出手腕，拉起了裙边，用化妆品涂抹了脸部。这些举止和服饰

93

的变化引人注目，但它的核心是自我发展，强调的是自我独立（对于中产阶级女性还有教育），这使得新女性的概念真正拥有了新的内涵。理想的现代女性抵制男性的控制，会对自己的社会、经济和政治生活负责。

专业人士队伍的扩大和声望的增加是这个时代重要的进步。许多人赞同历史学家罗伯特·韦伯的看法，认为这些新涌现的专业人士促进了当代美国官僚文化的形成。这一新兴的中产阶级试图通过提高专业标准和限制职业准入将工人阶级和少数族裔排除在专业领域之外。以女性为主的职业位于中产阶级的底层，医生和律师则位居中产榜首。无论这些专业人士拥有怎样相同的价值观，他们都不是一个紧密团结的群体，仍然会被社会出身、意识形态和性别划分开来。但对于限制女性和其他少数族裔的机会，他们却是团结一心的。

商　人

与"扒粪者"的叙述形成鲜明对比的是，商人们常常把自己形容为道德领袖或社会管理者。由于进步派所做的那些事，他们不得不调整商业操作以适应法律规定，而不是修改法律去适应商业经营。一些企业自由主义者，或者说进步派的大企业领导者，认为商业、政府和有组织的劳动力之间进行合作是一个可实现的目标。而另外一些人，如钢铁巨头安德鲁·卡内基和石油大亨约翰·D. 洛克菲勒，只是吹嘘自己在业务之外做了多少慈善，在业内却实施着严格而坚定的反工会策略。尽管他们努力塑造积极的形象，但大多数商人远远落后于改革步伐。他们也会寻求政府的帮助，但政府的干涉主义或家长作风却让他们感到不快。

商人们抓住每一个机会参与政治以强化他们的经济地位。

大大小小的企业联合起来应对政府的监管问题，抵制加入工会的劳工们。银行、五金、食品药品、木材、纺织品、罐头、烟草、铁路、肉类和钢铁公司都能找到行业特定的雇主组织。有些机构，如全国零售商联合会，成立了游说组织来保护他们在政治领域的利益。

1895 年，一群小商人建立了自己的特殊利益集团——全国制造商协会，就政府政策发表意见。最终该协会成为最有影响力的亲商组织之一。制造商协会成员希望用高额进口关税来保护国内市场，但由于矿工联合会 1902 年领导发起了煤炭大罢工，其首要目标转向了打击有组织劳工。雇主们开展了一场激烈的自由企业运动，利用间谍、罢工破坏者（工会工人嘲讽他们为"疮痂"）和黑名单，阻止工会的建立。他们还成立了美国反抵制联合会，试图打击工会罢工常常发起的商品服务抵制运动。由于担心在企业自由派的策划下大企业和大劳工组织有可能会形成联盟，制造商协会尽其所能阻止该联盟的形成。1902 年制造商协会进入了政坛，起初是作为一个独立的压力集团，但到 1906 年协会与共和党结盟试图从内部驱动政党势力。实际上，制造商协会的政治政策取决于担任总统的是谁。有些成员不喜欢协会积极活跃的政治政策，有些政客则由于商业介入了他们的私人领域而不满。

美国最大企业的领导人在 1900 年成立了全国公民联合会，以便在起草立法时就政策问题形成全国共识。公民联合会极力反对工人激进主义。尽管制造商协会将公民联合会视作企业巨头与劳工之间的阴谋勾结，但巨头们却普遍支持这一机构。其成员通过福利资本主义等策略倡导和平的劳资关系，由公司替代传统形式的家庭和社区，向员工提供家长式福利，如食堂、诊所、住房和股票期权等，力图培养一个满意、稳定和可靠的

95

劳动力群体。相比加入工会，这些手段也是一种颇具吸引力的替代选择。全国公民联合会推动了联邦贸易委员会的建立，以及《克莱顿反托拉斯法》的通过，他们希望以此阻止企业进行非法活动。

根据共和党人威廉·霍华德·塔夫脱总统的建议，1912年一群较为富裕的城市居民成立了美国商会。塔夫脱总统称需要这样一个"中枢机构与全国各地的协会和商会保持联系，在商业事务的各个阶段更好地维护纯粹的美国利益"。商会总部设在华盛顿，吸引了大约1000家商业协会成为其早期成员。该组织以外的许多人士认为商会过于支持大企业了，但随着地方分会的组建，美国商会因其规模和特点主要依赖大城市以外的中小企业家。

作为一个特殊的利益群体，商人在进步改革中的表现是众说纷纭的。历史学家们一再提出这样一个问题，"商人是进步派吗？"迄今这个问题仍待解答。商人们联合专业人士对城市政府的某些做法表示不满，即腐败、欺诈和1893年大萧条时期城市服务的崩溃。有些商人想推选自己的第三方候选人，但东部和中西部大多数商人都选择与共和党结盟。在南方，商人们要在民主党的势力范围内经营，当时的民主党仍然是种族主义和极端保守的。

一些历史学家发现，进步派领导人之中有几位是商人。根据理查德·霍夫施塔特《改革时代》（1955）中的观点，由于缺乏宏大的社会眼光，仅仅关注商业改革，这些商人展现出了"进步主义强硬的一面"。他们特别关注利润，最重要的是追求稳定和日益繁荣，因此会从政府的某些干预行为中获益，比如取缔垄断、遏制竞争对手。商人们为了实现自己的目标内部组织起来，迅速转向政治领域以获得更为直接的影响力，因此历史学家沃尔特·利希特认为商人对国家政治产生的影响可能大于其对商业的影响。最近的学术研究支持这一说法，指出某些企业高管的确参与了进步主义改革，只是其参与改革的原因与其他进步派人士是完全不同的。他们接受政府更多地进入经济领域，是因为这样往往会增加其利润。学者们意识到仍要进一步审视企业与政府之间的关系。还有一个问题就是政府在商业领袖决策中的影响力到底有多大。

工会和激进运动

研究进步时代工人政治力量的历史学家传统上主要关注有组织的劳工及其对政党的支持，而不是无组织或个体工人的活动。尽管工人们确实有很长的政治活动史，包括工会的游说活动，以及 19 世纪 80 年代通过独立及第三方运动开展的工作，但这些努力大多在 19 世纪 90 年代崩塌了，因为工人们没能保持一个强大、具有凝聚力的投票阵营。20 世纪 60 年代后期出现的"新劳工史"促使人们对工人阶级政治进行了更为深入的考察。这一历史再考察使梅尔文·杜波夫斯基尖锐地指出：19 世纪结束之际，大企业成功建立了一个官僚技术社会，而工人们仍然"夹在孤岛社区（美国农村小城镇）和垂死的秩序以及现代工业社会出现所带来的人格主义之间"。杜波夫斯基指出，尽管采矿业出现了几次大的动荡事件，但 20 世纪初期劳资冲突似乎没有 19 世纪那么混乱。

劳工骑士团这样的工人组织试图对工人进行教育来推动其目标的实现，而美国劳工联合会则利用抵制和罢工作为活动及抗议的手段，并取得了不同程度的成功。在北方，由于《工厂检查法》和《工时保护法》的设立，工人们从州政府那里获得

97

了一定的帮助。19 世纪后期，社会服务所认识到与劳工运动建立密切工作关系的重要性，开始邀请刚刚起步的工会组织者利用其场所开会。不过尽管如此，到 1900 年所有工人中仍然只有大约 7% 隶属于工会。

尽管传统工会取得了成功，但激进主义仍然蓬勃发展。到 20 世纪初，认为资本主义制度存在根本缺陷的美国人数量急剧增长。以德国哲学家卡尔·马克思的著作作为思想基础的社会主义者们拷问：为什么少数工厂老板榨取劳动力的血汗而暴富？社会主义者提出，所有行业都应该让生产产品的工人参与利润分配。世界产业工人联盟的成员［其成员被称为"乌布利"］甚至比社会主义者更激进，他们认为与老板妥协是行不通的，鼓励联盟成员与雇主作斗争以争取正义。

最激进的要数无政府主义者，他们认为在资本主义制度下追求工人的管控力是徒劳的。艾玛·高曼，绰号"红色艾玛"，在她的自传中将无政府主义定义为"建立在人为法律规定的自由基础上的、有关新社会秩序的哲学；其理论是所有形式的政府都依赖于暴力，因此所有政府都是错误的、有害的，也是多余而无用的"。作为一名社会和劳动改革家，无政府主义革命者，女权主义者，自由恋爱、言论自由和生育控制的鼓动者，高曼一生致力于废除资本主义、改变社会秩序。

在她俄国的童年时期，其犹太家人逃到德国，躲避反犹太大屠杀暴行。1885 年高曼 16 岁时移民到美国，与姐姐在纽约州的罗切斯特定居。其间她在制衣厂工作，有过一段短暂的婚姻。微薄得近乎挨饿的工资以及婚姻中的不和谐使高曼十分沮丧，秣市暴乱事件以及被控肇事者的定罪让她变得更加激进。1889 年，她离开罗切斯特加入了纽约市的无政府主义者团体。1892 年，高曼开始与无政府主义者同伙亚历山大·伯克曼交往。伯克曼试图暗杀安德鲁·卡内基钢铁厂的经理亨利·弗里克，因其在霍姆斯特德钢铁工人大罢工期间谋杀罢工者。伯克曼刺杀未遂被判入狱，弗里克仅仅受了点伤。不到一年，高曼也因违反禁止无政府主义言论的法律而被监禁。一战期间高曼抗议征兵，以叛国罪被判入狱并驱逐至俄国，其革命活动戛然而止。她活到了 70 多岁，最终回到加拿大。21 年间她一直尝试进入美国，但没有成功。对工人的剥削随着工业的发展而加剧，激进分子因此获得支持，但同时树敌也很多。

其他特殊利益集团

政客与早期改革

1893 年，美国第一位社会改革市长、底特律共和党人哈森·平格里实施了萧条期救助计划帮助该市失业者，迫使底特律的电报公司、有轨电车公司以及天然气、电力和电话公司降低了价格。1899 年搬到克利夫兰的百万富翁汤姆·洛夫丁·约翰逊，作为该市第一位进步派市长开始了他的政治生涯。这位市长效仿了平格里的做法。约翰逊的竞选承诺将电车票价从五美分降至三美分，从而引发了其与克利夫兰电车巨头的七年战争。约翰逊担任了四届市长。他努力争取公平的税收，利用提案权、公民投票权和罢免权来获得更大的民主。所有这些手段在立法和司法事务方面给了选民直接的发言权。主要由于约翰逊的努力，林肯·斯蒂芬斯将克利夫兰列为全国治理最好的城市之一。

"移民问题"

许多美国中产人士指责刚从海外来的新移民抢走了原本属

99

于美国本地人的工作，同时还指责这些移民涌入某些城市地区取代了早先到来的定居者。例如，在 19 世纪 80 年代的芝加哥，俄国和波兰的犹太人以及意大利人开始取代长期定居于近西区的德国和爱尔兰人家庭。在东北部和中西部的许多大型工业城市，城市空间的匮乏使得独栋住宅遭到淘汰。内战结束后，城市中产居民迁入了城市街道两边的众多公寓。芝加哥博览会上的白城给夏洛特·珀金斯·吉尔曼留下了深刻的印象，因此她提出所谓的"公寓式酒店"方案，来解决城市的拥挤问题。乔治·普尔曼喜欢为他的工人建造公司小镇，比如伊利诺伊州芝加哥郊外普尔曼的那个公司小镇，而纽约州罗切斯特伊士曼柯达公司的创始人乔治·伊士曼则推崇多单元住宅的方案，解决所雇本地工人的住房问题。

100　　　国内外的移民涌入城市寻找工作，往往将家安在出租屋内，简称"群租户"。曾经同纽约高校服务中心有过合作的劳伦斯·韦勒，1900 年设计的展览使用社会学数据描绘了贫困社区令人震惊的过度拥挤和不卫生状况。该展览立刻引发了人们对于限制性住宅立法的支持。1900 年进步改革者和经济公寓委员会成员说服了当时的纽约州州长西奥多·罗斯福，认为经济公寓的恶劣环境会导致疾病（尤其是肺结核）、死亡、犯罪、伤风败俗行为、酗酒和家庭道德沦丧。罗斯福州长帮助说服州立法机关通过了《1901 年经济公寓住房法》。尽管该法只适用于新的经济公寓，但它为限制性住房立法开启了急需的先例。新规定要求住宅建筑具有充足的照明、通风和火灾通道，要求新建经济公寓的每个房间都要有一个窗户，有效利用新公寓的庭院替代以前的天井。还强制要求每间公寓都有配备自来水和抽水马桶的室内卫生间。1910 年，该法促成了全国住房协会的成立，以便帮助各个城市制定低收入工人住房标准。

非洲裔美国人

在那些见证过私刑和非暴力反抗行动的改革者看来，地方政府和道德应该受到批评。1908 年，伊利诺伊州斯普林菲尔德市亚伯拉罕·林肯的墓地发生了骚乱。当时被控袭击白人妇女的黑人囚犯出于安全目的被带出镇外，随后发生了反黑人暴徒的暴力事件。针对该暴力事件，包括 W. E. B. 杜布瓦、简·亚当斯、莉莲·瓦尔德和威廉·沃林在内的约 60 名改革者建立了全国有色人种促进协会，以停止对黑人进行攻击，寻求社会和政治平等。种族主义的一个分支，优生学的拥护者最初支持对弱智者进行强制绝育，很快其目标转向了新近的移民群体和黑人。1907—1917 年，有 16 个州在研究证明极大比例的犯罪分子智力低于平均水平之后，批准对某些犯罪分子进行收容，甚至实施绝育。

一些社会改革家甚至工会领导人反对大量移民的涌入，因为这阻碍了他们改善恶劣工作条件和组织工人的努力。许多像塞缪尔·龚帕斯这样的人本身就是移民，却主张限制移民，因为他想让劳工运动远离社会主义。移民限制的支持者加剧了对黑人的歧视。1910 年以后黑人开始大批大批地向北迁移，这种现象被历史学家称为"大迁徙"。在种族歧视盛行的南方，许多非洲裔美国人政治上被剥夺了公民权，随时可能成为私刑暴徒或其他种族暴力行为的受害者。乍到北方，他们又经历了艰苦低薪工作的磨炼（这是唯一能够提供给他们的工作），遭受了人们的偏见和来自白人雇员的怨憎。很大程度上就是为了应对这种不太热情的对待，黑人领导人与白人进步派联手于 1910 年创立了全国城市联盟。该组织承诺打击公然的偏见，维护北部城市黑人的社会经济福利。城市联盟的成员还希望想办法帮助黑

101

人利用好北方的机会。

排外主义者

1894 年，波士顿移民限制联盟成为美国移民限制联盟联合会的第一个分会。利用将经济困难归咎于移民的排外主义情绪，大多数东部城市都建立了联盟分会。联盟成员怀疑南欧和东欧人是否适合成为美国公民，对城市中移民的高度集中感到不安。外来语言和习俗的日益盛行加剧了白人排外主义者的不舒服感。联盟成员指出，到 1880 年，芝加哥四分之三的人口是移民或移民的子女。到 1900 年，有 400 万移民及其子女住在纽约市。联盟成员主张用识字测试作为进入该国的门槛，希望它成为一种排他的手段。不过 1903 年和 1905 年总统的两次否决使识字测试成为美国政策正式组成部分的尝试不了了之。

国会 1907 年创立了迪林厄姆委员会，旨在调查涌入美国海岸的新移民对社会的影响，由此加剧了本土白人和新来者之间的紧张关系。有人指责移民缺乏适当的职业道德，煽动劳工暴力和激进主义（例如秣市暴乱），受此影响，委员会最终提出了针对移民的闭门政策。

为了应对日益增长的反移民情绪，帮助移民渡过难关，1908 年赫尔馆领导人在芝加哥成立了移民保护联盟。联盟在埃利斯岛迎接新来者，给予他们协助，防止独自出行的年轻女孩成为诱使卖淫的白奴贩子的受害者。格雷斯·阿伯特成为该机构的第一任主管，带领机构取得了巨大的成功，以至于 1919 年伊利诺伊州政府接管了后来的伊利诺伊移民委员会。

与此同时，三 K 党重新出现，它的复活源于首部大众电影的畅销，即 1915 年全国各地影院上映的 D. W. 格里菲斯的作品《一个国家的诞生》。这部改编自汤姆·迪克森小说的电影，将三 K 党描绘成重建南方的真英雄、无畏的十字军战士，他们美化白人至上主义，勇敢地捍卫南方女性免受北方黑人共和党政客和冒险家的侵犯。这一次，重整旗鼓的三 K 党没有将其暴力活动限制在南方黑人身上。北方和南方的三 K 党成员不仅袭击天主教徒和犹太人，还袭击女权主义者、离婚妇女和他们认为淫乱的女性。

农民与农村改革

　　19 世纪 90 年代早期，农民对铁路公司滥用职权以及对联邦政府货币政策的不满与日俱增，导致了"第三"政党的产生。该党部分来源于农民合作组织，希望真正为工业化社会中越来越感到边缘化的农民代言。农民们发现自己的处境日益危险，农民联盟组织试图通过提高合作购买力来弥补格兰其运动的衰退，特别是计划建立一个"国库分库"系统。通过该系统，政府在农产品价格低迷时提供补贴，在铁路要塞建造农作物仓库或"国库分库"来帮助农民。一旦农作物价格上涨到可以接受的水平，政府再释放储存的农作物，让农民将其售出。与此同时，政府向农民发放货币贷款，农民储存的农作物可以作为贷款抵押品。这些无党派组织最终为不满的农民寻求政治补救措施，农民们不仅抱怨供给价格高，还埋怨农作物价格低，铁路运价高。在南部和中西部地区，银行向亟须贷款购买种子和物资的农民收取高额利息从中牟利。

　　整个 19 世纪末期，这些民众联盟不断寻求同情他们的民主党的支持，但也开始在所谓平民党的旗帜下推出自己的候选人——其正式名称是人民党。早在 1890 年就获得州和地方官职的人民党人，最初并不被两大主要政党接纳。一位堪萨斯州参议员戏称之为"萝卜十字军"。但人民党人并不气馁，他们不信任垄断者，能够接受政府出面干预并刺激经济增长。对此，民主党持反对意见，他们担心强大的联邦政府只会让已经享有特权的人受益。

人民党在各个层面上推动反垄断，积极支持政府代表农民和工人采取行动，赞同政府加强对民众的控制。人民党在农民和工人当中有一大批追随者，这些追随者同时也是劳工骑士团成员。他们还希望将八小时工作日的要求纳入党纲。1892 年人民党在全国范围内，将通货膨胀（作为联邦货币政策的一部分）和累进所得税纳入其要求清单。他们推举前艾奥瓦州绿色环保支持者詹姆斯·韦弗为白宫候选人。尽管人民党最终竞选失败，但其在中西部和南部的表现十分抢眼。在民主党将其要求纳入本党党纲，并于 1896 年推举威廉·詹宁斯·布莱恩参加总统竞选之后，一部分人民党成员最终加入了民主党。布莱恩由人民党运动起家，深受社会福音派探索改革立法的影响，其中包括针对童工及不安全的生活、工作条件的立法。

由于对科克塞游行大军反应不一，加上格罗弗·克利夫兰总统对 1896 年普尔曼罢工的反应，民主党的力量有所削弱，不过意见不一的民主党人似乎比共和党人更加同情人民党的事业。1896 年的总统竞选集中在经济问题上，这些问题在全国经济大萧条期间对大多数选民产生了影响。布莱恩是一位年轻并笃信宗教的内布拉斯加律师，凭借雄辩的口才，赢得了民主党第五次大会投票的提名。布莱恩的白银改革运动力图废除国家的金本位制（以黄金作为该国货币价值的基础），这对于负债累累的农民、西部的矿工和许多少数族裔民主党人颇具吸引力。共和党候选人、同盟军退伍军人、前俄亥俄州州长威廉·麦金利采取了不同的经济复苏方式，在工人及中产阶级人士中获得了更加广泛的支持，因为向进口商品征收保护性关税对工人意味着更有保障的工厂工作，中产阶级则认为废除金本位会威胁到他们的繁荣。麦金利还阻止禁酒令这样的道德改革，因而将许多移民和天主教徒吸引到了他的阵营。麦金利对布莱恩的胜利开创了共和党在国家政治层面整整一代的主导地位。

将农民视作工人的伊丽莎白·桑德斯，其新的学术研究表明农民作为"农民党派成员"比作为人民党党员的政治影响力要大得多。1896年布莱恩大选失败后，人民党的要求得到了几个主要政党的关注。农民党派成员支持银本位制。简而言之，世界上的白银比黄金多得多，因此实行货币银本位制会使更多的货币参与流通，造成美元贬值，导致通货膨胀，使他们更容易支付抵押贷款及其他债务，引发农产品价格的上涨。到1920年，农民占劳动力总数的27%，比1900年的43%有所下降。然而，人数的减少并没有阻止农民加入小商人和工人的行列，为争取进步时代更大的政治影响力而斗争。桑德斯认为，进步时代通过的许多立法实际上都可追溯到农民在19世纪晚期经济萧条之后提出的要求。

进步派学者对近一个世纪以来有关进步时代的史学编纂做出了重要贡献。然而，历史学家对"谁是进步派"这一问题仍然存在着争论。最明显的是迄今对此没有一个确定的答案。在20世纪最后的几十年里，历史学家详细记述了工人阶级和女性改革者的政治活动及成效，为历史记录贡献了至关重要的信息。此前，这两个群体基本上是不被考虑的。继续甄别和描述那些怀有进步情结的、致力于改善城市工业中心居民生活的个人和群体，我们就可以更加准确地阐释进步派人士有可能是哪些人，或者可能仍然是哪些人。

第三章

"重构世界"：进步政府，
1900—1911

迈入新世界：工业城市

　　　制造业大大改变了美国人的生活和工作方式。新建的现代化商店和工厂为数百万聚集在美国大都市的流动人口和移民提供了就业机会。在东北部许多城市，制鞋、纺织和服装生产企业是主要的雇主。成千上万的服装业移民工人挤在曼哈顿的廉价公寓中工作和生活（他们在有些公寓里既工作又生活）。金属的生产和制造刺激了匹兹堡、克利夫兰、底特律和密尔沃基的经济发展。在 1914 年 3 月那期的《诗歌》杂志中，作家兼诗人卡尔·桑德伯格将芝加哥称为"全世界的生猪屠夫"，因为该城的大型畜牧场和肉类加工厂雇用的人数超过了其他任何行业。随着制造业取代贸易成为美国经济的基础，商品的生产和销售直接转化成了城市的繁荣。

　　　工业化的兴起推动了 19 世纪后期美国城市的快速发展，空前的人口增长包括新一轮的外国移民潮，改变了美国城市的人口结构。1895 年，纽约市继续位居美国最大的城市——是一个容纳贸易企业、金融机构、商业和制造业企业，居主导地位的世界中心。到 1920 年，纽约人口密度达到每英亩 143 人，人口数量占美国总人口的 10%。芝加哥的铁路运输网使其成为中西部毫无争议的首府。这座"草原大都市"的人口数量很快超过了包括费城和圣路易斯在内的其他许多城市，成为美国的第二大城市。由于人口每十年就翻一番，因此到 1890 年芝加哥就拥有了 100 万居民。

据美国人口普查显示，1920 年美国历史上第一次出现城市居民人口超过农村居民的情况。费城和波士顿等老牌城市人口稳步增长。但辛辛那提、克利夫兰、堪萨斯城、旧金山和亚特兰大等新兴人口中心的迅速膨胀令一些社会观察家惊慌失措。城市增长的原因部分可以解释为自然繁殖以及死亡率的下降，这是由卫生和环境的改进措施带来的。饮用水的过滤及注意对污水的妥善处理大大降低了伤寒和霍乱的死亡率。

交通的改善也推动着城市中心的发展演变，从随意扩张的步行城市变为城市规划师设计的繁华中心。1850—1890 年，马拉的街车或简易的公车是大都市居民最重要的本地交通方式，许多人几乎没有去过离家两英里以外的地方。到 19 世纪 90 年代初，被称为电车的电动街车开始取代简易公车。轻轨电车比火车或马匹更快捷、更便宜，污染也更少。乘客花五美分车费就可以一直坐到线路的尽头。尽管电车噪音大，还得依赖难看的高架线，但从 1890 年到 1917 年，城市电车轨道的数量增加了四倍多。在此期间，多种公共交通都从私人所属变成了公有。公共事业包括交通服务收归市政所有，意味着顾客可以让公职人员对服务质量低下负责。

108

19 世纪 90 年代后期自行车成为一种流行的娱乐和交通方式。自行车的维护成本比马匹低得多，不过当时的自行车需要一大笔昂贵的初始投资。特别是对于女性来说，自行车既可以锻炼身体，也可以让她们从家庭生活中摆脱出来尝一尝自由的滋味。妇女政权论者苏珊·B. 安东尼解释说：这个众多女性口中的"自由机器"，"比世界上其他任何事物都更多地解放了女性"。基督教妇女禁酒联盟领导人弗朗西丝·威拉德 53 岁穿着长裙学会了骑行"这个新工具"，她为此十分自豪。无论年龄或性别如何，早期骑自行车的人都必须非常小心地在泥土路和城市拥挤的街道上穿行。

建造高架铁路和地铁等新型公共交通工具成本高昂，只有建在交通流量巨大的城市才具合理性。芝加哥高架铁路，如今著名的"芝加哥捷运"，其建造始于 1892 年，最终于 1908 年完工。旨在缓解中央商务区交通拥堵的波士顿地铁 1897 年开始运营。纽约著名的地铁系统始建于 1904 年，几年后完工时以其高达每小时四十英里的速度成为当时世界上最快捷的城市公共交通系统。

1900 年以后，美国城市的中央商务区开始呈现出其经典特色，金融、商业和行政企业开始聚集在电车和轨道线周边。银行、公司总部、政府和专业办事处、百货商店及酒店成为城市的支柱，同时也容纳了文化和娱乐设施。重工业往往位于中央商务区的外围。从中央商务区向外辐射的公共交通系统，其出行的快捷度和便利性使城市居民能够搬到离工作地越来越远的区域。其后，随着汽车的出现，富裕的纽约人开始搬迁到城市边缘以外的郊区，费城、芝加哥和纽瓦克的富人们也是如此。

高耸入云的公寓大楼、企业的摩天大厦点缀着 20 世纪初期城市的天际线，进一步加大了人口和商业的集中度。钢构和电梯这样的技术进步造就了现代建筑，使大型建筑物不仅成为可能，而且功能齐全。建于 1885 年的芝加哥 10 层高的国内保险公司大厦和建于 1913 年的纽约 55 层的伍尔沃斯大厦是掠过城市地平线的众多高层办公大楼中的两座。百货公司在市中心建造了精心设计的购物中心，购物者在销售员的协助下选择日益增多的各种消费品。成千上万的人在美国城市的商店、办公室和工厂里找到了工作。

在这个不断变化的环境中，进步改革者从最初对现代问题的探索和甄别发展到 20 世纪初期的行动主义。有些群体在转型过程中比其他人做得更成功。那些为困扰城市化、工业化美国问题制订务实解决方案的人成为能动力量。换句话说，在社会的许多方面，进步派都是至关重要的角色，他们亲自出马影响和塑造了自己的现代世界。

社工改变社区

杰出的赫尔馆居民、伊利诺伊工厂首席检查员弗洛伦斯·凯利发起了第一次系统的社会调查，在其重要课题成果《赫尔馆地图与文件》（1895）中描述了美国城市移民社区的族裔构成。为了帮助凯利编制所需数据，一组社区工作人员对每个家庭进行了详细调查，仔细核实赫尔馆周边各个家庭的来源。他们发现这个不足一平方英里的社区聚集着 18 个不同民族的人们。凯利利用这些详细的人口统计信息，成功地向州立法机关施压，迫使其采取行动禁止在廉租公寓里制作服装，规范童工的使用，并建立州一级的工厂检查员办事处。

赫尔馆的创始人简·亚当斯也逐渐成长为一名坚定的活动家。她提出的社区倡议使其于 1895 年被芝加哥改革派市长乔治·斯威夫特任命为该市第十九区的垃圾检查员，这是亚当斯唯一担任过的有偿职位。这项工作，加上她的众多著作，引发了人们对社区服务事业的关注。

很大程度上亚当斯、凯利以及全国各地城市中众多女性社工的工作，向大众揭露出了城市贫民肮脏的生活环境和剥削性的工作条件。用简·亚当斯的话来说，理想主义但务实的女性社工要"重建世界"。最终她们开始要求就缓解具体问题进行立法。起初，社工们的工作重心在基层，早期的调查工作着重满足低收入社区的需要。然而随着时间的推移，她们的关注点开始包括州乃至国家的政策。

对许多美国人而言，社会调查中最引人注目的部分似乎是贫富之间生活方式的巨大差距。到世纪之交，城市上层已经在享用电力、天然气、电话、集中供热和室内管道——所有这些在工薪阶层家庭看来都是奢侈品。廉租房里的居民还在勉强度日，用煤块和木头屑生炉子、点煤油灯、从消防栓里取水用。许多人患有结核病，但也不能停止工作，或者像北卡罗来纳州和科罗拉多州山区以及干旱的新墨西哥州的富人那样采用新鲜空气疗法。城市贫民缺乏室内管道这样的基本设施，因此整个楼层的家庭都被迫共用厕所设施甚至屋外厕所。廉价公寓的大小和布局可能有所不同，但拥挤和缺乏卫生设施是其共同点。

公共澡堂是改革者们采取实际措施进行社区改造的一个例子。到19世纪90年代，改革者们已经开始请求市政府为贫穷的美国人提供公共澡堂。廉价公寓缺乏浴缸，有时候甚至连基本的管道都没有，加上疾病细菌理论和新的清洁标准共同促成了公共澡堂的普及。1894年，迫于改革者的压力，芝加哥市在赫尔馆附近建造了第一座公共澡堂。全国各地其他的社会服务所也向社区居民开放了浴室。在有些城市，公共澡堂是社会服务所最受人欢迎的特色。1913 年，纽约州罗切斯特的一名服务所工作人员报告说："来洗澡的人实在太多了，晚上九点之前根本不可能停下来吃东西。"罗切斯特另一家服务所的记录显示：其有限的设施在一年内接待了近 4000 人次洗澡。

19 世纪晚期，唯一的公园似乎都在郊区。改革者们希望确保当地的一些空间用作城市公园，并根据最新的青少年发展理论来监控这个空间。他们认为团队运动和其他活动会帮助不同背景的人沟通联系，减少青少年的帮派行为，并加速移民的同化。最初的地方性项目很快产生了全国性的影响。1906 年，数百人聚集在华盛顿特区，参加了美国游乐场协会的成立大会。雅各布·里斯、简·亚当斯和莉莲·瓦尔德与新兴的游戏专家一起成为公众的焦点。西奥多·罗斯福担任该协会的名誉主席。到 1915 年，全国各地的城市已经雇用了 744 名全职游戏主管。最初的草根行动已经发展成为一个全国性的运动。

到 20 世纪初，慈善基金会再次肯定了许多服务所开展的工作，为社会工作研究和教育提供了财政支持。玛格丽特·奥利维亚·赛奇 1907 年 4 月利用丈夫死后继承的千万美元遗产成立了罗素·赛奇基金会。该基金会致力于改善美国的生活条件。创建不到一个月，该基金会就资助了六卷本的《匹兹堡调查》(1910)，这是首次针对美国大城市工人阶级工作和生活条件的系统调查。研究人员特别关注贫困人口、老年人、医院和监狱条件，以及社会工作这一职业的发展。《匹兹堡调查》揭示了低工资、疾病、工业事故、不合格住房、科学的城市规划缺乏所耗费的成本和带来的后果。它建议尽早开展医疗改革、城市规划、消费信贷、劳动立法、护士培训和社会服务项目。

其他城市进行的类似调查发现了许多相同的证据，这正是改革者们所需要的支持，他们想要重塑城市环境。新出现的问题包括工业导致的空气和水污染。细菌理论将传染性疾病与环境以及早期城市排污系统的缺乏联系了起来。事实上到 1910年，几乎每个城市都建立了下水道系统，人们将注意力转向了供水，建立带有过滤消毒功能的城市供水系统。卫生工程师建议清洁街道，根治烟雾弥漫的空气，这样的空气刺痛着城市居民的眼睛，阻塞了他们肺。

尽管新世纪的工业发展异常迅猛，工人们却一直苦苦挣扎，寻找收入体面的工作、负担得起的住房，以及为家人提供的食物。稳定的工作、能够糊口的工资对于大多数人来说仍然是一个遥不可及的梦想。那时，好的住房似乎比以往更加稀缺，食品和饮料往往太过昂贵或不安全。

113　　安全牛奶运动就是一个典型的例子，显示出进步时代改革者所面临的挑战。纽约州的公共卫生官员在着手调查高得惊人的婴儿死亡率时，发现他们抽取的牛奶样本中有 60% 来自患有结核病的奶牛，这对婴幼儿构成了直接威胁。乔治·戈勒博士 1896 年被任命为主管纽约州罗切斯特市公共卫生工作的负责人。他警告市民说，牛奶掺了感染伤寒或白喉的水可能会导致疾病的传播。另外，牛奶中还含有超标的甲醛，因为送奶工用甲醛来保存牛奶。更糟糕的是，罗切斯特七月和八月的婴儿死亡率增加了一倍。进一步的调查显示：牛奶被盛放在敞开的容器中运输，在高温下储存不当。戈勒一再要求制定一条当地法规，规定所有送到罗切斯特的牛奶都必须符合 50 度的温度要求。他的要求遭到了牛奶经销商的抵制。这些经销商抱怨说，这项规定会让牛奶的价格高涨，致使普通民众买不起牛奶。戈勒意识到了这些困难，提出使用纸制容器，并倡议市政府努力实现牛奶的巴氏消毒和政府分销。

1897 年，罗切斯特成为全国第一个建立城市奶库的城市，以低廉的价格向孩子们的母亲出售干净、安全的牛奶，并仿效法国的做法，战略性地在全城建造了四座城市奶库。巴登街服务所和戴维斯服务所的护士向妈妈们提供免费的咨询建议，对预装巴氏杀菌奶的瓶子进行消毒，以一两美分的价格销售。这样一来，即使牛奶的质量问题依然存在，但婴儿死亡数实现了稳步下降。1912 年，社会活动家卡罗琳·B. 克莱恩应一个进步妇女组织的邀请进行了"罗切斯特卫生状况调查"。克莱恩报告称，送到家中的牛奶瓶有些有污垢，其中一些牛奶瓶还添加了白色粉笔灰以掩盖污垢。莉莲·瓦尔德在亨利街社区中心的牛奶站后来彻底变成了公共卫生中心。

社区服务所不断增加家政活动，以满足社区的需求。服务所人员针对居民们的意愿开设了烹饪、缝纫和木工课程。为社区居民提供的英语语言和公民课程一直颇受欢迎。另外为在职父母提供的儿童日托、幼儿园、图书馆、保健服务、娱乐项目、夏令营、公共浴场、社区剧院，以及为工会和政治团体提供的会议室也同样受到了人们的欢迎。总之，社区服务所为每个人都提供了一些东西。

妇女政治文化的兴起

随着女性行动主义的发展，妇女们开始更多地参与到政治当中。1890 年，妇女社团总联合会将激进女性召集到一起，建立了一个庞大的网络。从 19 世纪 70 年代中期开始，妇女社团运动孕育并推动了女性行动主义的产生和发展。对高等教育的接触以及日益增长的消费者意识推动这些女性去了解、参与政治。妇女们虽然被排除在正式的政治舞台之外，但她们通过参与广泛的政治活动发挥出了自己的影响力，从通过基督教妇女禁酒联盟实现禁酒到通过妇女工会联盟的努力使职业女性成为以往为男性专属的工会成员。

许多社区服务所领导人早已与妇女社团运动联系在了一起。妇女及其组织的这种联合为女性改革者进行独立的政治行动提供了社会工具，也给了她们一种途径去避开男性主导的社团和机构。在服务所团体的庇护下，中产阶级和职业妇女跨越阶级界限联合在一起，在主流政治之外实现她们的目标。

特别是芝加哥的服务所活动家被充满活力的公民文化所包围。隶属于妇女社团总联合会芝加哥分会的各种妇女团体主张在工业工作场所实施妇女和儿童保护，并且给予妇女选举权。社团妇女仿造基督教妇女禁酒联盟的框架将其组织分为多个部门，以便更加有效地实现其目标。

最初，女性改革者对社区组织采取了温和的工作方式。但随着社区工作过程中新问题的不断出现，改革者们开展了更加广泛的活动，这就要求拿出更加全面的解决方案。于是善用社会科学方法的女性社工开始采取更加强硬的策略来实现其目标。

改革者的行动主义给现实世界带来了真正的改变。尽管服务所社工不只是女性，但具备跨阶级组织能力、有才干的女性领导人却更加引人注目。由于女性意识到自己的这一能力并站稳了脚跟，她们的政治活动开始以社区服务所为基础扩展开来。赫尔馆毫无意外地成为芝加哥女性改革者的焦点，她们一起为整个社会的福祉奔走呼喊。弗洛伦斯·凯利的传记作者凯瑟琳·斯克拉认为，"女性行动主义非常重要，因为它就是一种工人阶级社会福利行动主义"。积极参与政治活动的妇女们认识到，为了实现拓展社会服务的目标，如母亲津贴、劳动保护立法、公共卫生计划和少年司法体制，她们首先需要参与社区之外的公共活动、建立自己的机构。

女性改革者们以不屈不挠的步伐向前推进。她们建立了跨阶级的联盟，根据彼此的工作形成自己的方法。最终，她们采取了三步法：首先调查并记录下条件状况；其次，在书、文章和演讲中公开揭露发现的问题或弊端；最后采取劝说策略，例如游说有影响力的公民，以及举办示范项目。事实证明她们的策略往往是成功的。

简·亚当斯对社会服务所行动主义的推动

116

在其职业生涯初期，简·亚当斯就意识到她必须走上芝加哥的政治舞台。很快亚当斯成为芝加哥改革风暴中最重要的角色之一。在社团女性的支持下，她将服务所的工作重点放在游说实行地方改革上，例如建立全国第一个少年法庭系统，这是亚当斯于1899年帮助建立起来的。在此之前，少年罪犯是在成人法庭系统中接受处理和审判的。如果这些少年犯被判有罪，他们会与成年囚犯关押在一起。后来成为伊利诺伊州州长的约翰·奥尔特盖尔德根据他对芝加哥刑事法庭和感化院的调查，在一本书中揭露了少年犯所面临的困境。他同其他几位进步派律师一起起草立法以重组伊利诺伊州的司法系统。奥尔特盖尔德和亚当斯的努力加上州立法委员的支持，使得库克郡少年拘留所得以建立，服务于芝加哥大都会地区。芝加哥16岁以下青少年司法制度强调的是改造而不是拘留，成为全国此类制度的典范。

赫尔馆迅速成为行动主义的大本营。居住其中的社工们还举办工会和妇女选举权会议。亚当斯为新成立的女装订商联盟、衬衫制造商联盟和出租车司机联盟提供会议场地。之后由于参与了普尔曼大罢工，她的发展势头更加迅猛。当赫尔馆的赞助人和主要捐助者路易丝·德科文·鲍温听到简·亚当斯1894年在有关普尔曼卧车公司罢工会议上发表的讲话时，亚当斯"对工人的同情和她的正义感"给鲍温留下了深刻的印象，"这种正义感让她理解普尔曼先生的立场，"尽管乔治·普尔曼在罢工期间没有听从亚当斯的呼吁进行仲裁。

117　　简·亚当斯、赫尔馆的联合创始人艾伦·盖茨·斯塔尔、弗洛伦斯·凯利，以及其他几位赫尔馆女性一直维护各种工会联盟。在亚当斯看来，劳工运动是她所谓的社会重组不可缺少的一部分。她推断，一旦工会帮助工人满足了其基本需求，工人们就会进一步要求政府对其福利承担更大的责任。为此，亚当斯继续担任 1905 年货车司机大罢工期间的仲裁人。当时 4600 名混血工会成员起来罢工，反对蒙哥马利·沃德公司通过指控工会领导人贪污腐败，及加剧种族紧张关系来削弱货车司机们的力量。亚当斯还介入了一些早期的服装工人罢工活动。

　　随着进步时代的到来，亚当斯和其他许多赫尔馆工作人员与劳工运动建立了紧密的联系。除了为组织劳工事业投入空间和资金，亚当斯还为许多工人阶级妇女提供指导，教导她们如何与政治家共事，如何在工会组织乃至更加广泛的政治舞台上成为领导人。

　　妇女工会联盟芝加哥分会在赫尔馆举行定期会议。1910 年芝加哥服装工人大罢工期间，年轻的俄国犹太劳工领袖贝茜·阿布拉莫维茨和西德尼·希尔曼在服务所举行罢工会议。1910 年 9 月 28 日，阿布拉莫维茨和其他一些年轻的犹太人及意大利移民妇女为了抗议任意削减计件工资，走出芝加哥最大的男装生产商哈特、夏弗纳和马克斯公司进行罢工。短短几周之内有将近 4 万名服装工人走上街头，使得整个男装行业陷入了瘫痪。

　　艾伦·盖茨·斯塔尔和其他一些赫尔馆女性工作人员同工人们一道沿着警戒线游行。妇女工会联盟主席玛格丽特·德雷尔·罗宾斯、简·亚当斯和芝加哥劳工联合会主席约翰·菲茨帕特里克共同协商达成协议结束了罢工。到 1911 年 2 月，哈特、夏弗纳和马克斯公司的工人赢得了与雇主仲裁的权利，之后重新回到了工作岗位。但其他店铺的工人就不那么幸运了，许多人因参与罢工活动被解雇。罢工结束后，亚当斯对阿布拉莫维茨进行了指导，其最终成为美国最大男装工人组织——美国服装工人联合会的领导人。尽管社会主义者们为了服装工人的事业联合起来，使用其媒体激发人们对罢工者的同情，但是大多数改革者都回避与他们建立联系。他们同简·亚当斯的立场一样，希望维护美国的企业制度，与劳工运动中相对保守的成员结盟。不过，正是 1910 年芝加哥大罢工期间，服务所社工、劳工领袖、政治家、政府官员、学者和一些商人在基层建立的网络，形成了一种可以轻松扩展到州和国家层面上的合作模式。

亚当斯支持妇女参政，认为这是朝着政府直接采取行动的政治方向迈出的合乎逻辑的一步。社团和服务所运动中的女工们希望改革法案能够通过，但作为被剥夺投票权的群体，她们实际上是无能为力的。到 19 世纪和 20 世纪之交，亚当斯和其他杰出的女性改革者都认为她们需要选举权。1890 年，全国两个主要的选举权协会合并成为全美妇女选举权协会，由著名的妇女参政论者伊丽莎白·卡迪·斯坦顿的女儿哈里特·斯坦顿·布拉奇担任领导。这个新合并的组织计划巩固各州已获得的胜利，致力于通过联邦修正案赋予妇女选举权。20 世纪的头十年，争取妇女选举权已经成为一个群众运动。中产阶级妇女为了谋求女工们的支持，许多人都参与了纽约和芝加哥的服装工人罢工。工人阶级女性也似乎很快明白了女性选举权与工作场所条件之间的关联。

流动的工人们

　　1880 年以后，欧洲移民的大量涌入，比其他任何一个因素都更大地改变了美国城市及其劳动力的面貌。到 1907 年，进入美国的移民超过 80% 来自南欧和东欧。1880 年到 1920 年间，进入美国的 2300 万移民中有 1700 万都是由纽约登陆的。到 1910 年，100 多万东欧犹太人占了纽约人口的 25%，其中大部分集中在下东区，使其成为世界上最大的犹太城。到 1920 年，纽约拥有 80 万意大利人，比意大利任何一个城市的人口都多。犹太及意大利的男男女女涌入纽约和芝加哥的服装厂和简陋的血汗工厂。只有华盛顿特区、印第安纳波利斯和堪萨斯城仍然是以本土出生的人口为主，因为这些城市吸引的主要是来自美国农村的移民。

　　各个民族人口的大量涌入也改变了这个国家的宗教组成。1880 年到 1920 年间，每十年就有一百万天主教徒来到这里，包括涌入东北部城市和煤田的大量意大利、斯拉夫和匈牙利天主教徒。由于众多新移民在芝加哥定居，芝加哥成为波兰天主教徒的避难所，其中许多人都落脚到了牲畜饲养场。无论在哪里定居，天主教徒们都带着他们的宗教传统。天主教教会及其附属教区学校成为城市社区的重要中心。

　　非洲裔美国人认识到即使他们能够找到工作，也仍然要面对偏见和歧视，迁移到北方城市也很难从雇主那里得到经济上的好处。迁往北方的非洲裔美国人大多是女性，她们中的大多数很容易找到家庭女佣的工作，尽管收入不高。非洲裔美国妇女也在北部和南部城市从事服务员或洗衣工的工作。无论是哪个种族，搬到城市都会改变女性的经济生活状况，她们往往从事着卑微繁重的工作，住在拥挤的公寓里，为照料孩子而忧心。

1900 年，有 200 万美国工人，或者说十四分之一的美国工人是工会成员。将近一半的工会劳动力属于美国劳工联合会下辖的某个技术工会。这些男性主导的工会更倾向于吸纳本土出生的白人男性，而将移民、女性和非洲裔美国工人排除在外。半技术和非技术工人则很少有组织。由于美国劳工联合会排他性的做法，大多数美国工人仍然没有得到保护，被排斥在工会之外。

工作场所的健康与安全

工作场所的健康和安全成为进步时代改革家最关心的问题之一。马萨诸塞州带头走上了劳动改革的道路。在着手汇编及发布职业事故和死亡数据时，该州官员率先引发了公众对于工人健康和安全的关注。为执行 1869 年新的报告法，马萨诸塞州劳工委员会首脑、后来的联邦劳工统计局局长卡罗尔·赖特领导了这项开创性的工作。在赖特任职之前，并没有关于工人死亡的记录，除非他们死在公司的医院里。许多工人是离开工作岗位之后死亡的，如长期工作染上黑肺病的矿工或是染上白肺病的纺织工。不完备的事故报告制度一直持续到 20 世纪。

美国有组织劳工团体，特别是劳工骑士团，极力推动对工厂的监管。1883 年，马萨诸塞成为第一个通过《工厂检查法》的州，主要是针对雇用妇女儿童的问题。随后 1885 年又通过了总的《工厂检查法》。到 20 世纪初，其他工业州也纷纷效仿，通过了各种健康与安全法，要求对工厂进行检查。然而，尽管做出了种种努力，一位政治学家在 1908 年的一份州报告中得出结论，认为现有的工厂法律是"一堆毫无关联的尝试"，没能为工人做什么明确的事情。

121

　　总的来说，第一批工厂检查法强调通过合作而非强制来实现人们对该法的遵守。精明的雇主们认识到，执行工厂安全法意味着减少周转率、提高员工士气和生产率。许多工厂主意识到工厂中高浓度的灰尘、蒸汽和热量会导致肺部疾病，因此他们愿意遵守这些法律。这些变化最终会抵消掉雇主在将工厂纳入法规管理之下时所花费的额外成本。雇主对工作条件进行的各种改进成为检查员报告中经常出现的主题。

　　早在 1894 年州检查法通过之前，罗德岛的工厂主们已经开始着手改善工厂的条件。他们增加天花板的高度以确保更好地通风，并提供适当的卫生设施。有些厂家还建造了火灾逃生通道，并采取措施防止火灾的发生。纽约纺织城的一名医生告知州劳动局：工厂里工作的小女孩由于要用脚去转换连接机器和安装在地板上的动力传送轴的传送带，常常会弄断腿。技术改进很快就杜绝了类似的伤害。

　　合作及自愿改革的例子不少，但工厂检查的理念仍然存在着争议。一些工厂老板拒绝服从规定，因为他们憎恶政府对私营工业部门的干涉。另一些人则反对强制要求他们对基础设施或工序进行昂贵改造。老板们不信任工厂检查员，或者认为他们毫无用处。总之，大多数工厂检查员都倾向于对违规者进行劝诫而不是起诉。

　　铁路和矿山对工人们来说是最危险的行业之一。连接两节火车车厢的手动连杆和销钉连接器是造成工人受伤的主要原因。因为手指或双手容易夹在部件之间，被沉重的金属挂钩压碎。伊莱·詹尼的自动车钩（一种防止铁路工人夹入车厢之间的半自动装置）和乔治·威斯汀豪斯发明的空气制动器等创新彻底改革了铁路行业的安全操作系统。

　　1893 年，联邦《铁路安全设备法》签署成为法律，规定列车在没有自动车钩和空气制动器的情况下运行是非法的。就在国会通过该法案的同一年，有 2727 名铁路工人在工作中遇难，31279 人受伤，这些数字说明了当时工作所造成的伤亡情况。铁路公司称大多数事故都是"天灾"或者指责受伤工人的疏忽。1903 年，西奥多·罗斯福总统加强了联邦监管力度，设立劳动和商务部来管理和调查跨州贸易企业中存在的安全违法行为。

1870 年之后，由于铁路的发展，煤炭的需求量巨大，1894 年至 1912 年间烟煤的产量翻了一番。最初，煤炭行业是由宾夕法尼亚州、西弗吉尼亚州、肯塔基州、伊利诺伊州和俄亥俄州激烈竞争的小型经营者组成。1900 年后，行业机械化降低了生产成本，阻止了工会化的发展。固定工资的努力之所以没能实现主要是因为州际商务委员会的规定，以及针对企业定价所进行的反托拉斯诉讼。一些企业主试图通过公司合并来稳定价格，但过度生产导致了战前几年煤炭价格的下跌。

通知煤矿工人开始工作的汽笛声天不亮就在煤区的矿井中响起。即使是最有经验的矿工也得在肮脏危险的环境中辛苦劳作。他们顺着通道下到黑暗的矿井中，帽子上戴着灯，手里拎着锡制的午饭桶。不同的矿工们携带着工作一天所需的工具。最年幼的男孩负责赶骡子，或者分拣从矿井中运出来的煤炭。担任破碎工的男孩每天要工作 12—14 个小时，将大块煤炭分成小块，然后挑出不纯的煤块来。有些人还得下到矿井深处，将新挖区域的煤拖出来。社会纪录片制作人路易斯·海恩去矿上拍摄孩子们工作时，发现在弥漫的煤尘下几乎什么都看不到。矿上的工作总是可以找到的，但代价很高。20 世纪的头几十年里，每年每 282 名无烟煤矿工人中就有一人在工作过程中丧命，还有数百人死于黑肺病。

1907 年 12 月 6 日，在西弗吉尼亚州莫农加煤矿发生了美国历史上最严重的矿难。尽管早晨的空气中已经有几缕瓦斯的气息，矿工们还是开始了矿井里的换班。就在这些人努力工作的时候，电火花引发了爆炸。爆炸的威力极其巨大，摧毁了煤车的发动机，炸穿了矿井，造成 362 人死亡（其中一名死者是保险代理人，他进入矿井是为了与矿工们做生意）。这次事故促使美国政府于 1910 年设立了矿务局，以防止悲剧再次发生。

随着 1901 年卡耐基旗下也是历史上最大的商业企业美国钢铁公司的成立，大量工作场所事故包括严重事故频发的钢铁行业开始受到密切关注。由于其快速机械化的生产过程包括在钢轨生产过程中起吊、滚动和倾倒熔融矿石，许多工人受伤，其中一些人死亡。钢铁厂普遍存在的严重湿热也损害着工人们的肺和关节。1907 年，《制造钢铁和杀人》的作者、"扒粪者"威廉·哈德调查了当时的情况。据他估计，在大约 1 万名员工中，每年会有 1200 人在工作中死亡或受伤。

工作场所的悲剧并不仅限于铁路、矿山或工厂。1908 年 1 月 2 日，纽约罗切斯特的罗切斯特烟花公司发生了爆炸。当地一家报纸描述了爆炸是如何"将公司一幢大楼炸成碎片的"，爆炸导致两名女工丧生。该市验尸委员会的调查未能确定事故原因。目击者在其后的调查中证实，爆炸当天由于是新年假期，房间中工作的妇女只有六人在场。据当地一家报纸报道，事故发生时一直在切割引信的莎蒂·恩斯特被困在"巨大的火焰"中，当场死亡。另一位年轻女性莉莲·奥康纳几小时后也在当地一家医院死于烧伤。还有一名妇女受了轻伤。另外三名女工在大楼部分倒塌前安然无恙地逃了出来。该公司总裁小詹姆斯·帕尔默在事后的审判中承认他的公司拥有销售烟花的许可证，但没有被告知必须获得专门的生产制造许可证。

仅仅几年后，在纽约州工厂调查委员会的坚持下，全州都实施了消防和安全条例。在此之前,仅罗切斯特一地的制造商每年就因火灾损失近 100 万美元。那时,刚从内陆城镇发展成工业中心的罗切斯特就是典型的进步时代的城市。尽管罗切斯特爆炸造成了人员伤亡,但当地报纸仅做了一般性报道。根据美国劳工统计局的估计,仅 1908 年一年工作中的意外事故就导致了 15000 至 17500 人死亡。工业事故,甚至导致死亡的事故司空见惯,以至于许多美国人或多或少地认为这些只是必要的风险。

然而,对罗切斯特爆炸案的有限报道揭示出了工人们经历的一些细节,尤其是女工们的遭遇。同烟花公司的女工一样,世纪之交外出到工厂打工的女性大多来自本地出生的农民家庭或 19 世纪早中期移民过来的少数族裔群体,如德国人或爱尔兰人。在罗切斯特和其他工业城市,这些女工(以及她们的男性同行们)开始与来自南欧和东欧的新一波移民展开竞争,这些移民是从纽约市北上来寻找工作的。三年后,三角内衣厂发生的巨大火灾引发了全国对于移民们辛苦劳作的工厂安全状况的关注。

到 19 世纪末,工作场所的健康和安全已经成为改革者们最为关心的问题。基督教妇女禁酒联盟全国秘书长弗朗西丝·威拉德在其 1897 年出版的《女性职业》一书中将制衣厂、烟草制造厂、油漆制造厂、造纸厂和羊毛分拣厂列入了"致命职业"的范畴。这些行业的男女工作者患结核等病的死亡率很高。纺织厂的女孩们呼吸着改革者所说的"充满绒毛的空气",弯着腰工作,尤其容易感染肺结核。在密西西比州,38% 的女孩(其中很多不到 16 岁)患有钩虫病或相关疾病。钩虫病和另一种被称为"棉纺厂贫血症"的疾病——由钩虫和吸入棉绒共同引起严重贫血的一种疾病——在南部棉纺厂的童工中尤其普遍。

曾在赫尔馆工作过的爱丽丝·汉密尔顿,作为工业医学领域的创始人及哈佛医学院的第一位女教员,率先对工人健康问

125

题进行了系统研究，其中包括女工的孕产期健康问题。1909 年，汉密尔顿成为伊利诺伊州职业病委员会的首席研究员。她领导包括科学家、医生、劳工局官员、工会领导人和企业经理在内的 20 名团队成员，对职业危害和职业病进行了系统研究。

汉密尔顿成为全国铅、汞和砷中毒危害研究的主要专家。她发表的报告中最重要的部分是关于铅中毒的。她发现冶炼和炼油、油漆、印刷和电池生产行业的工人存在着铅中毒的可能性。汉密尔顿是第一个将现代实验室研究与实地调查结合起来的医生，她发现了两种形式的污染：一种是吸入空气中的颗粒，第二种是摄入手上或食物中的颗粒。汉密尔顿的毒理学研究最终促成了 1911 年《伊利诺伊州职业病法》的通过。该法案将工业疾病确立为公众关心的问题，强调采取措施建设更加健康的工作环境。汉密尔顿一生致力于倡导进步的福利措施，包括禁止使用童工、妇女保护性立法、工人赔偿和强制性医疗保健。

29 岁的女权主义者、格林威治村律师克丽丝特尔·伊士曼的作品《事故与法律》（1910），脱胎于罗素·赛奇基金会的《匹兹堡调查》。一名进步派人士声称这是 "吸引和唤醒公众意识的一支最强力量"。伊士曼对匹兹堡工业事故的调查显示，有一千多起事故都发生在一年之内。雇主们几乎总是将事故归咎于工人的粗心大意，不过伊士曼发现这类事故中只有 44% 可能部分归咎于受害者，其中 30% 完全是雇主的错。这些报告，加上当时工会的爆炸式发展，加大了改善工作场所安全的压力。

到 1908 年，半数以上的州都制定了工厂检查法，但在接下来的几十年里，工业事故仍在惊人地高发。1915 年参议院《妇女儿童工薪阶层报告》，包括了针对 23 个行业的事故调查，其统计数据 "仍然因许多机构未能保存准确记录而无法顺利获得"。危险行业如印刷业，工人们严重依赖机器，每年的事故发生率高达每百人二十起。

观察人士经常批评工业劳动的绝对无序和非标准化。自19世纪工艺技术衰落以来，工人们往往没经初步培训就进入了劳动大军，在劳动过程中学习他们需要知道的东西。是在干净、健康和舒适的环境中工作，还是在践踏健康与尊严的地方工作，这在很大程度上取决于他们的雇主。

几乎每个行业都存在着极端的情况：工作小时数和加班频率；操作员安全使用机器的程度；工作的细分；有关适当照明、通风和舒适性的规定。调查显示，不仅在某些特定行业内，甚至同一州或城市的同一行业机构内也存在着巨大的差异。缺乏统一标准在收入问题上似乎最为明显。雇主对工人的态度似乎比工人服务的价值更能决定他们的收入。此外，员工还必须应对管理层一直以来想要控制他们的企图。进步派改革者自发地站出来帮助员工们进行反抗。

弗洛伦斯·凯利和保护性立法的推动

到19世纪末，弗洛伦斯·凯利已经成为全国工人及其家属的主要代言人之一。凯利，这位宾夕法尼亚废奴主义者、国会议员"生铁"威廉·凯利的女儿，在早期教友派学校的教育中就知道了社会行动的价值。她毕业于康奈尔大学，在苏黎世大学读研究生期间追随自己的兴趣学习社会学和公共政策，并与俄国犹太人、社会主义者、医学院学生拉扎尔·威斯尼威茨基相识结婚。婚后不久，凯利加入了德国社会民主党，并将弗雷德里克·恩格斯1845年的经典作品《英国工人阶级的状况》翻译成了英文。

带着三个孩子回到美国几年后，1891年凯利为躲避丈夫的虐待来到了赫尔馆。她迅速与亚当斯取得联系并接管了服务所新成立的劳动局。在赫尔馆的庇护下，凯利大力倡导针对劳动妇女和儿童的保护性立法。凯利和其他进步派改革者一道通过努力改善工薪女性的工作条件，提供了历史学家们所说的"进门楔子"。换句话说，据改革者们推断，一旦大门被迫打开，国家开始对妇女的工作条件负责，同样的待遇也会扩大到男性工人身上。

主要由于弗洛伦斯·凯利的努力，伊利诺伊州立法机构于1893 年通过了《伊利诺伊州工厂检查法》。根据凯利对劳动改革的建议，该法限制使用童工，禁止妇女每天工作超过 8 个小时，并在州一级设立工厂检查员办公室。但让凯利大为沮丧的是，1895 年伊利诺伊州最高法院否决了该法案中的 8 小时条款。不过有关童工和工厂检查的条款保留了下来，凯利在进步派及亲劳工的州长约翰·奥尔特盖尔德的支持下于 1893 年到 1897 年期间成为该州第一位工厂检查员。

弗洛伦斯·凯利为女工进行的斗争推进到了国家层面。许多进步派改革者都在某个最终对新政产生重大影响的机构中担任职位，凯利就是其中的一员。从 1898 年到 1932 年去世，凯利一直担任全国消费者联盟的秘书。作为该机构的秘书，凯利力图通过劳动监管和消费者教育来实施工业改革。在首次扩大其成员基础后，全国消费者联盟要求进行劳动保护立法，其中包括最低工资法和妇女儿童工作时间限制法。联盟还致力于推进立法，以改善百货公司和服装行业女性员工的工作条件。消费者联盟的"白名单"公布了那些公平对待员工的制造企业，并鼓励消费者购买其商品，成为一种颇受欢迎的施压工具。联盟还要求制定消费者保护法，并致力于教育引导美国家庭中的活跃消费者——女性，为使她们成为负责任的消费者提供必要的技能。

1906 年，俄勒冈州一名洗衣店老板对该州女性 10 小时工作规定提出了质疑，因为其主管要求一名女工工作超过了 10 小时，使公司遭受了罚款。当时，一些进步派人士提出，如果不能限制所有工人一天的工作时数，或许可以树立一个案例保证针对妇女的时间限制。弗洛伦斯·凯利说服波士顿律师路易斯·布兰代斯在美国最高法院为这条法律辩护。凯利和布兰代斯的嫂子约瑟芬·戈德马克采用社会学数据和专家意见编写了一份简短的报告，最终说服了美国最高法院，使其相信过多的工作时数会损害母亲以及未来母亲的健康。在著名的"穆勒诉俄勒冈案"的判决中，法院支持俄勒冈州限制女性工作时数的法律。这一判决被誉为进步派的胜利，它一方面为女性提供了保护，另一方面正式承认了女性的生理差异以及女性工作之外的首要角色是母亲。事实上，在同样的穆勒裁决下，最高法院有效阻止了针对男性的类似立法。

129

穆勒案推翻了 1905 年"洛克纳诉纽约案"的裁决。在该裁决中，最高法院拒绝将面包师的工作时间限制在 10 个小时。从本质上讲，具有里程碑意义的穆勒案裁决使得工人们有史以来第一次对工作场所有所掌控，也是第一次将社会学证据（如工厂检查员的报告）用于法律推理。凯利及其同时代的人与有组织劳工和服务所的女性工作者一起努力，在一个又一个州帮助妇女儿童赢得了保护性立法，并在此过程中与劳工运动建立了密切的联系。调查显示铁路和矿场过长的工作时间增加了事故率，因此 1905 年至 1908 年间首先在州一级限制了铁路及矿场男工的工作时间。1907 年，国会通过了适用于州际列车的全国工时法，涵盖了大部分的铁路工人。

童工

1900 年，美国超过五分之一的 16 岁以下儿童在矿山、磨坊和工厂打工赚钱。7 岁的小女孩和小男孩在街头卖报、擦鞋、清理破烂和金属碎片。其他的孩子则跟在运送煤炭或木材的货车后面，捡拾掉下来的碎屑带回家当燃料。孩子们无法选择工作的地方，哪儿有工作就去哪儿，往往是其亲戚朋友工作的地方。定居城市的移民将打工置于上学之上，希望子女能够工作，这样孩子们的收入就可以贴补家用。无路可走的父母甚至谎报孩子的年龄，以便他们能够打工挣钱。

19 世纪中叶，劳工骑士团开始公开倡导反对童工。到 1900 年，用一位改革家的话说，禁止童工运动正在成为"一支不可忽视的力量"。骑士团领袖、世界产业工人联盟的联合创始人、"修道院院长"玛丽·琼斯 1903 年前往费城协助 10 万多纺织工人争取每周 55 小时的工作时间以及更高的工资。琼斯后来证实，有多达一万名罢工者是被迫工作的年幼的矿工子女，因为他们的父亲已经在矿场残废或受伤了。琼斯遇到的童工们的状况让她深为震动。许多孩子看起来营养不良，有些失去了手指甚至整个四肢。有些孩子还没到 12 岁，但母亲们被迫谎报了年龄，这样他们就能被送到磨坊打工以帮助贫困的家庭。（有些州制定了规定最低年龄的法律，但执行不力，因此谎报子女年龄的父母很少受到起诉。）宾夕法尼亚是全国童工问题最严重的州之一，据报有 12 万儿童正式就业，但失学和下落不明的儿童数量是这个数字的两倍。琼斯知道学校记录中下落不明的孩子正在矿山和工厂从事着危险的工作。

琼斯询问为什么报纸上缺乏有关纺织工人罢工的报道，她了解到这是由于童工们的老板拥有当地报纸的股份，于是 65 岁的琼斯决定亲自领导游行。在大约 200 名支持者的追随下，其中包括一些参与罢工的儿童，琼斯从费城前往纽约为罢工工人筹集资金。她在长达 92 英里的道路上停下来，向人群讲述增加成人工资的必要性，这样孩子们就不必工作了。报纸关于这次游行的报道强调了对童工的剥削，推动其迅速成为一个全国性的废除童工运动。

尽管无视州劳动法的雇主和贫穷的父母们心存抵制，但对于大多数改革者来说，儿童是需要他们帮助并有权享受社会改良成果人数最多也是最重要的群体。改革者们坚定地要解决童工问题。他们认同当时发展的新理念，一个由新的社会科学推动产生的理念。这种新的儿童期理念认为儿童期是一个特殊的时期，需要对孩子们施加保护以避免他们遭受童工摧残和不安全环境的危害。社会工作者、教育工作者和进步活动家努力去做他们认为正确的事情，集中力量建造城市和学校的运动场，尽量使孩子们在学校多待几年、多上几年级，尽管这往往会违背家长的意愿。

1904 年，一群忧心忡忡的改革者在凯利反血汗工厂运动和反童工斗争的基础上创建了全国童工委员会。1907 年，在国会的特许下，全国童工委员会发起了反对童工的官方运动。在它的游说下，制定了州一级的最低工作年龄要求，从而减少了童工的使用率。最低工资和最高工时的规定是为了确保儿童及成年工人获得合理的工资和工时。此项法律并没有被所有州通过。即使在通过的州，该法仍然有很多漏洞，特别是在南部各州。因此，尽管全国童工委员会 1905 年至 1907 年期间取得了初步成功，但街头的"报童"和南方纺织厂的童工仍未得到保护。1908 年，委员会采取了一项关键举措，聘请了裁缝的儿子、初露锋芒的人类学家兼摄影师路易斯·威克斯·海恩。海恩的照片或许比文字有更强的表达力，捕捉到了贫困儿童在工作场所经历的恐怖瞬间，由此唤醒了国家对该问题的意识。改革者们断定只有出台一部联邦法律才能为这个问题提供一个可行并具有强制性的解决方案，因此他们转向了华盛顿以求弥补州立法中固有的弱点。

在 1909 年的白宫儿童问题会议上，改革者们为争取寡妇抚恤金及设立儿童事务局而努力，就像亨利街社区中心创始人莉莲·瓦尔德多年前提出的那样。瓦尔德将贫困儿童的境遇比作猪的待遇，这使参议院委员会的一些成员深为震动。她表达了改革家们的观点，主张将儿童放在家中照顾，反对将其从贫困的单亲身边带走安置到孤儿院或庇护所。进步派人士明确表示，贫困儿童及其父母需要的是正义而不是惩罚。

凯利、瓦尔德和其他许多改革者将儿童福利列入了国家议程。1912 年全国童工委员会完成了它的一项主要目标：在美国政府商务部设立了儿童事务局，以保障全体儿童的福利。第二年，事务局转到劳工部，赫尔馆领导人朱莉娅·拉斯罗普成为该部门的负责人。由于该机构拥有调查及报告权，拉斯罗普率先对孕产妇和婴儿死亡率及其原因展开了调查研究。拉斯罗普、弗洛伦斯·凯利及其同事倡导通过了《谢泼德－汤纳母婴保护法》（1921），将联邦资金划拨给儿童事务局负责的营养项目。凯利还寻求建立一个早期的国家医疗保健体系，但未能获得政府的支持。

在改革者们努力规范工作场所妇女儿童的工作时间和条件时，妇女儿童们还在继续进行着所谓的家庭工作——在家里以零敲碎打的方式制作小物件，比如人造花、帽子、领结和手套。弗洛伦斯·凯利揭露了芝加哥臭名昭著的"血汗体制"：制造商在店铺里将布匹进行分割，捆绑标记后分发给承包商，这些承

133

包商则雇用移民妇女和儿童在其公寓内完成衣服的手工缝制。到 1907 年，很大一部分居家雇工是意大利女性。在这些全国最大的城市里，意大利移民妇女在家中工作的人数（通常是在孩子的协助下）也是最多的。意大利妇女占芝加哥居家雇工总数的 90%，占纽约的 98%。意大利男人更愿意让妻子在自己民族聚居区的公寓里工作，这样可以相对远离工作场所的诸多风险，包括性骚扰。在《居家工作》（1994）一书中，历史学家艾琳·鲍里斯讲述了至少在 20 世纪 30 年代之前，居家工作是多么的无序。

教育改革

到了世纪之交，进步改革精神开始影响到公共教育，首先是城市地区，最后到农村地区。财产税提供了更多的财政资源，这意味着城市学校要比农村学校规模大得多，设备也更好。改革者们，其中许多隶属于社会服务所，推动了针对公共教育的改革，包括义务教育法，以及支持女性候选人成为学校董事会成员，尽管建立学校董事会看起来像是一种划分等级的做法。他们还成功地将体育课和学前班添加到学校课程中，聘请了学校护士，创建了图书馆，并在学校大厅中悬挂艺术作品。

1910 年《瞭望》杂志的一篇文章赞扬了这种将家庭和宗教机构职能转到公立学校的做法，宣称："当家庭和教会无论因何原因无法履行其职责时，按照美国的传统，学校应当设法填补这一空白。"学校与社会服务所之间的合作为社会工作者提供了巨大的机会。布鲁克林的一个社会服务所让所有母亲外出工作的孩子每天都来服务所吃午饭。其他服务所社工也帮助建立了公益午餐项目，为公立学校的学生提供热食。仅在 1912 年，波士顿妇女教育和工业联盟（一个进步妇女团体）的成员，就为

134

大约 1 万名学童提供了午餐。

最卓越的进步改革呼声来自《学校与社会》（1899）的作者、美国哲学家约翰·杜威。他提议对公立学校课程进行彻底改革。在杜威设想的学校里，学生们通过互动的实践活动来学习，而不是接受死记硬背的被动教育。他强调自由氛围在课堂中的重要性，这就要求教师和学生之间建立相互信任的关系。根据杜威的观点，民主教育可以成为一种重要的工具，鼓励学生们成为积极、负责任的公民，愿意在社区及更广泛的群体中成为某个社会团体的成员。他还主张扩大职业教育。总之，杜威（他是简·亚当斯的密友，甚至以其名字为女儿命名）与服务所的工作人员一起努力，力图使学校更像社会服务所。

在进步时代，美国上学的孩子比以往历史上任何时候都多。到 1917 年，18 岁以下的孩子 75% 以上在其人生的某个阶段上过学。高中开始越来越受欢迎，因为它们从大学预科精英男子教育模式转向了更加实用的男女同校模式，其中包括职业教育。到 1920 年，美国拥有了 14000 多所高中，其中大部分正在成为工人阶级改变经济地位的一个途径。越来越多的学生也上了大学，但直到 1920 年，90% 的大学生仍然是本土出生的美国人。

到 1900 年，纽约市的学校为移民开设了成人教育课程。全国各地的城市，如波士顿、费城、克利夫兰和辛辛那提等也纷纷效仿。新泽西成为全国第一个允许学校董事会为移民开办夜校的州。其他组织，如基督教青年会和北美移民公民联盟等也为移民提供了合作教育服务。

社会中心

19 世纪末，进步时代的城市面临着无数的问题，但一生大部分时间都在纽约市及其周边度过的诗人沃尔特·惠特曼却乐

观地将城市及其机构描述成民主实体，即每个公民都能发够言136
的地方。1897 年，哥伦比亚大学现代语言与外国文学教授查尔
斯·斯普拉格·史密斯在曼哈顿下东区建立了民众学院，这样
工人和新移民就能够听专家讲述政府和社会哲学的理论及实践，
从而获得"提升"。1902 年，约翰·杜威建议利用夜校中心来
加强民主，这样城市居民就能够聚在一起，集体讨论种族关系
和公共卫生等问题。杜威在 1902 年发表的一篇题为《学校作为
社会中心》的文章中详细阐述了他的观点。事实证明学校是作
为社会中心的理念场所，因为对每个社区来说学校都是现成的，
而且晚上免费开放。杜威希望创造出一种民主的感觉，就像他
在赫尔馆看到的移民们碰面讨论邻里问题那样。

　　1907 年，即杜威首次提到社会中心的五年后，纽约州罗切
斯特的改革者们在全国率先迫使市教育委员会晚上开放公立学
校供社区使用。以此为基础，社会中心运动呼吁在城市社区重
建参与式民主，向所有公民提供参加每周论坛的机会（论坛就
免费设在公立学校中）。运动的支持者们还希望社会中心展现出
井然有序的样子，以缓解过度拥挤混乱的社区所带来的问题。

　　罗切斯特教育委员会直接聘请了简·亚当斯和约翰·杜威
的弟子爱德华·沃德监督管理细节。沃德希望通过公民教育，
使民众能够承担起自治的责任，进行参与式民主的实验，这样
他们就可以获得行使公民权所必需的技能和知识，为解决当地
问题做出自己的努力。罗切斯特居民讨论当时的关键问题，如
当地的住房条件、城市规划、移民、公民身份和公共教育改革
等。参与者倾听各方意见，经常邀请政治家担任演讲嘉宾。社137
会中心为政治候选人提供了一个能够摆脱特殊利益的影响去解
决问题的场所，从而为进步时代挑战政治腐败创造了体制基础。

　　事实证明，罗切斯特运动是独一无二的。这个城市正处于

工业化的阵痛之中，大量新移民从意大利及波兰涌入，它是第一个由社区而不是某些当地委员会制定社会中心会议议程的城市。

到 1909 年，罗切斯特的改革者们在学校建立了 17 个社会中心，每年用来举办 300 多场会议。这些社会中心设有一系列不同种类的公民俱乐部和特色课程。辩论是中心举办的最受欢迎的活动之一。老年人尤其重视辩论，总是热切地研究各种辩论话题。典型的社会中心集会出现在 1910 年。当时人们在第九学校举行了一场辩论，讨论市政府的委员会形式。辩论的正方是一名波兰裔洗衣女工和当地基督教妇女禁酒联盟的主席，反方则是一名清洁工和一位大学教授。评委包括一位知名讲演家、当地消费者联盟的主席，以及一名高中"教授"。

然而，有人开始指责社会中心与无政府主义存在瓜葛。罗切斯特大学教授肯德里克·谢德在该市一家社会中心发表了有关社会主义的讲话后，这种攻击愈演愈烈。最终，由于资金匮乏以及保守分子掌控地方政治（包括伊士曼柯达公司的创始人乔治·伊士曼和他的政治盟友海勒姆·埃杰顿市长），罗切斯特的社会中心到 1911 年彻底消失了，但其带动的是一场全国性的运动。

在社区中开创空间，让来自各行各业的人士会面交流的社会中心运动风靡全国。甚至在罗切斯特社会中心关闭前夕，爱德华·沃德还被邀请到密尔沃基，在威斯康星大学拓展部赞助下担任"公民和社会中心发展顾问"。到 1912 年，波士顿、芝加哥、纽约和费城等城市拥有了超过 160 家社会中心。

肖托夸运动

在 19 世纪的后几十年里，许多成年人特别是农村地区想要进一步接受教育的人们，上了肖托夸运动资助创办的学校。1878 年，负责协调全国主日学校教师培训工作的卫理公会牧师约翰·文森特和俄亥俄州实业家兼发明家路易斯·米勒在纽约州北部的小镇肖托夸为主日学校的教师们创立了为期两周的实验性夏季学院——肖托夸湖主日学校培训会。

"肖托夸"最初的目的是在轻松的氛围中为初入主日学校的教师提供免费的世俗和宗教教育，而最终它发展成为一个包罗万象的夏季培训项目，部分在大学校园，部分是夏令营集会，部分在社群服务所，吸引了各个年龄段广大的中产阶级受众。提供的项目包括歌剧、戏剧以及艺术、音乐、芭蕾和宗教课程。肖托夸夏令营逐步发展成为一个以社区为基础的社会文化运动，因此其领导人拥有了实施民主教育的机会。他们试图说服参与者相信赌博、跳舞和看戏等消遣活动会对道德健康构成威胁，应该被有利于健康生活的文化活动所取代。肖托夸领导人还呼吁美国总统在内的知名政治演讲家就当代问题发表演讲。西奥多·罗斯福称这场运动是"美国最具有美国特色的东西"。随着这一运动在全国范围的流行，其他小群体也开始围绕文学和艺术创建自己的肖托夸圈子，或者邀请肖托夸巡回项目到各个乡镇去，从缅因州到佛罗里达州。到 1924 年，超过 100 万美国人参加了肖托夸项目。

乡村生活委员会

伴随着 1893 年大萧条之后的经济繁荣，农村地产的价格上涨了。既然不能扩大家产，许多农民及其家庭开始厌倦农场这种既辛苦收入还无法预测的日子。许多以前的农民搬往城市寻求稳定的工作、周付的薪酬和周日的休息。尽管雇主们对本土劳动力的潜在增长表示欢迎，但美国家庭农场的潜在消亡对社会意味着什么，这让一些改革者开始担忧。一群专业人士，包括教育工作者、商人和记者，开始致力于提高农场的生活质量，在某种程度上成为乡村生活运动的领导力量。1908 年，纽约市出生的总统西奥多·罗斯福成立了乡村生活委员会，负责研究美国农村居民的生活状况。罗斯福希望当时的顶尖专家对"农村问题"进行深入研究，拿出切实可行的办法来增加农村生活的吸引力，从而减少人们逃离农村的现象。

康奈尔大学纽约州立农学院院长、自由派人士海德·贝利担任了乡村生活委员会的主席，负责协调六名任命委员。委员们在其各自专业领域进行独立研究，在全美举行了三十次区域听证会，向农村居民发放调查问卷逾 50 万份，并征询了 12 月 5 日举行的全国校舍会议的结果。西奥多·罗斯福总统于 1909 年 2 月 9 日向国会递交了乡村生活委员会的调查报告。报告指出，众多农民离开土地的原因之一是他们未能实现现代化，从而成为土地投机者的牺牲品。委员会还发现，农民面临的难题还包括道路不足、季节性劳动力短缺和自然资源管理不善。他们的孩子缺乏优质教育，妻子们也深受其苦。尽管一些农民对政府干涉其生活的行为感到愤怒，把它视作对其自主权的威胁，然而多数农民却从未听说过乡村生活委员会。大多数农民本能地抵制进步派倡导的教育及科学改革，拒绝为子女遵守义务教育法，抵触别人教其如何种庄稼。然而，渐渐地他们也开始使用目录购物、免费邮寄和改良道路。

尽管委员会的工作在一些农民中引发了争议，但有学者认为委员会报告正是罗斯福政府最出彩的政绩。报告在重申进步主义价值观的同时，提出了三项实质性的建议：政府对所有农村居民开展全面的研究和规划，州立农学院进行国有化推广工作，以及开展农村进步运动，推动国家重建乡村生活。成立于1919年，旨在维护农村人利益的美国乡村生活协会的发展在某种程度上正是得益于该委员会的工作。

一些非营利机构和组织也提出了重振乡村生活的建议。1851年在波士顿成立的以城市为基地的基督教青年会旨在为青年人提供一个学习圣经的地方，一个避免流落街头的避难所。19世纪70年代该机构开始在伊利诺伊州拓展农村项目，推动农村基督教领导力和社区建设。到1914年，基督教青年会农村协会在24个州的800多个农村社区开展了活动，涉及约25000名男青年和男孩子的生活。随着1914年《史密斯－利弗法》的通过，美国农业部和农学院携手创建了合作农业推广服务，试图通过资助青年4－H俱乐部以及为成年人提供各种服务，努力提高人们的生活水平，鼓励人们对乡村生活抱有积极的态度。政府支持康奈尔这样由政府赠予土地的大学培训农业专家，并为农民发布信息公告。然而，这种宣传加改革的措施并没有阻止人们逃离农场。

141

改革的政治路径

独立派、机器政治与市政改革

政治改革运动开始于东北和中西部的制造业城市带，正是这些地区推动了美国的工业革命。好政府改良运动于19世纪80年代正式拉开帷幕，当时的无党派改革者在19世纪90年代被称为"独立派"。该词来自美国土著语，是"大人物"或"大酋长"的意思。这些"独立派"在美国的几个城市组织了俱乐部，寻求精简政府、清除腐败，把市政当局转变成模范公司。改革者们着力遏制城市政府内部的权力滥用问题，因为那时市政府的政治权力掌握在职业政客（老板）及其政党组织（机器）手中。

政治机器得到了各方的支持。它将老板们放在顶层，将其代言人安排在各级地方政府，直至拥有几千选民的每个选区。群众通过投票使这些人获得（并保有）职位，政治机器则从这些投票群众中汲取权力。为了使政治机器获得成功，党派的支持也至关重要。政治机器需要获得大多数选民的支持，因而它们要照顾到种族的敏感性。

老板们施加政治恩惠，向承包商以及其他雇用大量员工的人派发城市工程和项目"无须投标"的合同。不难理解，这些承包商会向众多受雇员工施加压力，迫使他们支持某个政党。作为对选民投票的回报，老板们在选举后的几天或几周内会向他们提供亟须的工作。结果是，地铁等大型建筑项目雇用了成千上万的移民工人。这种模式将政治机器与其他政治组织区别开来，后者是从社会精英、中高阶层的掌权者身上汲取力量的。包括许多进步改革者在内的外部人士将老板控制的城市治理机器视为政治中最卑鄙的一种形式，这种政治形式的驱动力是易被利用的无知大众。

无论社会上一些人如何看待这些政治机器和它们的策略，在大多数所谓的移民的眼中它们是确实发挥了作用。老板及其政治机器不仅保证了定期垃圾收集和路面铺设这样的城市基本服务走进"忠实"选民的社区，而且还帮助协调城市的不同要素，将之纳入同一个系统。他们为企业家和企业提供有利可图的特许经营权和合同，为犯罪分子和不法商人提供法律保护，为城市大众提供物质利益，还为移民群体当中有前途的个人提供职业上升的渠道。尽管如此，为满足日益增长的需求，确保政治机器的各个部分得到定期"润滑"，城市政府的支出以及随之而来的财产税不断增加，再加上政治腐败的暴露和企业嚣张到肆无忌惮的地步，富裕的城市居民开始强烈呼吁开展进步改革。

最初，历史学家认为 19 世纪末 20 世纪初的政治老板制度是一种完全腐败的制度，但近年来，一些学者改变了对机器政治的看法。他们指出老板向移民们提供的往往是其美国生活过渡过程中唯一能够得到的实际的帮助。在社会服务所和民族互助组织出现之前，政治老板们对南欧和东欧移民产生了格外强烈的影响。他们给予新移民一种受欢迎和归属感，从而帮助他们应对城市生活的现实状况。在芝加哥，爱尔兰出生的酒吧老板、民主党议员约翰尼·鲍尔斯发起赞助了邻里野餐和热闹的娱乐集会。作为回报，城市少数民族群体会在投票箱中表达他们的感激之情。新生的移民政治家，特别是年轻的犹太人和意大利人，最终摆脱了占统治地位的政治机器，效忠于反对禁酒主义者和本土主义者的政党，因为前者想要禁止酒类的生产和消费，而后者主张限制外国移民。天主教徒们尤其担心，如果禁酒令成为这个国家的法律，那么他们在弥撒中用来象征基督身体的酒也将会被禁用。大多数意大利人用餐时都要喝葡萄酒，有些人还喜欢用它来消遣。

许多城市工人在试图组建自己的工会，或在困难时期寻求就业、住房以及经济援助时，就会被卷入机器政治中。私人慈善机构对移民申请人往往持怀疑态度，而当时几乎不存在公共援助，于是像芝加哥的约翰尼·鲍尔斯，以及总部设在坦慕尼厅二十多年的纽约民主党主席查尔斯·弗朗西斯·墨菲这样位高权重的老板就站出来帮助有需要的人。寡妇和其他几乎活不下去的人们，都盼着节假日收到食物篮子，冬天收到煤炭，甚至在紧急关头还有小额贷款，这些都是"老板"的恩惠。

好政府运动

好政府运动全国代表大会是所谓好政府的支持者们 1894 年在费城举行的首次集会。大会发言人、未来总统、纽约市警察局长西奥多·罗斯福宣讲了道德和能力在市政府中的重要性。政治进步派人士要求市政官员取代政治老板，承担起解决社会问题的责任。好政府的支持者们有时会推出自己的候选人，妖魔化那些政治老板们，但这些候选人往往会被政治机器的候选人击败，因为后者对选民的吸引力更大。

全国市政联盟是在好政府运动全国代表大会上成立的。它联合了来自全国各地各个城市的改革团体，创始人包括西奥多·罗斯福、律师路易斯·布兰代斯、景观设计师弗雷德里克·劳·奥姆斯特德和妇女社团总联合会创始人玛丽·曼福德。该联盟对于许多进步派人士来说是一个很好的训练场。联盟倡导好政府原则，特别是政府效率原则，鼓励各城市尤其是大城市使用模范城市章程，推动城市政府的行政和结构改革。联盟成员希望将政治交到正直的商人和专业人士手中，从而破除老板们的政治影响力，避免选区体系的种族政治。许多城市设立了市政研究机构，以企业模式来运行他们的城市。1898 年，加利福尼亚州、印第安纳州、艾奥瓦州和威斯康星州都成立了遍及全州的市政联盟。

1899 年，全国市政联盟在其纽约总部发布了自己的市政计划，即后来所谓的模范城市宪章。为鼓励"地方自治"或实现市政府的地方控制，宪章的结构性改革呼吁扩大市长权力，由全城而不是由个别选区的选民选举市议员，减少州对城市事务的干预，根据行政规则和功绩任命公务员，取消老板们的任免权。宪章还鼓励中小城市采用政府经理制。

1908 年，弗吉尼亚州的斯汤顿市成为首批引入城市经理制的城市之一，为克服庞大臃肿的两院制议会、改善城市基础设施提供了一个新的组织架构。到 20 世纪的第二个十年，城市经理制已经成为一种盛行一时的集中行政决策模式。任命的经理，可能是专家技术人员、工程师或公共行政人员，与无党派的选举委员会有联系。这种模式允许政策与行政分离，从而消除政治因素。城市经理制的缺点是商人们往往会介入进来填补政治的空白。到 1920 年，130 多个城市的改革者都采用了城市经理制。

1900 年可怕的飓风摧毁了加尔维斯顿县，在其后的重建中，市政改革领导者创立了另外一种市政管理模式——城市委员会制。得克萨斯州州长任命了一个五人委员会来协调灾后城市的重建。这一制度非常成功，被永久保留了下来。到 1917 年，另有大约 500 个小城市采取了城市委员会制或"加尔维斯顿计划"，包含了公民投票、倡议和罢免的理念。在这种架构下，选举产生的委员会具有决策权和行政权，任何一个人都不能最终掌控全局，五位委员享有同等的权力。

尽管全国市政联盟支持城市经理模式，但许多大城市仍然倾向于采用以选区为基础的、具有党派属性的市长－委员会形式的政府。这些城市倾向于制定城市宪章，决定每个特定城市的政治结构。大些的城市想要的宪章会给予其自由的财权和政治权力，使其能够独立自主地管理城市事务，不受州立法机关的干涉。选区体系的支持者们认为，合并选区会剥夺普通市民的权力。

美丽城市与城市规划：从审美到效率

相信城市有潜力成为实现美好生活的手段，成为进步时代的一个标志。系统地乃至科学地规划城市实体发展的契机为城市改革提供了另一个维度：美学。美国的建筑师们从 1893 年世界哥伦布览会上首席建筑师丹尼尔·伯纳姆的白城建筑构图中汲取了灵感。伯纳姆负责布置林荫大道和喷泉周围的巴洛克风格建筑。这些布满闪烁灯光的建筑，展现出壮观的景象，让许多人相信城市可以变得更美丽、更宜居。伯纳姆希望通过改146造城市来扫除社会弊病，抑制城市衰退，"助力社会其他领域正在蓬勃发展的改革"。美丽的城市可以成为激发居民道德和公民美德的中心。著名建筑师、纽约中央公园的设计者、美国第一位城市规划教授、《城镇与都市改良》（1901）一书的作者雷德里克·劳·奥姆斯特德，以及查尔斯·马尔福德·罗宾逊都致力于推广所谓的"城市美化运动"原则。城市美化运动的支持者大部分都是上层社会的白人男性，他们希望吸引当时的人们进入城市居住、工作和消费。

　　尽管从城市诞生之初，包括一系列思想和技术在内的城市规划概念就一直存在，但历史学家乔恩·A. 彼得森在《美国城市规划的诞生》（2003）一书中指出，进步时代的建筑师和城市美化运动的支持者们开发了独特的美国式城市规划，使城市变得更有效率。城市规划者和土木工程师们精心设计街道模式，以极具吸引力和高效的方式呈现宽广的林荫大道、公共广场以及壮观的城市中心，同时他们也认识到有必要缓解美国城市中业已存在的混乱、拥堵和卫生问题。

　　1907 年的金融恐慌之后，城市美化运动演变成为一场几乎只关注效率和经济，而不考虑美学的运动。创建一个功能更加完善的城市需要地方规划委员会的监督。1909 年，第一次城市规划会议在华盛顿特区举行。截至这一年，查尔斯·M. 罗宾逊已经为各个城市的规划撰写了多份报告。一些批评人士认为这些规划太注重审美，于是反过来推动制定严格的分区规定以控制城市增长，并帮助构建综合的城市规划。他们鼓励建造有照明的街道、公共交通系统、公园和花园，制定分区法，使美国城市空间能够像欧洲那样根据其预期用途指定为住宅、商业或工业区。这些所谓的区划法使得进步改革者能够对各自城市的发展施加一定程度的控制。1913 年，纽约州、伊利诺伊州、威斯康星州和明尼苏达州的立法机构通过法律，授权市政当局划定住宅区，住宅区内禁止商业活动。显然，将城市作为经济发展中心的理念已经战胜了建设美丽城市的理想。

罗宾逊和伯纳姆确实影响了华盛顿特区、芝加哥和其他一些城市的城市规划，但到 1917 年，对于大多数美国城市来说，对城市进行综合规划的设想已不再现实。在城市美化运动从人们的视野中消失很久以后，两个全国性组织——美国公园及室外艺术协会和全国改善协会联盟（后更名为美国城市改善联盟），仍然在推动着城市美化精神。

早在 1890 年，雅各布·里斯在前面提到过的《另一半人怎么生活：纽约租户调查》一书中公开揭露了纽约租房生活的悲惨境遇。里斯阐述了住房条件与糟糕的卫生状况之间的关联，促使新的住房法以地方法令的形式得以确立。1901 年，纽约成为美国第一个通过法令解决城市公寓拥挤和不卫生状况的城市，其他城市随之效仿。然而，这些法律并没有得到严格的执行。事实上，纽约的法令是否有效关键取决于其检查和执行条款。

好政府运动早期的进步措施，大部分都是为了发现和解决市政府的实际缺陷，而不是腐败问题。由于好政府运动的推动，城市政策以及城市本身逐渐产生了进步变化。前芝加哥大学社会学教授，后来担任美国城市改善联盟主席的查尔斯·朱布林希望重新组织市民生活。根据朱布林的说法，成功的工业化和无节制的商业化带来的问题包括："烟、噪音、明目张胆的广告、人口的拥挤、自然的破坏、住宅建筑的丑陋和娱乐活动的缺乏。"1916 年，他在《市政进步》一书中总结道："逐步满足所有人的欲望已不再是乌托邦式的理想，而是唯一合理的市政规划。"

在理想情况下，城市规划的有序发展会使市政府的政治及行政结构得到逐步完善。那么，城市规划最好被理解为一个多方位的文化运动，它试图向外明确表达进步时代的改革冲动，即振兴公共生活、灌输公民意识。政府应当对城市实体的发展进行严格控制，包括户外艺术和公园。这一观点导致了人们对政府监管的支持。

州改革

拉弗莱特与威斯康星理念

州一级的改革步伐似乎比县市一级慢很多。在中西部，共和党内爆发了激烈的派系斗争。在这些纷争中，1901 年至 1906 年担任威斯康星州州长、1906 年至 1925 年担任美国参议员的罗伯特·拉弗莱特成为进步派的领导人。他是一位热情的演说家，既吸引了民主党人，又吸引了共和党人。拉弗莱特或许比其他任何人更能代表最终塑造美国政治改革运动的进步主义原则。

人们后来所知的拉弗莱特的"威斯康星理念"，包含了一系列进步主义思想，是其担任州长期间汲取威斯康星大学科学家和教授们的建议而形成的。当选为参议员后，拉弗莱特开始立足于威斯康星理念推动进步主义立法。在其六年州长的任期内，进步派获得了威斯康星州共和党的控制权，为推进改革立法打开了大门。拉弗莱特成功地将持不同政见的农民和工人联合起来，组成了一个强大的联盟。在他的领导下，威斯康星州进步

149

派进行了一场旨在减少职业政治家在选举和政府中所起作用的运动。这场运动的主要成果是 1903 年的直接初选法和 1905 年的公务员法。直接初选法要求选民直接提名所有县和州政府职位的候选人，而不是由党代会代表提名，从而削减了该州政党的权力。新的公务员法废除了公务员委任制，建立了一套制度，根据竞争性公务员考试的结果来聘用所有政府雇员，并设立了一个委员会来监督公务员制度的管理。

　　威斯康星州成为民主的试验田，在这里，人们对进步改革的支持不断升级。最初不支持进步运动的德国人和有组织劳工成为威斯康星州进步改革的重要参与者。然而，尽管拉弗莱特将各种各样的派系和利益集团都聚拢到了进步主义事业中来，但他从未完全掌控住威斯康星州的共和党。詹姆斯·戴维森是拉弗莱特 1906 年至 1911 年的州长接班人，见证了拉弗莱特大量改革措施的颁布实施。通过的其他进步改革法律包括：州对公司股票问题的控制规定，扩大铁路委员会的权力，使其制定公平运价、规范交通运输的规定，以及对保险公司实施的更加严格的监管。1911 年，立法机构设立了州人寿保险基金，出台保护性立法限制妇女儿童的工作时间，并颁布了森林和水力保护法。同样在 1911 年，威斯康星州实施了美国第一个切实可行的州所得税，使该州的税收制度发生了转变。也许最重要的是，立法机构开始搭建该州的现代社会福利体系，建立了工业委员会来调查和管理工作条件，并使威斯康星州成了全国第一个建立工人赔偿制度的州。

超越威斯康星州

　　拉弗莱特式的进步主义席卷了全国。到 1906 年，两大政党的纲领都批评了大商业利益集团对政治的控制。主张采取进步改革措施的改革候选人在投票中获胜。在单独各州一度看似零星的运动扩大成为全国范围的改革运动。立法机构对游说行为进行了约束，禁止企业提供竞选捐款，并禁止铁路公司向立法者和其他州政府官员发放免费通行证。几乎所有的州都建立了直接初选制，力争让政治候选人的选择远离腐败的铁路老板和企业的影响，将选择权交到选民手中。最重要的是，各州通过设立科学严谨的委员会来执行新的法规，加大了对公用事业、铁路和其他企业的监管。从 1905 年到 1907 年，全国共建立了15 个新的州铁路委员会，并扩大了许多现有铁路委员会的权力。这些委员会有权设定价格，监督安全、服务和财务运作。在接下来的几年里，这些委员会的权力扩大到了城市有轨电车、天然气、电力、电话和电报公司。这些州政府发生了无可否认的根本性转变。

"战斗的鲍勃"（即拉弗莱特）的理念向西蔓延到了加利福尼亚。海勒姆·约翰逊在 1910 年的州长竞选中抨击了南太平洋铁路公司对州政府的控制，支持拉弗莱特的改革。约翰逊上台后限制了铁路公司的权力，建立了一个州委员会来设定针对消费者的收费标准，并与最初没有支持其当选的劳工领导人结成联盟，支持进一步拓展该州的工人赔偿法，建立委员会来调查和监管女工和童工的状况。约翰逊还对政府进行了结构性改革，包括直接选举美国参议员、罢免公职人员、实现全民公投立法。

落后的商人

商人很少表现出进步行为。据罗伯特·韦伯的说法，除了少数例外，商人们并没有试图提高低收入美国人的地位。此外，他们反对独立的工会和劳动保护立法，并且经常利用城市政治

151

为自己谋利。尽管如此，看商人们是否抱有进步情结要考虑的另一个方面是他们在改革中所起的作用。少数人建立了私人福利资本主义，为其雇员提供公司赞助的福利。但由于福利资本主义仍处于起步阶段，因此它惠及的是中等收入工人而不是非技术工人。企业家对进步事业唯一的真正贡献来自他们推动公民素质进步的热情。他们加入商会（通常是种族主义和保护主义的反工会组织），形成地方层面的商业圈子，了解国家层面的改革。

在有些州，改革者们推动揭露了商人贿赂立法者、与政党首脑沆瀣一气、购买提名名单的严重程度。简而言之，企业获得立法保护，作为回报，它们向共和党候选人提供大量的直接贿赂和竞选捐款。1896年，威廉·麦金利凭借标准石油托拉斯25万美元的捐款当选总统，此前其竞选纲领支持工业和东部制造商。

更糟糕的是保险公司的丑闻。对保险公司滥用职权的抨击始于1905年纽约的阿姆斯特朗调查案。纽约州奥尔良市长大的律师威廉·H. 阿姆斯特朗主持州立法委员会对人寿保险业的欺诈行为进行了调查。结束了纽约调查之后，委员会1906年对芝加哥美国人寿保险协会进行了问询调查。两项调查均显示共和党官员与保险公司高管之间存在着政治联盟形式的腐败。政客从公司人员那里收受贿赂，以换取竞选资金和立法保护。调查最终导致州政府开始对道德行为进行监管。

152

1907年经济恐慌之后充满挑战的经济环境抹杀了改革的魅力，并使一些商人变得傲慢和强硬起来。商人们感觉新任共和党总统比"反托拉斯"的前任西奥多·罗斯福更加支持商业发展，于是在塔夫脱执政期间不断施加压力。他们宣布胜利通过《佩恩－奥尔德里奇法》，实现了提高进口关税以保护其商业利

益的愿望。对于精于政治的美国人来说，该法案是特殊利益集
团影响立法政策的一个显著例子。

激进的政治反应

社会党人

尽管面对的局面是主要政党操控政府决策，但从 19 世纪末
开始，民族和宗教团体试图寻找一种方法，绕过机器政治去影
响政府政策。在圣路易斯和旧金山等城市，反腐运动使得工人
阶级在当地政治中的影响力越来越大。社会主义以其公共设施
公有制等实用主义思想开始吸引越来越多的工人。

1901 年，美国社会党成立，其部分理念是扶助工会，鼓励
其参与政治议题。社会党人认识到美国劳工联合会的重要性，
但具有讽刺意味的是，本身也是移民的劳工联合会主席塞缪
尔·龚帕斯，一名受过马克思主义教育的人，选择在资本主义
体系内奋斗，而生于中西部自由市场体系之中的尤金·维克
托·德布斯出狱后（因 1894 年领导普尔曼罢工被判入狱）却成
了一名坚定的社会主义者。在其鼎盛时期，社会党人得到了许
多工会的支持。矿工联合会、鞋业工人、机械师、女装工人和
酿酒工人，都与社会党人结成了联盟。

社会党 1910 年至 1911 年间在 28 个城市赢得了 400 多个公
职，其中包括市长选举。在 1912 年的选举中，社会党人在尤
金·维克托·德布斯的领导下建立了一个全国的统一战线。在
那次竞选中，德布斯赢得了 6% 的选票，接近 100 万张。其他社
会党候选人也于 1912 年强势登场。其中两名社会党人成为美国
国会议员，56 人当选市长，在 17 个州立法机构中获得了 33 个

席位，近千名社会党候选人赢得了市镇议会选举的胜利。

世界产业工人联盟

比社会党人更激进的是世界产业工人联盟，也就是人们通常所说的"乌布利"们。他们于 1905 年在芝加哥举行成立大会，本着将工人阶级"从资本主义的奴役束缚中解放出来"的共同目标聚集到一起来。联盟领导人认为，变革的推动力是工会行动主义，而不在于政党的阴谋诡计。起初，世界产业工人联盟吸引了社会主义组织的成员，甚至一些以前隶属于美国劳工联合会的工会会员。同他们之前的劳工骑士团一样，乌布利们想把所有的工人，不管他们的技术水平、特殊技艺或民族归属是什么，都组织起来成立一个大联盟。世界产业工人联盟领导人，如生性有趣、身高六英尺的西部矿工联合会的威廉·"大比尔"·海伍德呼吁推翻资本主义体制时，许多美国人都大为震惊。乌布利们没有这样的想法，而是提出了一项计划，打算废除工资制度，推动工人获得工厂、矿山、铁路和其他雇用产业工人的企业所有权。

位于马萨诸塞州劳伦斯的美国毛纺公司 3 万名纺织工人举行激烈罢工，抗议无法忍受的工作条件和减薪，世界产业工人联盟给予支持，从而引发了全国的关注。1911 年，马萨诸塞州立法机构通过了一项法律，将每周法定工作时间从 56 小时减少到 54 小时，该法于 1912 年 1 月 1 日生效。工厂主将工人们的工资削减了两个小时，同时又敦促加快工作速度，要求工人在没有额外报酬的情况下生产更多的产品。波兰妇女是第一批关掉织机、走出工厂的人。罢工很快蔓延到了该市的所有工厂。由于大多数工人都是移民妇女，美国劳工联合会不但没有支持这次几乎无人领导的罢工，反而谴责它是革命和无政府主义的。

154

包括伊丽莎白·格利·弗林在内的世界产业工人联盟组织者加入了罢工协调工作。

妇女在罢工中发挥了很大作用，她们走在示威队伍的最前面，打着横幅要求"面包和玫瑰"。这句话后来成为一个著名的罢工口号，因为它既包含了立刻获得经济报酬的要求，比如说加薪，同时又声明女性罢工者也需要得到老板的尊重。工厂主们利用自卫队、当地警察和罢工破坏者进行了反击。在冲突中，一名女性罢工者被枪杀，并发现了一个预设的炸药阴谋。（后来证明这个炸药计划是美国毛纺织厂总裁威廉·伍德的手笔。）在市民将罢工者的孩子从劳伦斯带走，送往费城照料的过程中，警方袭击了他们，将孩子从父母身边带走，并把 30 名妇女儿童关进了监狱。公众对罢工工人，其中大多数是妇女的同情大增，公众舆论转而反对雇主。两个多月后，主要是迫于公众压力，老板们同意加薪、支付加班费，并承诺不歧视罢工者，从而解决了罢工问题。劳伦斯罢工获得了全国新闻媒体的广泛报道，赢得了美国公众的大力支持，标志着世界产业工人联盟发展的高潮。事件的发生促使即将离任的塔夫脱总统成立了一个工业委员会，来调查全国各地的工作条件。

1913 年，新泽西州帕特森的丝绸工人罢工，要求每天工作 11 个小时，每周工作 6 天。于是就像在劳伦斯一样，削减工资、加速生产成为问题。虽然世界产业工人联盟试图将丝绸工人联合起来，明确具体地表达他们的要求，但会说英语的技术工人过早地与工厂主达成协议，一家一家恢复了工作。大量没有技术的意大利和犹太工人则丧失了赢得让步所必需的任何支持。

对于大多数工人来说，乌布利们太过激进，内部的分裂也让他们饱受折磨，因此并未赢得多少次斗争。但通过在主要报纸和杂志上进行宣传，他们的确有效传达了美国工人遭受虐待的信息。进步派们对此了然于心，但他们越来越同意激进分子的观点：为了改变全国产业工人面临的现状，政府有必要进行直接干预，挑战并有效纠正财富和权力不受管制地集中于大型全国性企业的现象。简而言之，工业资本主义必须变得更加人性化。

劳工组织投向政治

根据龚帕斯简单纯粹的理论，工会属于私营部门，与雇主就劳动力的迫切需求，或者说是"面包和黄油"需求进行谈判：增加工资、缩短工作时间、使工作环境更加安全和舒适。直到20世纪初，在涉及工作场所冲突的案件中法院几乎总是站在雇主的一边。美国劳工联合会的龚帕斯坚持自愿主义原则，即工人靠自己行动能够解决的问题就不要寻求政府插手。遵从自愿主义的理念，龚帕斯也希望避免参与党派政治。但其严格的无党派政策并没有加强有组织劳工的地位，反而增加了其脆弱性。

进入20世纪刚两年，劳工组织就遭受了一系列充满敌意的法庭判决。1902年，位于康涅狄格州丹伯里的 D. H. 罗威公司拒绝承认美国劳工联合会的附属机构帽业工会。这是雇主根据《谢尔曼反托拉斯法》压制工会的首次尝试之一。作为回应，帽业工会呼吁联合抵制该公司，公开要求人们拒绝购买该公司的产品。由于产品销量下降，第二年该公司起诉了帽业工会。1908年，这个案件向上提交到了美国最高法院，法院支持该公司，裁定对公司的抵制行为损害了贸易的发展。这一裁决使工会的合法性受到了质疑。无论作为一个联合体，还是作为成员个体，帽业工会都要承担 252000 美元的损害赔偿。美国劳工联合会主席塞缪尔·龚帕斯帮助支付了这笔罚款，其数额相当于每名会员罚金 1000 多美元。高等法院明显站在了雇主一边，这让整个劳工运动恐惧不安。

1906 年，圣路易斯部分金属抛光工有组织地举行了罢工，罢工持续 9 个小时，也出现了类似的抵制行动。工会将巴克炉灶公司放进了美国劳工联合会"不要光顾"的名单之中，于是老板詹姆斯·范·克利夫就公司的收入损失起诉了美国劳工联合会。范·克利夫碰巧还是全国制造商协会的主席，最终他成功获得美国上诉法院发出的全面禁令，针对的就是劳工联合会及其官方报纸《美国联邦主义者》。

《劳工不满法案》

在决定性地推动有组织劳工参与政治的一系列事件中，第三桩涉及了芝加哥印刷工人工会。1906 年，来自芝加哥这个最古老工会的工人举行了罢工，争取每天工作八小时。虽然他们赢得了八小时的工作日，但伊利诺伊州最高法院的霍尔多姆法官发布了一项禁令：禁止设立罢工纠察队，禁止工人向工友通报罢工的情况，并禁止工人提及曾经发生过的罢工。在罢工期间，工会主席埃德温·R. 赖特被判藐视法庭，罪名是干扰非工会印刷企业的运作，入狱三十天。于是，龚帕斯召集执行委员会开会，发布了一份名为《劳工不满法案》的声明作为回应。声明的其中一部分要求解除以《谢尔曼反托拉斯法》名义对工会执行的严厉禁令，该法一直认定工会阴谋限制贸易。

政府的立法和行政部门似乎比保守的法院更容易接受进步改革。政府第一次尝试在经济领域扮演更为积极的角色，发生在 1894 年普尔曼罢工之后的铁路行业。事实上，1898 年国会通过的针对普尔曼罢工的《埃德曼法》开创了政府干预经济的先河。联邦政府第一次承认了铁路工会的合法性，并建立联邦调解委员会，提供了一个解决争端的机制。它还禁止使用"黄狗"合同。这种合同强迫工人向雇主签署书面承诺，发誓不加入工会。《埃德曼法》赋予州际贸易委员会制定价格的权力，并指出联邦政府在经济中的作用是逐渐走向国家管控。

1902 年，无烟煤矿工人在宾夕法尼亚州东北部举行了罢工，要求增加工资、实行八小时工作制，工人们再一次受到了鼓舞。矿工联合会主席约翰·米切尔呼吁集体谈判的倡导者——全国公民联合会，帮助解决罢工问题，但这一想法落空了。由于罢工引起了公众的关注，公众也呼吁进行干预。总统西奥多·罗斯福想以联邦政府的名义威胁夺走这些煤矿，以此迫使矿主们采取行动。结果是成立了一个七人仲裁委员会，罢工于 1903 年 3 月得到解决，矿工工资增加了 10%，雇用了过磅员（指矿工选出的、检查采矿量准确度的代表，因为矿工是根据煤矿开采的重量来获取报酬的），并禁止在雇佣过程中有歧视工会成员的做法。新的世纪似乎充满了希望，因为工会在该地区获得了更为稳固的立足点，附属于美国劳工联合会的矿工联合会成员数量也增加了。在解决这次罢工的过程中，罗斯福赢得了政治上的胜利，形象也得到了提升，随后罗斯福政府又于 1904 年赢得了北方证券案。最重要的是，这次罢工开创了政府站在罢工工会工人一边直接插手干预的先例。

然而，尽管在采矿业取得了胜利，但在接下来的几年里，塞缪尔·龚帕斯和他的美国劳工联合会继续坚持自愿原则这样一种日益过时的教条，反对政府直接插手经济。相反，他继续鼓励劳工和雇主之间进行自愿谈判，这种策略一次又一次地失败，未能保护广大的工人。

劳工组织显然已经迫不及待，但同时又相当无奈地进入了政治舞台。其首次涉足正式政治领域是 1906 年 3 月美国劳工联合会主席塞缪尔·龚帕斯及其执行委员会成员起草的《劳工不满案》。该法案指出了工业条件的变化，并列出劳工领导人认为需要立即关注的一些问题。美国劳工联合会的这封信函是写给罗斯福总统、参议院临时主席和众议院议长的，要求解除无效的反托拉斯法和州际贸易法，立法强制所有政府牵头的工作都实行八小时工作制，包括巴拿马运河的建设。劳工组织还推动通过了保护工人免于同囚徒劳工竞争，以及限制移民的法律。《劳工不满法案》还提到了航运业的危险，包括 1904 年发生在东河的斯洛克姆将军号上的大火。当时这艘船上载有 1300 多名东村德国福音路德派圣马可教堂的成员，他们正前往长岛参加周日的野餐。火灾发生不到十五分钟，船只就沉没了，造成一千多名乘客死亡。在 2001 年 "9·11" 事件发生之前，这场悲剧一直是纽约市最大的生命损失。共和党人拒绝了这项法案。

　　在 1908 年的总统大选中，倾向于从城市地区汲取力量的民主党人解决了劳工的一些诉求。几年后，随着 1912 年选举的临近，候选人公开呼吁劳工投票。事实上，那年的大选创造了劳工的历史，因为美国劳工联合会有史以来第一次正式支持某一个总统候选人。龚帕斯对民主党候选人伍德罗·威尔逊表示认同，并鼓励劳工联合会成员也支持该候选人。1914 年的《克莱顿反托拉斯法》使人们不再认为工会阴谋限制贸易，从而确立了工会的合法性。

　　在新世纪的头十年里，政治现实，尤其是充满敌意的、反工会的法院禁令，迫使工会领导人公开参与政治。他们需要有能力采取团结一致的集体行动。历史上，政府尤其是司法部门，曾经威胁过工会的安全。20 世纪初期，工人们逐渐开始认同自己是属于一个更大社群的公民。

　　对于没有技能、没有组织的工人来说，政治具有新的含义。他们希望政治行动能够转化为有效的劳工组织。然而，在进步时代，集体行动的承诺从未完全兑现过。工人阶级政治的本质表明，无论在州还是在地方层面，劳工从来就不是一支靠谱的力量。工人们遭受着内部冲突和宗教民族分裂的折磨。此外，非技术工人对美国劳工联合会仍旧是一个排外的贵族阶层感到失望，他们只组织有技术的白人男子却忽视了广大的工人。直到 20 世纪 30 年代，工人们才得以从更有利的政治环境中获益。

工作场所的行动主义

在工会为获得政治认同而奋斗时，女工们却在为了进入工会而奋斗。男性主导的工会拒绝组织女工，这让女工们大为失望，于是立足于城市社会服务所的女性进步改革者们站了出来施以援手。全国妇女工会联盟于 1903 年在波士顿成立，旨在将女工组织成工会。在其协助下，制衣业的女工开始组织起来集体谈判，迫使管理层改善工作场所的条件，当时她们的工作场所多数情况下就是血汗工厂。

制衣业血汗工厂的工作条件与铁路及采矿业的条件大同小异，都十分恶劣。无论在男装还是女装店中，制衣工大多都是女性。每周 60 个小时的工作时间，每件衣服半分钱的报酬是司空见惯的。除了微薄的薪水、长时间单调的工作之外，老板们还希望工人在时间紧急时把活计带回家完成，在时间不紧时也不停地工作，即使没有什么活要她们做。工人们损坏货物要接受罚款，还得自己购买手工缝纫所用的针，或者租赁自己使用的机器。此外，女工们还会经常受到男上司的性骚扰。

为了帮助改善职业女性的境况，全国妇女工会联盟主席玛格丽特·德雷尔·罗宾斯将联盟最初的目标——组织女工成立

160

工会，拓展到聚焦政治领域的行动主义。1908 年，该联盟公开
参与争取选举权事业，并游说立法保护妇女和儿童。在穆勒案
做出裁决之后，女性改革者们越过法院，试图迫使联邦政府解
决困扰美国的社会、经济和政治问题。

　　1909 年在纽约以及 1910 年在芝加哥，凭借家乡的激进主义
传统和妇女工会联盟的协助，犹太和意大利女制衣工举行罢工，
要求获得工会的承认。在两次罢工中，工人们都取得了部分胜
利，但这样做的结果是被主流社会贴上了激进分子的标签。幸
运的是，女工们从妇女工会联盟的中产阶级女性、社会服务所
的工作人员、公民领袖，甚至社会主义者那里获得了帮助，推
动了工人事业的发展。由于这些进步改革者跨阶级的共同努力，
美国公众普遍意识到并更加同情那些未受保护妇女的困境。

　　制衣工们聚集在制定和平协议的国际女装工人联合会，这
是穆勒案律师路易斯·布兰代斯的心血结晶。凭借这一协议，
雇主们在 1910 年纽约制衣女工发动第二次罢工之后，同意与该
行业工人就他们之间的分歧进行谈判。国际女装工人联合会领
导人邀请芝加哥男装工人领袖西德尼·希尔曼在其纽约总部监
管该议定书。希尔曼的进步主义愿景是围绕着创建工业民主的
想法展开的，这种工业民主是要扩大政府的力量以保护工人的
利益。工联主义植根于俄国犹太人的"托索德卡"，或称义务给
予传统，进一步增加了进步派人士对社会正义的关注。

进步派成为主角

　　受多种因素的驱使，包括"扒粪者"对商业及城市政治中
腐败和贪婪行为的曝光、城市的扩张、社会服务所改革运动、
州一级的发展进步，甚至在一定程度上还有美西战争（1898

年）中美国取得戏剧性胜利之后的民族主义精神，美国人把他们的进步主义事业推向了国家舞台。亚瑟·林克令人信服地指出，城市和州一级进步主义背后的改革推动力早在 1905 年就已经走上了国家政治舞台。当时从选举结果和丑闻曝光中可以明显看出，只有联邦政府能够为这些全国性问题提供有效的解决方案。因此，进步派人士开始信任政府，与此同时普通美国人也开始探问政府可以做些什么来帮助他们。

历史学家们认为，非党派化成为这个时代的标志之一。改革者们利用几乎每一个机会，联合起来用民主言论抨击政治腐败，推动制定监管法规将政党从私人机构转变为公共实体。在整个 19 世纪 80 年代，提名方法、竞选活动和任命权在很大程度上仍然是零星散乱的。但到了 20 世纪初，包括直接初选、选举和新公务员制度在内的改革都被涵盖在法律网络之内了。

美国政治生活中另一个姗姗来迟的变化也始于进步派。政党失去了对政府的某些控制权，但与此同时，各州和国家加大了调控经济、确保社会福利的力度。政府的这些新任务不是由党派立法者来完成，而是落在了独立委员会和非党派委员会的肩头。

进步改革者们努力将政府交回到人民手中。他们把地方和各州的要求贯彻到国家事务中。为了解决腐败行为而颁布的新法律，打破了贪婪的大商人和精明的政客之间存在的不正当关系。直接初选制是众多遏制腐败的改革措施之一，因为它让选民通过民意投票，而不是由政党机器在政党大会上选择重要职位的候选人。公民提案程序使得公民团体能够提出立法，而公民投票权使得选民能够提出甚至通过关于某些具体议题的州法律。美国宪法第十七修正案剥夺了州立法机构任命美国参议员的权力，要求参议员由人民直接选举产生。规范童工和妇女的

163

工作、提供意外保险、援助贫困老年人和未成年子女，以及帮助母亲的新法律也获得了通过。在有些州，改革者们还提高了义务教育法的年龄限制。

随着主要政党力量的减弱，公众舆论的力量开始增强。像全国妇女工会联盟、全国消费者联盟和美国劳动立法协会这样的特殊利益组织都扩大了机构规模。这些组织，以及劳工组织、商人和其他众多组织都直接向政府呼吁推进其各自议程。尽管妇女在国家层面获得选举权尚需数年时间，但社会服务所的妇女们早就学会了与社会科学家、神职人员、公民领袖、政治家和学者结成联盟，以推进完成她们的改革议程。具有公民意识的男性试图通过政党政治寻求进入政府的渠道，而想要影响政策又具有同理心的女性则把精力放在了抓权上。她们通过担任社会服务所的领导职务获得了更多的权力，因而也能给其他女性带来更多的权力。回顾历史，由于一直被排除在正式的政治世界之外，在进步时代，美国几乎所有的女性改革领导者都与社会服务所运动有关联。

近年来，历史学家指出，在进步时代女性往往比男性更多地成为改变政治现状的催化剂，因为社会服务所的领导者们意识到在实现和扩大其目标的过程中政治的重要性。历史学家凯瑟琳·基什·斯克拉认为，"赫尔馆的妇女在社会福音运动中（但其实并不属于该运动），是宗教河流中一只政治的船，推动了用政治方案解决社会问题，当然从根本上来说是伦理或道德问题，比如工人们获取合理劳动报酬的权利，或孩子们上学的权利"。社会服务所的女性跨越阶级界限，为早期的劳动女权主义者赋予了权力，比如美国服装工人联合会共同创始人贝茜·阿布拉莫维茨·希尔曼，全国妇女工会联盟及国际女装工人联合会的全国组织者罗斯·施奈德曼。她们努力组织起工作场所的女性，以及所有的女性公民。她们对于工业民主的期盼包括在其联盟内部以及整个美国社会都实现平等的待遇。在推进她们所说的社会正义的过程中，社会福利国家的形象也得以显现和创造出来。

总之，几乎每个进步派改革者和组织都呼吁政府介入美国的私人机构或私人生活，试图以此减少不公正或减轻人民的痛苦。活动家、生性喜欢亲历亲为的总统西奥多·罗斯福鼓励这么做。赫伯特·克罗利在《美国生活的承诺》（1909 年）中明确指出美国需要一个促进全民福利的政府。一些改革者围绕建立一个更加积极、更加民主的政府的理念联合起来。他们对国家主义抱有虔诚的信仰，认为国家问题越来越严重意味着只有政府才能进行必要的控制，才能实现社会正义。

第四章

展望未来：进步主义与现代生活转型，1912—1917

消费主义的兴起

　　到1900年，美国企业已经从1893年的经济大萧条中完全恢复。农业、交通运输、钢铁和石油都成为美国的主要行业。农场为棉纺织品、食品和其他产品提供原材料，对于美国城乡居民来说，这些产品供不应求。棉花仍然是最大宗的出口商品。农民们种的玉米实际上比棉花多，但由于人畜都要消耗，进入市场的玉米就很少了。

　　效仿洛克菲勒标准石油公司的例子，1893年大萧条之后，许多大公司都吞并了较小的竞争对手。1901年，安德鲁·卡内基和 J. P. 摩根的钢铁企业合并，之后，美国钢铁公司成为世界上最富有的公司。更多公司，包括桂格燕麦、钻石火柴、坎贝尔汤、美国烟草、康乃馨、杜邦化工、国际收割机、通用电气、固特异轮胎和橡胶等也成为家喻户晓的名字。这些企业很多都迅速赶超了铁路公司，而在整个 19 世纪铁路公司都是全国规模最大、复杂程度最高的公司。不过，许多美国工人，特别是农村地区的工人谴责大企业是导致经济萧条的罪魁祸首，因而不一定拥护这些大型企业。但是，随着经济回归繁荣，中产阶级开始接受这些公司，就像他们在大萧条之前所做的那样，主要是因为他们欢迎这许许多多买得起的触手可及的商品。

早在 1899 年，托斯丹·凡勃伦在其颇具影响力的《有闲阶级论》一书中就批评了美国富人的生活方式，认为这些人花费了太多时间和金钱来购买奢侈品炫耀财富。凡勃伦认为，上层阶级的这种"炫耀性消费"打开了一个日益物质化的世界。在这样的世界中，中产阶级也会沉迷模仿上层阶级的购物模式来获得身份地位。美国工人阶级很快就追随富人的脚步成了狂热的消费者。在人们争相购买大量诸如带包装的商品和食品这样的工业制成品时，似乎很少有美国人担心自然资源的大量浪费或开发，以及如此疯狂产出所带来的不可避免的后果。

可购商品的数量和种类随着收入的增长而增长。到 1910 年，美国专利局已经注册了超过 100 万项专利，其中十分之九是在 1870 年以后注册的。从钓鱼绕线轮到留声机，各种发明出现在商店和商品目录中。到 1915 年，女性消费占所有消费者支出的 90%。从偏远的乡村到繁华的大都市，营销人员以别出心裁且"科学的"广告形式吸引着购物者，尤其是女性。

制造商开始花费大量资金聘用新成立的广告公司来刺激消费者对其产品的需求。针对潜在消费者的心理，广告公司的员工们创造了朗朗上口的口号和歌谣来刺激购买。商店、杂志和报纸充斥着陈列式广告，将快乐、魅力和幸福与各种产品联系在一起，从护发素到汽车。比如，一家有创新精神的乳品公司通过宣传"幸福奶牛之奶"而获得了成功。

167

广受欢迎的美国政治作家沃尔特·李普曼批评制造商们试图用大量广告去淹没公众。按照李普曼的说法，广告想要创建的是一个遥不可及的（最终是奢侈浪费的）消费者天堂，"东方的天空口香糖闪闪发亮，北边散发着牙刷和内衣的芬芳，西面充满了威士忌的诱惑，南边是霓裳在闪耀发光，整个天堂充斥着荒唐、妖冶的女郎"。某些产品，包括收音机之类的小电器，以及制作这些小电器的工具包都非常受欢迎，以至于它们本身就是一种"自我推销"。

广告科学加上使用新兴的"消费信贷"购买轿车、卡车以及缝纫机和家用电器这样的大件制成品，推动了 20 世纪初生机蓬勃的消费经济的产生。到 1890 年，美国个人负债总额估计达到了 1100 万美元。此时，石油公司、酒店和百货公司发行了第一批信用卡。这类限制使用的单发卡增强了客户的忠诚度。美国人的借贷习惯似乎是按照阶级划分的。城市工人们去典当行、小额贷款机构和末端零售商处，用分期付款的方式购买衣服或家具。中产阶级消费者则光顾更为体面的大楼和贷款机构，申请五年住房建设抵押贷款。随着反对借款的文化歧视（特别是在一些移民群体中）有所减少，进步时代的改革者们推动制定法律，使各个社会、经济阶层的人都能更容易地获得信贷。

168　汽车的影响

在经历了最初开创汽车生意失败后，亨利·福特，一个密歇根州农民的儿子，1903 年成立了福特汽车公司。1908 年，原本制造木质车身 A 型车的福特公司开始生产金属车身的 T 型车，并获得了巨大的成功。生产的第一年，福特销售了 1 万辆"罐式小汽车（福特 T 型车）"。汽车工业以其新开发的"装配流水线"，以及向有购买汽车意愿并愿意分期付款的人发放信贷，彻底地改变了国民经济。轿车和巴士使人们在市中心商业区或"闹市区"购物成为可能。于是，美国人开始涌向"零售商店"购买成衣、加工食品、小家电和大件物品。消费品的大量生产和国民平均收入的缓慢增长，使得美国人不得不想方设法对付那似乎永无止境的欲望。

福特 T 型车非同凡响的销售业绩创造了一个新世界。在这里，一家公司能够从质高价廉产品的持续生产和广泛销售中获得丰厚的利润。福特遇到的第一个真正的竞争来自威廉·杜兰特，他接管了破产的别克公司，并将其与凯迪拉克和奥兹合并，创建了通用汽车公司，一家能够生产和提供各种车型的大公司。福特的应对之策是借鉴兰索姆·奥兹的汽车大众营销理念，后者被许多人认为是美国汽车行业的创始人。奥兹比亨利·福特早几年开始使用装配流水线生产汽车，不过福特的名气更大些，因为福特采纳装配流水线的想法之后，更加有效地利用流水线生产了大量汽车。出生于俄亥俄州铁匠之家的兰索姆·奥兹更关心生产高质量的产品，即使这意味着产出的汽车数量有限。美国人普遍对拥有汽车相当痴迷，以至于有人甚至会抵押房屋来购买汽车。

到 1914 年，福特每年生产的 T 型车多达 25 万辆。就在这一年，为了确保工人的忠诚度，福特为员工推出了五美元日薪。成千上万的工人申请在福特工厂工作。1916 年，福特公司仅在密歇根州海兰帕克的一家工厂就雇用了 16000 名工人。通过支付比任何竞争对手都高的工资，亨利·福特不仅增强了员工的忠诚度，而且使员工们更有可能购买他们自己制造的汽车。

快速增长的汽车生产推动了钢铁、石油、橡胶和玻璃的制造，并给金融业和社会带来了良好的变化。到 1901 年，工业天

169

才埃尔伯特·H. 加里领导的美国钢铁公司，控制了 80% 的美国钢铁生产，并走出国门，在第一次世界大战期间成为一个价值十亿美元的大企业。洛克菲勒的标准石油公司开始将重心从煤油转向汽油生产。旅行者保险公司于 1898 年在俄亥俄州的代顿市开出了美国第一个汽车保险单。就连州政府也开始从驾照收费中获益。马萨诸塞、佛蒙特和新罕布什尔是首批立法要求驾驶员持有执照的州。福特汽车公司和麦考密克钢铁公司很快变得像个独立的城市一样，拥有自己的铁路终点站、供水、能源、电话网络、消防部门和安全部队。

　　无论家里购买了哪种品牌的汽车，汽车的出现都极大地改变了美国人的生活。它几乎为所有的汽车拥有者提供了一种冒险和自由的感觉。周日驾车出行成为城市居民流行的消遣方式。去过教堂之后，他们丢掉自己的烦心事，探索大都市之外的空地和小镇。驾校如雨后春笋般涌现，旅游业激增。游客们沿着林肯高速路从纽约到旧金山越野旅行，住在汽车旅馆（"汽车旅馆"一词由"汽车"和"旅馆"两个字组合而成）中。汽车也使得"通勤"上班成为可能。许多之前在城郊有乡村别墅的专业人士和企业主，可以永久地搬到这些房子去，每天早上开车去城里上班。

　　电力供应也改变了美国人的生活。商店、住宅和办公室开始使用白炽灯。天黑后，街灯照亮了新铺的城市道路，也照亮了公园的篮球场和舞厅。工业照明意味着工厂可以雇用第二班、第三班工人昼夜不停地运转。托马斯·爱迪生的通用电气公司和乔治·威斯汀豪斯的西屋电气公司成为照明和高速发电机领域的竞争对手。

美国公司掌握控制权

对于那些白手起家经营全国最大型企业的人来说，最重要的是利润。尽管没有一个统一的商业圈，但企业领导们还是尽量相互合作、增加利润。联合太平洋铁路公司的 E. H. 哈里曼、北太平洋公司的詹姆斯·J. 希尔和银行业巨头 J. P. 摩根共同创建了一个巨大的托拉斯——北方证券公司，几乎将芝加哥以西所有的长途铁路都合并了起来。再往东，杰伊·古尔德建立了自己的铁路帝国，安德鲁·卡内基的并购创造了一个无可匹敌的钢铁帝国，约翰·D. 洛克菲勒则创建了一个石油托拉斯。古斯塔夫斯·斯威夫特则采用一种特别创新的方法来建立自己的肉类加工企业。他不用合并，而是采用横向整合的办法来扩张自己的公司，并用冷藏车厢和仓库网络彻底改变了这个行业。

以约翰·D. 洛克菲勒为首的企业巨头们公开宣扬自由竞争的终结。他们认为，大企业是促进全民福利的最大希望，因为大企业的效率更高。到 1916 年，包括标准石油公司、美国钢铁公司和国际收割机公司在内的一些企业领导人都在尽其所能，包括设立宣传机构来处理媒体关系、抵御社会批评家们在新闻媒体上的攻击。这些批评家们，即所谓的"扒粪者"指责他们不择手段、贪得无厌。

相比大企业，小企业稳定性差得多，因此起起伏伏的频率也要高得多。随着时间的推移，小企业作为雇主在国民经济中的重要性逐渐降低了。到 20 世纪初，百名以上工人的大型工厂雇用了全国大部分的劳动力。

科学管理

对工业效率的追求改变了工作场所。1900 年之后，企业纷纷重组，采用某种集中化管理形式。制造商们抓住机会满足消费者的需求，不过他们意识到只有将效率提高到新水平，他们才能做到这一点。为了解决如何最大限度地利用工人这一由来已久的"劳动问题"，雇主们尝试了新的策略。管理之手处处可见，因为到处都采用了系统合理的方法。雇用新的中层管理人员协调工作场所，也可以让雇主变得更有效率。

商业史教授阿尔弗雷德·钱德勒在其管理资本主义研究《有形之手》（1977）中，首次描述了市场的无形之手和管理协调的有形之手是如何共同努力促进企业持续发展的。钱德勒认为，从大型铁路和电报公司成立之初，管理人员在日常运营中就是至关重要的。公司聘请专业管理者队伍来协调控制货物的生产、运输，以及通信交流。会计人员做出详细的账簿并设计了复杂的统计管理。

1911 年之后，企业开始采用弗雷德里克·温斯洛·泰勒开创的科学管理方式。泰勒出生于宾夕法尼亚州日耳曼敦一个富裕的教友派家庭，青年时期就表现出相当执着的个性。他全力以赴、积极努力获得了工程学学位，同时还全职做学徒机械工。毕业后，他在宾夕法尼亚州奈斯城的米德维尔钢铁公司找到了一份工程工作，并在那里开始了员工生产率研究。泰勒主张为合适的人找到合适的工作，然后根据他们的产出支付工资。

大型工厂的老板们对泰勒的理论尤感兴趣。在《科学管理的原则》（1911）中，他详细阐述了自己的理论。工业工程师利用他的理论发现来确定制造特定产品的最有利方式。"泰勒主义"关注工作效率，利用时间与动作研究将生产过程分解为单个的往往也是单调的步骤，在工人执行专门任务时使用秒表计时。在追求效率最大化的过程中，泰勒体系将体力劳动与脑力劳动、技术工作与非技术工作分离开来。只要有可能，就由机器完成生产流程。科学管理的生产工厂，以极其熟练的生产过程成为未来企业的典范。

一旦行业管理者将科学管理引入工作场所，从工人找工作的方式到雇佣后的待遇都发生了变化。求职者们过去往往通过非正式的亲朋好友关系网获得雇佣，现在则由日报的"招聘广告"指导其到公司人事部门提交申请，找到工作。在《一次蜜月尝试》（1916）中，新婚的玛格丽特·蔡斯讲述了她是如何在纽约州罗切斯特的"伊士曼柯达工厂"申请工作，如何"与一位精明能干的女商人进行愉快面谈的。这位商人每年都要雇用数百名女工在这间巨大敞亮的工厂工作"。从工人们开始工作的那一刻起，他们就得接受新规章和制度的约束。雇用工人的数量比以往任何时候都要多，工人们往往需要完成严格的培训课程并由打卡准确追踪其到达和离开的时间。

然而，由于缺乏对生产过程的整体了解，工人们失去了对工作场所的控制，同时也就是失去了讨价还价的能力。对工人们来说，科学管理就意味着减少自主权、密切监督、严格管控、计件工作和经理命令"加快速度"。所有这些都使员工变得可有可无。尽管雇主们获得了更高的利润，并在工作场所取得了新的统治地位，但对于工人们来说，泰勒的管理原则就是纯粹的剥削。

173

福利资本主义

许多公司利用福利资本主义和（或）美国化计划来控制员工。福利资本主义为员工提供了很多福利，这样就避免了他们加入工会，并增强了其对雇主的忠诚度。像亨氏、西尔斯·罗巴克和伊士曼柯达这样的大公司都为员工提供激励措施，包括带薪休假、员工餐厅、淋浴房、员工储蓄俱乐部、健身房、公司运动队和野餐会。有技能、有专业的员工往往还能享有养老金和利润分享计划。

有些大公司拒绝雇用移民，有些则鼓励工作场所的美国化，即为移民工人提供免费的英语和美国公民课程，帮助他们融入美国社会。雇主们（甚至包括一些进步改革者）鼓励打破旧世界的习俗，完全接纳新世界。在雇主们眼中，理想的工人是真正忠诚的美国人，是全力以赴工作的人，尽管工资很低、工作时间很长、工作条件很危险。

174

三角内衣工厂火灾

虽然矿井、铁路和钢铁厂发生的无数灾难都是毁灭性的，但是除了西弗吉尼亚州发生的造成300多人死亡的莫农加矿爆炸事件外，几乎所有的灾难都没有引起全国的关注。这场难以想象的巨大悲剧引发了全国对工作场所安全问题的关注，最终出台了有效的工作场所安全法。

许多城市移民恶劣危险的工作环境，终于在1911年3月25日暴露在了全国民众面前。当天，一场大火烧毁了三角内衣工厂，这是一间位于纽约市十层阿什大厦最上面三层的血汗工厂。这场大火发生在周六关门前，共造成146人死亡，大部分是年轻的犹太和意大利女工，其中一些死者只有十几岁，也有几名男子在火灾中丧生。弗朗西丝·珀金斯，一位31岁的社工，当时正与朋友们在几个街区之外喝茶。她同其他数百人一起，眼睁睁地站在那里看着男男女女们跳下高楼身亡。珀金斯亲眼看见的"可怕场面"改变了她的生活。从那天起，她开始致力于改善美国工人的状况。

在悲剧发生后的审判中，一些证人回忆道，那天的门是按照老板的命令锁着的，目的是防止工人休息或偷走用于制造衬衫的面料，一种颇受欢迎的女性高领衬衫。消防员对火灾现场做出了迅速反应，但他们的梯子太短，根本够不到建筑物的上层。逃生工人的重量又使得脆弱的消防梯从建筑物侧面脱落。

赫拉克利奥·蒙塔纳罗和一位朋友一起在街上目睹了这场大火。在四十年后的一次采访中，蒙塔纳罗生动地回忆道："我们在华盛顿和格林大街的拐角处看到了发生的一切，一度都无法动弹。我们惊恐地看着一堆堆女人是怎样从大楼顶层飞出来的。消防员们束手无策。救生网从他们手中撕下，许多人弯下身来，用流血的双手再次拿起网来。我的朋友崩溃了，像女人一样哭了起来。周围的人都是血淋淋的。我开始呕吐，什么都看不到了。"

一百多年后，这场悲剧的确切情况仍然不清楚，但有一点很明确：工厂老板艾萨克·哈里斯和马克斯·布兰克在维护消防通道方面存在疏忽。然而，尽管审判中针对他们的证据分量很重，法院还是解除了对他们的所有指控。

175

三角内衣厂火灾留下的遗产

176

纽约州 1886 年就颁布了第一部工厂检查法，但它几乎只关注与机器相关的事故。三角厂火灾发生后，纽约州参议院多数党领袖罗伯特·瓦格纳和州参议员阿尔弗雷德·E. 史密斯立即提出一项法案，创立了工厂调查委员会。立法者最初设计的是一个为期一年的委员会，但延长了两年，进行迄今为止有关工人健康和安全最全面的调查研究。在政界人士、劳工领袖、社会科学家和改革者的支持下，委员会在全州范围内举行了 59 场公开听证会，听取了近 500 名证人的证词，调查了 3385 个工作场所，进行了 50 次工厂访问，并发布了 7000 多页的证词，范围涵盖了从面包房到化工厂的各个领域。

委员会对化学工业的研究非常具有代表性。调查人员走访了 359 家化工厂，报告了可怕的情况。到 1912 年，化学工业占美国工业生产总量的 28%，雇用了全国 17% 的工薪者。调查报告强调指出："其他任何行业都不会对员工的身体和健康有这么多、这么隐匿、这么致命的危险。"化工行业的工人经常要直接接触铅、砷、磷、汞、有害气体、刺激性粉尘、高温、热腐蚀性液体，以及危险爆炸物。然而，该委员会指出："没有哪个行业比化学工业对工人的健康和利益保护得更少了。"最危险的生产过程包括染料、苯、漆、煤焦油、松节油和酸类的制造。工人们大多不知道处理和呼吸这些有毒物质的危险性。

劳工历史学家理查德·格林沃尔德认为，该委员会的权力不仅限于调查，还包括采取立法行动，因此到 1915 年，纽约拥有了全美最先进的劳动法规。委员会的工作除了推动制定 30 多部旨在严格规范工人安全与健康的保护性法律之外，还提高了公众对于工作场所危险状况的认识。该委员会取得的成就得到了社会党和进步派等的支持。委员会的一些男女成员，包括弗朗西丝·珀金斯（他 20 世纪 30 年代成为富兰克林·罗斯福当政时期的劳工部长），都与社会服务所运动有着直接的联系。纽约州的改革立法成为进步改革者的标杆，其他许多工业州很快也效仿起来。然而，南方的工作环境依然相当危险，因为南方各州很少通过保护性劳动法，或任何他们担心可能影响企业在该地区开设新工厂的法律。

即使在北方，也不是所有的工厂老板都会遵守新安全法规的要求。许多人拒绝投资建造防火墙或安装火灾报警器。1913年，纽约州宾厄姆顿市宾厄姆顿服装公司发生的一起火灾，让人联想到了三角内衣工厂的那场大火。大火迅速蔓延至楼梯和通风井，造成 33 人死亡，其中大多数是年轻的女工。两年后的1915 年秋季，布鲁克林威廉斯堡区的钻石大厦起火，导致 12 名服装工人死亡。总之，不能指望老板和管理者去保护其工人的健康和安全。伴随着 20 世纪的发展，美国工人似乎别无选择，只能求助于政治来实现他们的诉求。

塔夫脱总统 1912 年卸任前成立了美国劳资关系委员会，这让全国各地的工人燃起了新的希望，寄望法律从联邦层面强制改善工作条件。《调查》杂志的社会改革者们说服总统一定要做些事情。塔夫脱的新委员会是在 1910 年两名工会官员实施的洛杉矶时报大楼爆炸案（他们被报纸老板激进的反工会立场所激怒）及 1912 年劳伦斯罢工事件发生之后建立的，由负责调查工会暴力行为及工作场所冲突的公众、雇主和雇员代表组成。1910 年的洛杉矶时报大楼爆炸案导致 20 人死亡，1912 年劳伦斯罢工期间有两名罢工者遇害。起初，商业利益群体是认同劳资关系委员会的工作使命的，但大多数人都在几年内转变了立场。因为全国各地举行的各种行业听证会使得自由雇佣企业运动备受谴责，该运动认为不必将员工加入或捐助工会作为就业的条件。

尽管塔夫脱选好了委员会成员，但等了许久也没有采取行动，因此伍德罗·威尔逊当选后这件事就落在了他的头上。威尔逊推出一组新的委员会成员交由参议院批准，其中大多数是改革派。其任命的委员会成员最终同意工会领导人的观点，即企业不认可工会对工人是有害的，但他们并未采取措施改变工人们的处境。劳资关系委员会表现出了对工人的真正关切，但在推动长期、有意义的改革时，它的努力却不尽如人意。工人们要寻求他们所认为的基本权利，包括最低工资和最高工时的立法。然而，该委员会 1916 年的十一卷报告仅仅提出了寡妇抚恤金、义务教育、少年法庭和其他若干与工作条件未必相关的进步措施。

1912 年选举

179　　　尽管一些美国人对志愿组织和委员会表示信任，但伴随着 20 世纪的发展，很多人开始认为包括劳工和托拉斯在内的城市和工业问题应该由州和国家层面的政府官员来解决。1906—1907 年的选举就表明了对后者进行改革的必要性。大多数进步改革者最初并不想扩大政府的权力，但却越来越指望国家来满足他们的要求。1908 年塔夫脱当选后的两年间，国会中的民主党多数派走向了进步主义改革。新的立法赋予州际商务委员会更多的权力来规范矿山和铁路安全，并启动通过了创立所得税的宪法第十六修正案，以及授权直接选举美国参议员的第十七修正案。国会还在劳工部设立了儿童事务局，并为联邦工作人员制定了 8 小时工作制的立法。到 1910 年，联邦政府显然已经开始采取行动了。

　　1912 年的总统大选是美国政治上一个非同寻常的时刻。这次竞选不仅有四名候选人，对传统两党制形成了潜在挑战，更重要的是，它标志着全国进步改革情绪的巅峰。除了民主党候选人（伍德罗·威尔逊）和共和党候选人（威廉·H. 塔夫脱）以外，这次选举还包括了进步党候选人（西奥多·罗斯福）和社会党候选人（尤金·V. 德布斯）。竞选期间，威尔逊和罗斯福提出了（类似的）经济监管和改革愿景、政府行动目的和承诺、政治领导力，以及美国社会不断变化的本质。这两位候选人都维护弱势群体，反对工业化非人性的影响，向负责的工会成员示好，并拒绝资本的绝对权力。德布斯尽管意识到自己不可能赢得选举，但他为"革命工联主义"未来目标所做的生动演讲吸引了大量观众。他希望 1912 年 6 月去芝加哥河滨公园见他的 10 万人中，能有很多加入社会党的阵营。当德布斯卖力拉拢民众时，塔夫脱却总是尽量避免公开露面。共和党全国委员会主席罗伯特·希利斯试图通过在媒体、广告牌和有轨电车上发起平面广告宣传活动，来弥补塔夫脱曝光度不足的问题。1912 年 9 月塔夫脱最终决定采取积极行动，他的演讲主要是对威尔逊和罗斯福干涉主义政府计划的猛烈抨击。这次总统选举似乎表明，大多数美国人，同大多数进步派人士一样，都支持积极主动的联邦政府。

180

西奥多·罗斯福和进步党纲领

西奥多·罗斯福担任总统期间（1901—1909 年）因推动反托拉斯立法赢得了"反托拉斯能手"的名声。这次他被游说复出，执掌新成立的进步党，即许多崇拜者所说的"雄鹿党"。1904 年其第一任期期满时（罗斯福在威廉·麦金利 1901 年遇刺后成为总统），罗斯福利用他的行政办公室推动了主要的进步派改革。尽管罗斯福拥有贵族家庭背景，但他越来越把自己视为人民的管家，负责实现财富更公平的分配。改革家们帮助制定了进步党纲领，该纲领直接源自 1909 年的慈善与矫正大会。历史学家艾伦·戴维斯认为改革者们支持进步党的纲领，但不一定支持罗斯福或进步党的想法。新国家主义是体现社会和工业正义的一整套综合改革方案。它要求实行总统初选、对自然资源进行保护、停止雇用童工、对工人进行补偿、制定最低工资

法、建立包括失业保险在内的社会保障、实施联邦所得税，以
及成立若干委员会确保所有这些改革计划得以实施。

　　进步党纲领坚持给予妇女选举权。到总统选举时，许多在
政治上活跃的中产阶级和工人阶级妇女都支持新成立的进步党
候选人。前共和党总统西奥多·罗斯福承诺保障公民权利，包
括投票权和任职权，甚至是在联邦一级政府担任公职的权利。
亚当斯本人就是进步党全国代表大会的代表，并曾担任纲领委
员会的委员。罗斯福选举的失利让女性改革者们大失所望，于
是进行了重新部署。1913 年，在全国各地的大力支持下，全美
妇女选举权协会在宾夕法尼亚大道举行了一场盛大的游行，向
白宫进发。嘉莉·查普曼·凯特负责选举权运动，于 1916 年制
订了她的"获胜计划"。在年轻的社会学家爱丽丝·保罗更为激
进的鼓动下，美国女性终于在 1920 年迎来了宪法第十九修正案
的通过。保罗借鉴了英国妇女参政论者埃梅琳·潘克赫斯特的
激进策略，采取了包括绝食抗议之类的激烈措施。

　　在 1912 年的选举中，对选民来说最重要的或许是候选人先
前的政治记录。罗斯福的总统履历中有 44 起反垄断诉讼，其中
包括对标准石油公司、杜邦化学公司以及烟草和肉类托拉斯的
打击。在罗斯福任职期间，司法部对 40 多起反垄断诉讼进行了
调查，针对的是公司竞争方式，而不是公司规模（因为他认为
企业规模大是不可避免的）。罗斯福支持 1903 年的《埃尔金斯
法》，该法禁止铁路公司提供回扣。他还成立了一个劳动和商务
部，调查童工使用情况以及妇女儿童的工作条件。1903 年，在
罗斯福的关注下成立了公司管理局，作为劳动和商务部的一个
部门跟踪调查公司的行为活动。通过 1904 年臭名昭著的北方证
券案，罗斯福有效终结了以垄断为目标进行合并的时代。并且
在他的要求下，最高法院援引《谢尔曼反托拉斯法》解散了庞

181

182

大的铁路集团。西奥多·罗斯福在他第二个总统任期，监督通过了 1906 年《赫本法》。该法加强了州际商务委员会的权力，增加了更多的委员会成员，扩大了其在设定最高运费方面的权力，要求所有承运人遵守标准会计准则，并允许政府对铁路财务进行审查。

罗斯福支持 1902 年的《纽兰兹法》，该法为大萧条时期西部主水坝项目等灌溉农业和公共工程奠定了基础，表明了他对保护自然资源、保护国家自然美景的承诺。进步派人士将这种保护（如今的环境或生态运动）视作人民与"利益"之间的战争，改革者认为这些所谓的"利益"就是大型采矿、木材和石油公司对于国家资源的利用。罗斯福和其他关注环境保护的进步派人士力图使联邦政府拥有更多的权力对自然资源的使用和开发进行监管。

罗斯福还支持《肉类检验法》和《纯净食品和药品法》等进步措施，这两项 1906 年通过的法案都拓展了政府在监管方面的行动。罗斯福传记的作者凯瑟琳·道尔顿指出，罗斯福坚信政府有权力也有能力采取行动解决人类的问题。罗斯福在总统第二任期转向了左派，开始支持行动主义联邦政府作为启动和维护改革议程的强大力量这一观点。

尽管罗斯福对妇女选举权的支持姗姗来迟，但进步派女性改革者们还是纷纷选择支持他。简·亚当斯和莉莲·瓦尔德都曾在他的竞选活动中担任巡回演讲者。虽然这些女性和其社会服务所的同事们一同开展各种各样的政治活动，但她们不能行使投票权，这就意味着她们的票数在投票中没有被统计。

尽管罗斯福对男性移民选民的吸引力大幅提升，但他的从政记录和受欢迎程度却喜忧参半。1906 年，罗斯福支持移民入籍，然而与此同时，他表示第一波移民（主要来自北欧）比第

183

二波移民（主要来自南欧和东欧）更适合美国的生活。不到一年，罗斯福指派迪林厄姆委员会审查移民情况。委员会宣布支持对于移民的限制，罗斯福因此赢得了许多怀疑论者的拥护，增强了其对保守派的吸引力。美国劳工联合会之外的大多数工人更关心的是当地政治和诸如 8 小时工作制之类的切身问题，而非总统政治。尽管罗斯福尽了最大的努力，但没能将各种不同的进步力量联合起来。

西奥多·罗斯福促进了现代总统制度的创立并定义了进步主义。作为国家首脑，他很享受自己媒体偶像的地位。他渴望媒体的关注，也得到了媒体的关注。1912 年 10 月 14 日，纽约一位名叫约翰·施兰克的情绪极不稳定的人由于强烈反对罗斯福寻求第三任期的想法，举枪射中了罗斯福的胸膛。当时罗斯福正站在即将登上的车旁，向欢呼的密尔沃基民众挥手致意。胸前口袋里放置的五十页讲稿减缓了子弹的穿透力，但子弹仍然深深打进了他的胸壁。伤口没能阻止罗斯福的行动，他对震惊的民众说："要杀死一只麋鹿，需要的不仅仅是一颗子弹。"随后他穿着沾满血迹的衬衣继续发表了长达一小时的演讲。由于受过严谨的谈判技巧的训练，罗斯福得以巧妙周旋在分裂的国会之中，一边是商业利益集团，另一边是强大的南方民主党集团。罗斯福卸任后，其执政期间收集的一些调查材料被用于后来的反垄断诉讼。罗斯福批准成立的公司管理局于 1915 年扩展为如今的联邦贸易委员会。

继任者：威廉·霍华德·塔夫脱

提到进步主义，继任者塔夫脱的所作所为是无法与罗斯福相提并论的。塔夫脱发现，在进步派的要求和保守派的抗拒之间搞定局势相当困难。他支持理查德·巴林杰担任内政部长，反对罗斯福的朋友、被任命的吉福德·平肖担任内政部长，从而激怒了进步派。在所谓的巴林杰—平肖争议事件中，塔夫脱解雇了平肖。后者指控巴林杰帮助了一家计划掠夺阿拉斯加政府煤炭储备的煤矿集团。进步派们认为塔夫脱的行为是对贪婪企业的屈服。

在塔夫脱执政期间（1908—1912 年），所有进步主义的推动力都来自国会，而不是白宫。最终塔夫脱签署了 1910 年的《曼·埃尔金斯法》，该法案加强了州际商务委员会这一机构，并将举证责任推给了铁路公司，让其证明自己的定价是合理的，这一点让进步派人士感到欣慰。但进步派对《佩恩‐奥尔德里奇法》的通过感到失望，该法案没有降低关税，而是应大企业的要求提高了关税。任职的最后一年，塔夫脱总统在麦考密克和迪林公司合并后，下令对国际收割机公司进行反垄断诉讼，然而其卸任总统后，该诉讼在法庭上搁置了许多年。尽管塔夫脱的劳资关系委员会最初得到了广泛支持，但最终的结果还是有喜有忧。他尽力取悦大商人和改革派，结果却同时失去了两派人的支持，束手无策，不能调动自己的力量。

185

尤金·德布斯和社会主义者

尤金·维克多·德布斯由于领导 1894 年的普尔曼大罢工而站到了风口浪尖（为此他在狱中服刑 6 个月）。作为企业资本主义的坚定反对者，热情如火的德布斯整个政治生涯都致力于为工人争取社会正义。在社会主义的旗帜下，德布斯参与了 1900 年以及之后的四次总统竞选，但其提出的将资本主义企业所有权归于工人的社会主义理念对大多数美国人甚至大多数工人来说都太激进了，他们认为进步派和民主派候选人更有吸引力。即便如此，德布斯作为候选人在 1912 年大选中还是获得了近百万张选票。

德布斯的出色表现从另一个角度将工人问题带到了政治舞台的中心。爱德华·贝拉米在 1898 年的畅销书《回顾》中提出的乌托邦社会，也在某种程度上促使社会主义力量于 1900—1917 年达到顶峰，其间，一些社会主义者在地方政府任职。但在国家层面上，动荡的时代打破了潜在的、团结的劳工群体，压制了社会主义的意识形态。德国经济学家维尔纳·桑巴特在 1906 年出版的小册子中提出的重大问题"为什么美国没有社会主义？"仍然没有答案。

伍德罗·威尔逊和民主党纲领

乍一看，由进步派律师路易斯·布兰代斯设计的伍德罗·威尔逊的新自由主义纲领，似乎是对西奥多·罗斯福大胆的新民族主义计划的呼应。威尔逊拥有政治学博士学位，在普林斯顿大学担任校长八年，担任新泽西州州长两年。这些经历表明他精通政治艺术，能够让选民相信他是真正的进步派候选人。威尔逊告诉支持者们，他未来的计划是决心在不创造一个过于庞大、强大、家长式的联邦政府的前提下，实现更公平、更平衡的经济。作为长老教牧师的儿子，威尔逊坚定的宗教信仰增强了这一说法的说服力。按照杰斐逊式的传统，威尔逊尊重各州的权利，敦促各州与联邦权力机构结成联盟，以实现改革。新自由主义阐述了三个新的政治经济目标：创建联邦储备系统，重组全国银行体系；加强针对企业的联邦法规以及反托拉斯委员会，将其作为《克莱顿反托拉斯法》的一项条款；创立《联邦贸易委员会法》，防止州际贸易中的不正当竞争。

关于劳工投票权问题，共和党人无视劳工们的请求，进步派则接受了他们的要求。威尔逊和民主党人意识到了争取劳工选票的价值，把他们的要求写进了自己的政党纲领中。这一举措得到了回报，劳工们选择了投桃报李。1912 年，塞缪尔·龚帕斯和美国劳工联合会历史上第一次正式宣布支持民主党总统候选人。共和党不可挽回地分裂为罗斯福和塔夫脱两派，民主党顺势介入填补了这一空隙。威尔逊不仅成功当选总统，民主党人也控制了国会。

威尔逊在白宫

威尔逊迅速行动，采纳新自由主义的进步原则，报答其支持者。他开创了一个先例，1913 年 3 月就任后立即召开国会特别会议，亲自发表讲话。历史学家认为，1913 年通过的《联邦储备法》（又称《欧文－格拉斯法》）是威尔逊政府最重要的举措。该法通过成立联邦储备委员会改变了美国的银行体系，并授权它能够调整国家银行间相互收取的利率，以及控制国家货币的供应。尽管记者和政界人士都称赞该法是对托拉斯的公开胜利，但事实上像 J. P. 摩根这样能够有办法影响美联储集中政策的公司领导人以及华尔街利益集团才是真正的赢家。该法的重要意义在于对货币体系进行了深刻的重组，以确保经济快速增长所需的货币供应和信贷提供。

威尔逊采取的第二项重大举措从两个方面改变了贸易法规。商业利益集团支持西奥多·罗斯福的提案，建立联邦贸易委员会取缔不正当竞争，威尔逊屈从于同样的商业利益集团。为了营造企业与政府间的合作氛围，联邦贸易委员会制定了一项程序，在存在不公平竞争的情况下，法院可以发布"停止令"。在另一项以其政治利益为中心的改革措施中，威尔逊签署了《安德伍德－西蒙斯法》，降低了原材料的关税，尤其是那些农民和

普通消费者常常购买的原材料。这项法案的意义在于表明公众
已经认识到美国完成了从 19 世纪 90 年代的货物资本进口国向主
要制造业大国转变的过程，需要向国外销售多余的商品和服务。
削减关税造成的收入损失则可以通过威尔逊就职典礼前夕颁布
的第十六修正案所规定的最低个人所得税来弥补。

政治格局的第三个重大变化是人们期待已久的《克莱顿反
托拉斯法》于 1914 年通过了。该法旨在进一步加强 1890 年的
《谢尔曼反托拉斯法》。《克莱顿反托拉斯法》规定，公司的执
行官对公司的行为负有刑事责任并允许受同行业托拉斯伤害的
公司向法院判决的过错方公司索取损害赔偿。该法案与联邦贸
易委员会法案一起通过，其中包括了用识别和调整手段来监管
不公平商业行为的条款。进步派们设想利用《克莱顿反托拉斯
法》来降低大公司在市场上的控制程度。

1912 年，直接初选首次将提名程序交到了人民手中，并推
动了 1913 年宪法第十七修正案的通过，允许直接普选美国参议
员。在 1916 年决定参加竞选连任后，威尔逊签署了更多深受进
步派人士欢迎的法案。他签署了参议员罗伯特·拉弗莱特发起
的一项法案，即《1915 年海员法》。该法规定了海员的工资和
工作条件。商人们，特别是船东，不赞成这些措施，因为这在
很大程度上阻止了他们剥削工人的劳动。事实证明"好斗的鲍
勃"拉弗莱特是进步派观点最坚定的支持者之一，不过《1915
年海员法》是拉弗莱特在联邦层面获得通过的唯一立法。

威尔逊拒绝因欧洲战事而分心，在其第二任期即将结束时，
与第 64 届国会共同推出了一系列新自由主义政策。1916 年夏
天，立法通过了《联邦农业贷款法》，向农民提供政府资助的低
息贷款，以及另外一个深受创建国家公园服务体系的环境保护
主义者欢迎的法律。1916 年 9 月，威尔逊总统签署了《基廷－

欧文童工法》和《亚当森法》，使其成为法律。

《基廷－欧文法》的出台很大程度上是由于全国童工委员会的游说，该法标志着联邦政府首次尝试通过禁止未成年人或被剥削童工生产的商品在各州之间进行贸易来规范童工的使用行为。它禁止销售以下机构的产品，包括任何雇用 14 岁以下儿童的工厂、商店或罐头厂，任何雇用 16 岁以下儿童的矿场，以及任何雇用 16 岁以下儿童在夜间工作，或白天工作超过八小时的机构。两年后，美国最高法院宣布《基廷－欧文法》违宪，理由是它超出了政府监管州际贸易的权力。国家层面有效的童工法律，比如最低工资和最高工时规定，只得等待，直到 1938 年《公平劳动标准法》的出台。

威尔逊施加压力促进了《亚当森法》的通过，希望以此阻止四个铁路行会 40 多万名成员举行全国铁路罢工。该法给予了铁路工人迫切要求的八小时工作日待遇，因为统计数据已经证明一旦工人单日工作超过这个时长，事故率就会大幅上升。1916 年有案可查的立法包括针对受工伤联邦公务员的《工人赔偿法》，以及《1916 年税收法案》。后者将基本所得税税率提高了一倍，从 1% 提高到了 2%，并规定了累进遗产税。另外或许预期到了战争带来的利润，该法提高了针对最富美国人的税率，即那些收入超过 200 万美元以及获得巨额公司利润的人。

1916 年选举

威尔逊坚守民主党的政治信念，即联邦政府和州政府应当齐心协力保护最底层、最弱势的美国人群体。除了 1914 年的冬天，整个威尔逊当政期间国民经济一直保持稳定，因此他得以战胜大多数的反对意见。民主党政纲囊括了吸引中等收入群体的一系列折中方案，包括保护联邦工人、儿童、海员和铁路工人的法律。与此同时，南方农民从各种旨在帮助农学家的法律中获得了好处。以前被忽视的商人也在威尔逊领导下发展壮大的进步主义浪潮中分得了一杯羹。降低关税帮助了分销商和农业经纪商，乡村银行家以及他们郊区和城市的同行受益于《联邦储备法》的保护以及该法对信贷有效性的监督。小商人从《克莱顿反托拉斯法》对金融资本主义的限制，以及联邦贸易委员会的监督中获得了益处。磨坊主、棉花商和南方的纺织品制造商们尽管对《安德伍德法》感到失望，但规范农业交易的做法也对他们有所助益。

就在威尔逊 1916 年大选力保白宫的关键时刻，几位知名大企业领导人背离了商人们的传统阵营共和党，加入了威尔逊的阵营。一批共和党实业家包括亨利·福特、铁路执行官 F. C. 安德伍德和制鞋商 H. B. 恩迪科特在报纸上刊登了一则广告，支持威尔逊所说的和平问题。威尔逊在竞选活动期间多次承诺要确保美国远离那场席卷欧洲大陆和亚非部分地区混乱而残酷的战争。然而，大多数商人仍然支持共和党候选人、纽约州州长查尔斯·埃文斯·休斯。休斯，一个威尔士矿工的儿子，1910 年成功地成为最高法院的法官。20 世纪初他因调查公用事业和保险行业的不公平行为而获得了良好的声誉，这也帮助其在 1906 年赢得了纽约州州长的职位。诚实而严肃的休斯进行了一场实力强劲的竞选，但最终威尔逊"让我们远离战争"的口号说服了选民继续支持他这位在任总统。尽管威尔逊赢得了连任，但他的政治履历也并非完美无缺。1914 年，科罗拉多州勒德洛、亚利桑那州比斯比的矿区以及新泽西州帕特森的工厂陷入了麻烦，以暴力和多人死亡而告终，给战前的总统任期蒙上了一层阴影。精明的企业领导人也找到了规避《克莱顿反托拉斯法》的方法。金融家 J. P. 摩根就是一个例子。他遵守规定辞去了 27

家不同公司的董事会职务，但仍设法保留了自己其他 33 家董事会的成员资格。

民族意识中的进步主义

　　到 1917 年进步时代结束时，一场深刻的政治变革已经发生。参政者的身份、公众舆论的重要性以及公民对政府的期望都发生了变化。各级政府，包括地方、州和联邦政府的结构和政策都受到了影响。政治舞台从一个以相对简单的农村地区为中心的舞台，转变为一个必须向复杂的、以城市为中心的特殊利益集团负责的舞台。各级从政者都对选民的要求做出郑重回应。民粹主义、进步主义和机器政治都是对 19 世纪末 20 世纪初这几十年美国极速发展的反应。在整个现代化过程中，美国生活的方方面面，包括工业、经济、城市和人口都发生了巨大的变化。

　　无论是简·亚当斯 19 世纪 90 年代在芝加哥建立少年法庭制度的经验，还是美国劳资关系委员会未能实施持续的劳动保护立法的教训，今天我们回顾众多美国人的努力，正如进步派所言，在地方、州甚至国家层面进行改革以确保对商业和经济进行监管，并提供亟须的社会服务，是必要的。当人们一路推进政治和教育改革时，进步派人士及其当时的美国人对政府更加有信心了，也更能接受官僚政治了。

　　三角内衣厂火灾之后，一直不愿进入政界的有组织劳工成为进步派联盟不可分割的一部分，推动了对抗大企业势力的立法。普通美国人，其中许多之前排斥政府出现在他们的日常生活中，此时也变得不那么抗拒政府的威权了。毕竟，进步时代之前他们与联邦政府唯一的直接联系可能就是享受美国邮政服务。工人们，特别是那些受益于工作场所新的健康安全条例的工人，以及受益于政府推动仲裁解决罢工、干预经济部门的工人，也能够接纳一个更加主动作为的政府了。

进步派通过倡导各种改革，帮助扩大了联邦政府的规模和权力。在某些情况下，当行政部门的权力扩大到立法部门之上时，国家会变得更加积极主动。为了推行新想法，就会建立新的行政机构。在工作场所和教育领域，各州往往首先采取行动，帮助需要帮助或保护的美国人。1917 年，在"邦廷诉俄勒冈州"一案中，州法院支持男女 10 小时工作日的法律。到 1920 年，大多数州都禁止雇用 14 岁以下的儿童，规定 16 岁以下的工人每天工作 8 小时，并强制民众接受义务教育。虽然这些法律并不总能得到贯彻执行，但在 1900 年到 1920 年间，在校儿童的数量急剧增加。高中毕业生的数量在 1890 年到 1920 年间也增加了两倍。随着 1917 年《史密斯－休斯职业教育法》的通过，职业教育也成为美国学童的一个选择。

改革者们尽其所能改变自己所看到的社会弊端，不过他们很快发现为了进一步真正实现这些目标，他们必须组织起来，正式进入政界。进步派政治家鼓励政府进入私营企业领域，并在可能的情况下优先考虑联邦政府对各州的控制。到 20 世纪初，美国政治和政府体系的范围和功能都与 19 世纪大不相同了。改革者们开始信任政府，甚至认为政府有责任做出维护公众最佳利益的决策。

193   大约半个世纪前，历史学家罗伯特·韦伯在《寻找秩序》（1967）中说道，世纪之交许多美国人越来越感到困惑，因为随着非个人的、正式的管理机构掌管的巨大的现代工业企业的兴起，19 世纪由亲密私人关系和非正式规则来进行工作管理的"岛屿社群"消失了。大多数人别无选择，只能屈从于这些变化，接受对其工作和私人生活越来越多的管理。

社会学家海伦·林德和罗伯特·林德在其著名的《米德尔敦：美国文化研究》（1929）一书中，以印第安纳州的曼西市为原型，描述了 20 世纪之交的前夜，美国人是如何驱赶马匹、在农场工作、抽水、穿着自制的衣服，以及如何幸运地读完八年级的。林德夫妇观察到，进步时代发生的变化意味着到 1925年，以米德尔敦居民为代表的大多数美国人，家中可以找到炉子、冲水马桶、冷热水、真空吸尘器、烤面包机、洗衣机、电话机和冰箱。此外，许多美国人住在城市，驾驶汽车，在办公室和工厂里工作挣钱。1890 年到 1920 年的 30 年间，普通美国人的生活、工作和思想方式都发生了彻底改变。

结论：
进步派的进步

194 　　19 世纪末，美国正处在向现代生活深刻转变的过程中。即使对身处最偏远地区的人来说，变化也是不可避免的。从电力、石油等新能源到自然景观的彻底改变，到处都是增长和巨大的成就。企业成长带来的技术革命，催生了通信和交通领域的创新，与自助餐厅、电梯和燃气炉等一道加入了新发明的行列。

　　1900 年，大约三分之二的美国人生活在农村，小镇的价值观主导着他们的生活。到 1920 年，美国人口超过了一亿大关，一半以上的美国人居住在城市。农场的平均规模不断增加，城市也在急剧扩张。大多数美国人不再拥有为自己种植食物的土地。

195 　　活动的量化成为许多美国人日常生活的一个方面，这首先发生在城市，最终也蔓延到了农村地区。中产阶级的扩大促进了城市医院、高等教育机构和人寿保险公司的兴起和扩张。传统假日、官方公园和纪念碑，以及诸如公立学校宣誓效忠的仪式成为日常生活的特色。美国城市举办的世界博览会每十年进行一次。在进步时代，制度化和物质文化逐渐成为美国经验当中为人公认的方面。

移民导致城市人口结构发生了重大变化。数以百万计欧洲移民的到来意味着，到1910年更多的城市居民是移民或移民子女。尽管来自南欧和东欧的第二批新移民大量涌入，但国外出生的美国人在城市地区的实际比例大致没变，原因是农村家庭向城市的迁移以及自然繁殖。

从富裕的上流社会到失业的流浪者似乎都在迁移。迁移模式是广泛而混乱的。移民们挖掘每一种可用的交通方式抵达目的地。大量本土出生的人口从农村迁移到城市，弃农务工。美国人从东搬到西，从南搬到北，从城市搬到郊区生活。城市里，多户共享公寓容纳了大多数新移民，而在郊区，带有草坪的独栋住宅是人们选择的居所。那些从城里搬到郊区的人如今可以用电话与留在城里的亲朋好友保持联络。

美国人要努力挣足够多的钱来满足日益物质化的生活方式，生活因此愈加艰难。生产消费品的工厂雇用了大部分的工人，并占据了工业化城市中心的主要空间。进步时代的美国人开始忙于购买各种新产品，从钓鱼绕线轮到冰箱。仅在1906年，美国人就注册了一万多个新商标。消费主义已经到来。

购买和销售几乎成了一种仪式性的表演，广告商吸引消费者，鼓励他们一买再买。丰富多样的新产品改变了一切，从饮食习惯到美国人旅行的地点和方式。那些以前只吃自己和邻居种植、储存或加工的食物的人，现在从各色各样的商店和肉店购买罐头食品和加工肉类。1900年，只有不到一万名美国人拥有汽车。不到20年，超过800万辆汽车上了路。一开始，任何可以踩到踏板的人都能开车。到了20世纪20年代，大多数州都颁布了驾驶法规，保险公司也开始提供汽车保险。迎合消费者需求的公司发展迅猛，许多公司上市在公开市场上出售股票。

伴随人口模式的变化，政治舞台从相对简单的农村转移到

196

更为复杂的、以城市为中心的群体。各级政界人士，无论是在地方、州，还是联邦层面，都很难脱离城市化或工业化去考虑政治。大多数政府官员的工作是考虑应对新问题的有效方法。由于这种转变，参政双方候选人和选民，都发生了变化。

公众舆论成为政治家和广告商考量的基本因素。不断壮大的中产阶级比以往更大程度地决定着这个国家的政治、社会和文化议程。也许最重要的是，公民对政府的期望乃至要求从根本上发生了改变。19世纪90年代初进步时代开始时，对于大多数美国人来说，除了邮局邮寄的信件和包裹之外，联邦政府是看不到摸不着的。如今，在进步时代结束之际，移民们从抵达埃利斯岛入境中心到参加公民入籍考试，时时刻刻都要面对政府的存在。对于美国人来说，政府还是那个政府，但其存在感增强了。例如1906年《肉类检验法》通过后，政府要在肉铺商店出售的肉类上盖章认可；1913年后，政府要求最富有的公民缴纳所得税。随着社会问题的不断升级，进步派改革者们敦促政府开始考虑并采取切实措施来帮助改善最贫困公民的福利。

在全国的城市地区，进步派改革者们表达了他们的担忧，并设计出了解决城市弊病的方案。进步派的社会服务人士、从政者、学者、宗教人士、劳工领袖、工人和记者呼吁人们关注工业时代城市生活中存在的过度拥挤和健康安全问题。这首先获得了中产阶级的拥护，有时也会得到工人阶级的支持。专家及专业人士公开呼吁解决童工、政府腐败，以及南方恐怖的私刑问题。进步派改革者们表达了对社区服务和保障的迫切需要，这远远超出了地方慈善机构的能力，最终催生了一种社会福利新概念。改革者们还寻求办法切实解决广泛的社会经济问题，要求提供住房、制定工厂守则、实施公共健康和卫生措施、解决失业、学校改革，实现更公平的税收分配、戒酒，以及禁止赌博和卖淫。

到了世纪之交，致力于改善城市民众状况的一批杰出改革家，在有些城市崛起成为政治力量。历史学家艾伦·戴维斯观察到，社会服务所工作人员推动了志愿者机构数目的增长。他们协助成立了全国消费者联盟、全国妇女工会联盟、移民保护联盟、全国有色人种促进协会、全国童工委员会、国际妇女争取和平与自由联盟，以及进步服务委员会。服务所改革者们还参加了全国慈善与矫正大会、全国城市规划大会和全国社会服务所联合会，并帮助建立了美国公民自由联盟。

从 1890 年到 1920 年，越来越强大的社会改革者们试图利用政治体制使美国变得更安全、更民主、更有利于普通美国人。改革者谈判达成的联盟至少在一定程度上弥补了邻里关系的衰落，这种衰落是伴随城市规模的增长和巨大的民族种族多样性而产生的。

进步派改革者在自由派政治人士中找到了盟友，比如底特律共和党市长哈森·平格里，以及密尔沃基和纽约的社会主义者，他们提出了一些激进主张，诸如公共事业的公有制。社会改革者对商业和专业精英推崇的城市政府重组等结构性改革兴趣不大，而是尽力帮助移民工人并同服务所社工结成联盟，以此来获得他们的支持。

进步时代的改革家令人瞩目地完成了他们着手启动的许多工作。在地方，他们取缔了红灯区，拓展了高中课程，建设了运动场和公园，推动建立了更加有效的市政府系统取代原本腐败的城市政治机器，并公开呼吁提供社会服务以改善穷人的困境。有些城市，针对从南方来到北部城市谋求更好生活的非洲裔美国人，专门成立了组织机构以解决其窘境。

进步派还将他们的努力从地方扩展到了州和国家层面。进

198

步派学者亚瑟·林克承认"政治进步主义起源于城市"。林克所称颂的"政治与政府转型"起初就是地方的基层运动，最终登上了州及联邦的舞台。进步派州政府制定了妇女最低工资法，设立工伤保险，限制童工，并改善了工厂的规章制度。在国家层面上，国会通过法律实现了联邦政府对于肉类加工、药品和铁路行业的监管，并加强了反托拉斯法。国会立法者还降低关税，实现了联邦政府对银行系统的管控，并启动了以联邦立法来改善工作条件的漫漫改革旅程。

尽管有人认为进步是对现状的威胁，但进步派们在改革中看到了希望。一些改革者，比如社会福音派，鼓励教会成员参与其所在地区的改革。然而，越来越多的美国人赞同进步派实施更加全面的改革战略。随着时代的发展，进步派从教育转向立法，从分析转向行动。他们最终希望的是改变国家的本质。

然而，并非所有的美国人都对进步派改革感到满意。有些人，特别是农村地区的人，拒绝改变。民粹主义者、原教旨主义者和小商人们往往固守过去几百年的传统道德和农业价值观。他们认为进步派的思想非常危险，提出了太多太快的变化。他们不想破坏 19 世纪的生活方式，或者更糟糕的是，让政府干涉他们的私生活。毕竟，进步派提出的一些举措是有关管理闲暇时间、限制结婚和离婚、审查各种形式的娱乐活动，以及规范性道德的。

许多美国人囿于其眼界，害怕激进的政治，憎恨移民对城市老板的支持，对妇女和非洲裔美国人地位不断上升也感到不安。有些人，比如比利·桑迪，甚至鼓吹"百分之百的美国主义"作为对移民及其宗教信仰的回应。安德鲁·卡内基以及其他一些企业领导人欢迎斯宾塞将达尔文原则应用于人类的社会达尔文主义学派，这一学派提倡用自由放任的方法去解决问题。

根据适者生存的原则，他们并不支持帮助弱势群体的想法，这些不幸的人们往往毁于城市生活的危险之中。

尽管围绕着他们的争议不断，但进步派知识分子们却在梦想着，如果有机会的话，政府能做些什么。赫伯特·克罗利在《美国生活的承诺》（1909）、沃尔特·李普曼在《放任与驾驭》（1914）中基于用严格批判性分析解决社会问题的可能性提出了一种政治上的蜕变。克罗利建议政府对人性施加积极的影响，李普曼则认为精英应该利用国家来促进经济平等。两位作者都支持政府为了促进所有人的幸福，系统干预美国人生活的想法。

简·亚当斯这样的女性引领了进步派的冲锋之战。作为那个时代的杰出公民，亚当斯倡导更好的住房及卫生设施、工厂检查、移民权利、公园和游乐场的建设、童工立法，以及妇女和儿童的权利。她毫不动摇地支持劳工权利、公民权利、妇女选举权和国家和平事业。除了与他人共同发起的社会服务所运动，亚当斯还在许多组织中扮演着重要角色。她是全国慈善与矫正大会的主席，妇女和平党的联合创始人，还长期担任妇女国际和平与自由联盟的主席。亚当斯与威廉·沃林、W.E.B.杜布瓦、莉莲·瓦尔德等人一起，帮助创立了全国有色人种促进协会，并于第一次世界大战后，成为美国公民自由联盟的创始成员。最终亚当斯成为第一位获得诺贝尔和平奖的美国女性。

政治学家卡罗尔·纳克诺夫称赞亚当斯"体现了一个非凡的公民运动时代的政治行动主义"。为了获得草根阶层的支持，亚当斯与当地商人和民间领袖建立了友谊。她还特别愿意妥协和解。亚当斯的公民参与度，以及她对社会正义的关注是无与伦比的。她积极努力地通过组织和立法来制定公共政策，同时鼓励开展合作活动对近西区的社区提供不断的支持。

当芝加哥公共卫生部在 1893—1894 年的天花疫情期间为一

百多万人接种疫苗时，亚当斯相信国家确实可以体现"同情的共通性"。芝加哥的这次以及其他一些经历使她在 1910 年认识到，除了为公民提供公共教育之外，州和国家政府还需要更加努力地参与经济生活管理，提供社会服务。在其区别于其他改革者的著作中，比如在《民主与社会伦理》（1902）以及《赫尔馆二十年》（1910）当中，亚当斯为政府行动提供了强有力的依据。在她看来，努力塑造一个更民主的社会不应该只是政府的责任。她致力于通过和平手段实现理想的民主，拥护她心目中的社会正义："工人阶级在精神、智力和物质传承上全面参与"解决城市政府、劳工运动、教室和家庭中的腐败问题。

　　然而，即使是最理想化的进步主义也有其局限性。非洲裔美国人就没有像白人一样体验到进步改革的好处。一个原因是，在 19 世纪后几十年里，大多数北方工业城市中黑人还不多，而许多进步改革是为了惠及城市居民的。直到 1890 年，大约 90% 的黑人还生活在南方，种族隔离法仍然支配着他们的生活。另一方面，即使那些北迁的非洲裔美国人也发现种族主义法规在很大程度上使他们无法加入工会，还迫使他们从事最不受欢迎、没有技术含量、薪水很低的工作，因而减少了他们获得教育或改善住房的有限机会。由于北方白人拒绝与他们在工厂一起工作，这些黑人被进一步边缘化了。直到进步时代的最后几年，大量的南方黑人才迁移到东北部的工业中心。

202　　白人改革者通常相信欧洲移民能够融入美国中产阶级社会，但有一些改革者认为非洲裔美国人是无法进入美国主流社会的。即使是简·亚当斯，也没有继续揭露针对黑人的种族隔离和不公正行为，并为此筹集资金。这种偏见最终导致面向黑人的社会服务所与针对欧洲移民的社会服务所隔离开来。

　　为应对挑战，非洲裔美国教会和中产阶级黑人妇女们亲自

动手，建立了自己的社会服务所，为新来的黑人移民提供社会
服务。例如，在芝加哥，雷弗迪·兰塞姆牧师创立了非洲裔卫
理圣公会教会机构，为黑人移民提供就业、教育和福利服务。
无论是否与教会有关系，非传教性质的社会服务所，以及黑人
社会服务组织，尽管与白人改革者（甚至包括全国有色人种促
进协会的创始人）有来往，但非洲裔美国改革者们被迫走上了
一条平行且独立的道路。

　　有几个进步派组织质疑歧视性政策，呼吁平等正义。然而，
随着种族改革的消息传遍全国，种族主义者们煽动起了反黑人
暴力活动。纽约爆发了种族骚乱，私刑成为南方控制黑人鼓动
者的常用工具。

　　种族和性别问题也阻碍了公共教育系统的发展。北方的学
校由于居住模式的原因在地理上仍然相互隔离。而在南方（尤
其是 1896 年"普莱西诉弗格森案"判定隔离但平等的学校符合
宪法之后），种族隔离法规定的隔离就成为这片土地上的法律。
在全国，学校的管理层几乎都是男性，不过教师，尤其是低年
级的教师，往往是女性。即使是在北方，大多数公立学校的教
师都是本土出生的白人男性和女性。

　　早期的一些进步主义者提倡优生学，或者说是人类工程学，　203
以净化社会基因库中不受欢迎的特质。社会主义作家爱德华·
贝拉米在《回顾》（1898）一书中思考了"种族净化"问题，
这是其他乌托邦小说家们的共同幻想。1907 年，印第安纳州成
为第一个将贝拉米提出的"消极优生学"编纂成书的州，提议
立法对不良基因的携带者实施绝育。超过 24 个州紧随其后。有
趣的是，在这类立法中，各州没有考虑推动理想配偶的结合，
即所谓的"积极优生学"。

　　优生学与进步派人士对科学、未来、国家监管潜力以及人

类完美性的信仰是相吻合的。洛克菲勒基金会和卡内基研究所都向倡导优生学的组织提供了资助。支持优生学运动的著名进步派人士包括共产主义者艾玛·高曼、全国有色人种促进协会创始人 W. E. B. 杜布瓦、作家 H. G. 威尔斯、政治科学家哈罗德·拉斯基、性理论学家哈夫洛克·埃利斯，以及计划生育运动的创始人玛格丽特·桑格。

无论他们从事何种工作，进步时代的改革者们都要求政府积极行动，因而推动建立了更加广泛的福利体系。1893 年大萧条期间，许多城市政府都制定了详尽的紧急就业和救济计划。在新世纪即将到来之际，赫尔馆妇女帮助建立了全国第一个少年司法体系，以及第一部母亲抚恤金法，为丧偶或被遗弃的母亲提供国家支持，使她们能够在家养育子女。有 40 个州通过了类似的法律。1910 年纽约州开始实行强制性医疗保险。

根据委员会成员弗朗西丝·珀金斯的说法，三角厂火灾发生后，纽约工厂调查委员会的成立是美国人对社会责任态度的"转折点"。到 1912 年，38 个州通过了童工法。工人们由于劳资关系委员会的建立而受益。到 1915 年，有 35 个州通过了劳工赔偿法。1915 年，亚利桑那成为第一个仿照德国模式建立养老金制度的州。

欧洲人通过规范行业、提供社会福利来保护他们的公民，美国人则依赖个人主义、志愿服务和福利资本主义。美国工人没有安全网络，遇到麻烦时要依靠慈善机构或家人的善意。面对公众对三角厂火灾的愤怒，进步党承诺要努力争取社会和行业的正义。在 1912 年大选前的几个月里，进步派们展示了历史学家亚瑟·林克和理查德·麦考密克所描述的"一个由强大的联邦政府主导的，规范和保护每一项利益的集体民主社会"的愿景。

政府对经济部门的干预首先出现在铁路行业。1893 年，《联邦铁路安全设备法》的通过使得火车在没有安装自动车钩和气闸的情况下运行是违法的，由此大大降低了事故率和伤害率。1898 年国会通过《埃德曼法》，开创了国家直接参与经济事务的先例。在尤金·德布斯美国铁路联盟组织的普尔曼卧车公司工人大罢工之后，该法承认铁路工人有组织起来的权利，并由政府委员会出面调解劳资纠纷。它还明确了州际商务委员会主席和劳工局局长对铁路罢工进行调解的条款规定。由此，《埃德曼法》建立了政府在铁路和其他劳资纠纷中的调解仲裁模式。例如，新政时期 1935 年的《瓦格纳法》，就是基于劳工谈判权这一前提的。

1913 年，《纽兰兹法》修正了《埃德曼法》，创设了第一个专职的调解委员会。委员会的九名成员由两名联邦法官组成的政府委员会任命。劳工委员权力平等，分别来自管理、劳工和公众三个领域。《纽兰兹法》的撰写者们强调努力调解的重要性。调解失败，才会使用仲裁。1916 年，《亚当森法》确立了八小时工作制，并提高了铁路行业的加班费。各州也开始对铁路、公用事业、保险公司、石油生产商、银行、木材公司和一些农业经营活动进行规范管理。

在 1893 年世界哥伦布博览会期间，公民领袖和政治领导人之间达成了联盟，此后商人们对政府更加信任了。越来越多的进步派商人欢迎进步派推出的管理规定。当美国参与第一次世界大战，联盟变得格外强大时，有些商人甚至开始依靠政府获得利润丰厚的政府合同。

进步时代一个不变的主题是行动号召。1911 年三角内衣厂大火之后，州和地方政府立即开始倡导工作场所的保护性立法。三角厂火灾和 1912 年的总统大选提供了一个全国性的契机来解决这些几十年来一直困扰着进步派人士的问题。

　　进步时代，联邦政府在社会福利方面扮演了一个相对次要的角色，但改革者们成功建立了联邦儿童事务局，并于第一次世界大战结束后在《谢泼德－汤纳母婴法》中，设立了一个有关母婴营养的联邦计划。1920年劳工部妇女局成立时，为建立基础广泛的联邦养老、失业和伤残保险进行强有力的斗争铺平了道路。美国劳动立法协会和社会服务所领导人还为实现全民医疗保健进行过斗争，但未能成功。

　　进步派在认识和分析国家问题方面确实取得了巨大的进展。他们对于如何解决这些问题提出了要求，各级政府纷纷回应。各种倡议、公民投票和罢免法在许多城市都很容易通过。保护性劳动法限制了工作日的工作时间，特别是妇女和儿童的工作时间。工人的赔偿问题也取得了进展，特别是在州一级。除了设立儿童事务局之外，联邦层面的立法和改革成就还包括《肉类检验法》（1906）、《纯净食品和药品法》（1906）、"穆勒诉俄勒冈案"的判决（1908）、全国有色人种促进协会的创立（1909），以及《克莱顿反托拉斯法》（1914）和《基廷－欧文法》（1916）的通过。进步时代还批准确立了四项宪法修正案。1913年一战前夕批准的第十六修正案确立了一项累进联邦所得税。第十七修正案规定了美国参议员的直选。一战结束后的1919年，《沃尔斯泰德法》成为第十八修正案，禁止酒精饮料的生产和销售。第十九修正案结束了长达六十年的争取妇女选举权的斗争，给予了妇女选举权。

　　然而，进步派的有些胜利只是部分的胜利。例如，进步派在垃圾收集和卫生运动方面做得很好，而在空气和水污染监测方面却不那么令人满意。其他有些胜利也只是暂时的。1912年，马萨诸塞成为第一个通过最低工资法的州。其他14个州随后也通过了该法。1923 年，最低工资法被"阿德金斯诉儿童医院案"的裁决所推翻，最终于 1938 年由《公平劳动标准法》将其重新恢复。童工法规也遭遇了类似的命运。1916 年的《基廷 - 欧文法》在全国范围内禁止使用某些形式的童工，但美国最高法院在其通过仅仅两年后就宣布该法违宪。除了针对铁路和矿业的立法，在 19 世纪 90 年代到 20 世纪初，联邦政府没能建立起全国最低工资规定、最高工作时长法，以及跨行业的标准安全法规。

事实上，尽管改革者、国家官僚、工会领袖、"扒粪者"，甚至总统候选人都给予了关注，但工作场所的问题依然存在，原因是缺乏全国统一的标准。在其 1916 年出版的《劳动立法的原则》中，美国劳动立法协会秘书长约翰·R. 康芒斯和威斯康星大学经济学教授约翰·B. 安德鲁斯谈到了国家劳动立法中固有的四个主要问题：法律不完整、标准缺失、缺乏协调和责任，以及缺乏对变化的应对。康芒斯、安德鲁斯和其他一些改革者认为，许多地区根本没有足够多高素质的工厂检查员。他们还批评在任的检查员把太多的时间放在文案工作上，而没有花足够的时间去进行实地考察。

改革者们念念不忘调查、组织、教育、立法这样的口头禅，对解决问题及提供服务产生了巨大的影响。他们帮助界定社会福利，呼吁社会正义。在追求一个更加平等的社会的过程中，进步派的改革家们不仅要求拥有公平工作的权利，还要求对人们工作以外的生活给予社会支持。帽子制造商罗斯·施奈德曼这样的职业女性是率先提出"行业公民权"概念的人，她将其定义为体面的工资、安全的工作条件和合理的工作时间。她宣称自己的事业是职业女性争取更大"公民权利"斗争的第一个必要的胜利。施奈德曼、亚当斯和瓦尔德认为公民权是一项复杂的权利，包括"良好出生的权利、享受快乐无忧童年的权利、受教育的权利，以及心智、身体和精神成长发展的权利"。这样的公民权无所不包，从所有儿童的教育机会到所有美国人的养老保险。1912年该公民权理念成为进步党社会正义纲领不可或缺的组成部分。

进步时代的突出特点乐观主义在新泽西丝绸厂和亚利桑那矿场的劳工骚乱中稍微受了点儿影响，随后由于美国加入第一次世界大战而彻底消失。随着美国在战后几十年间崛起成为各国之首，这种乐观主义情绪得到了恢复。摧毁欧洲主要大国的全面战争对美国几乎没有造成任何破坏，新生的美国军事工业体系在战争的废墟上拔地而起。有很多值得庆祝的事情。

用历史学家凯瑟琳·基什·斯克拉的话说，"进步时代对于如何认识国家对人类福祉所担负的责任是一个分水岭"。许多进步派想要达成的目标在20世纪20年代成为民主党的目标，并在20世纪30年代的新政立法中得以确立。富兰克林·罗斯福政府的进步派改革家、劳工部长弗朗西丝·珀金斯在新政时期不断推动国家医疗保健立法。进步派的所作所为还为1935年的《社会保障法》和1938年《公平劳动标准法》奠定了基础，二者都是美国福利国家的重要组成部分。

毫无疑问，进步主义孕育了现代福利国家，但使命尚未完成。即使在21世纪的美国，社会政策也赤字巨大。目前美国仍然是世界上唯一没有全民医疗保健或带薪产假的工业化国家。在照顾孩子方面，它也远远落后于其他国家。对于许多工薪阶层的美国人来说，高质量的日托很难找到并且成本过高，特别是对于单身母亲而言。1993年的《家庭医疗休假法》相当薄弱，需要进一步扩大经济公民权的基础，把照顾家庭包括在内。贫穷、健康状况不佳、失业和缺乏医疗服务仍然是主要问题，特别是在有色人种之中，在正式的进步运动结束一百年、民权法案通过半个世纪之后。收入差距的扩大使得公共教育体系的不平等成为国家的耻辱。在经济困难时期，布什政府削减社会福利计划，提出"福利改革"要求，给妇女和家庭带来了不切实际的负担。如今，奥巴马政府的良好意愿也一直受到众议院共和党人的阻挠。

不过，希望还是有的。奥巴马总统2008年就职后所做的第一件事就是签署了《莉莉·莱德贝特公平薪酬法》，该法规定薪酬不平等官司180天的诉讼时效，要根据每个受影响的薪酬重新设定。然而，它并没有彻底解决工资不平等的问题。如今男性每挣一美元，女性大约能赚到80美分。一些人认为工资的性别差距正在逐步缩小，但几乎所有人都认为差距缩小的速度还不够快。国会最近提出的立法叫《公平薪酬法》，该法将弥补《1963年同酬法》的漏洞，使男女同工同酬成为现实。最后，《平价医疗法》旨在为数百万美国工人及其家属打开大门，使其从2014年开始获得负担得起的医疗保险。

进步派最大的遗产或许就是其不可磨灭的精神。进步主义改革使得对强大的垄断公司尝试进行管理成为可能，进步派整体上也使得制定监管政策变得更容易了。最近有几件事让人联想到了进步主义改革的观点，其中一个例子是2011年9月开始的占领华尔街运动。用历史学家史蒂文·迪纳的话说，其支持者拒绝"遵从工业资本主义的规则"。本着进步派的精神，美国人仍在寻求社会正义。最起码到现在还是如此。

210

参考文献

前 言

该领域文献

进步时代最早的一些历史学家研究了谁是进步派这个问题。进步派们自己，包括 Herbert Croly，*Promise of American Life* (1909)；Walter Weyl，*New Democracy* (1912)；以及 Walter Lippmann，*Drift and Mastery* (1914)，阐述了西奥多·罗斯福新国家主义中所表达的进步主义——例如，对大企业强有力的集中控制。Benjamin Park DeWitt，*The Progressive Movement* (1915)，是第一批对进步主义运动进行详尽描述的著作之一。作者将其描述为普通人试图从企业主和政党老板手中夺回权力的运动，而这些权力是他们在镀金时代从农民、工人和小商人手中夺得的。Charles and Mary Beard，*Rise of Civilization* (1927)，以及 Vernon Parrington，*Main Currents* (1927)，认为进步主义是杰斐逊、杰克逊、废奴主义者和民粹主义者所代表的美国自由主义传统的最高体现。John Hicks，*Populist Revolt* (1931) 指出，进步主义实现了世纪之交前遭受挫败的民粹主义者的目标。Glenda Gilmore's *Who Were the Progressives*？重新审视了这个问题。

George Mowry 的 *The California Progressives*（1951），对早期的解释提出了挑战。他发现进步派是些受过良好教育的中产阶级人士，这些人由于 19 世纪个人主义的消亡以及庞大工会和公司的崛起而备感沮丧。在此基础上，Richard Hofstadter 在其经典著作 *The Age of Reform*（1955）中指出，进步派是一些固执己见的中产阶级专业人士，他们因大企业的崛起而丧失了原有的地位。根据 Hofstadter 的观点，既然进步主义与繁荣时代相吻合，那么谁是进步派的答案就必须从心理上的"地位焦虑"中寻找，而非经济上的困境。

Samuel Hays，*Response to Industrialism*（1957），以及 Robert Weibe，*Search for Order*（1967）认为，进步派不是 Mowry 和 Hofstadter 所描述的保守男女，而是由包括医生、商人、社会工作者、科学家和工程师在内的专业人士所组成的自信的"新中产阶级"，他们决心把商界成功的科学管理体系引入到美国生活的方方面面。他们强烈抵制的是不受管制的竞争、对自然资源的随意利用和都市区的机器政府。

一些历史学家，如 *The Triumph of Conservatism*（1963）的作者 Gabriel Kolko，以及 *The Corporate Ideal in the Modern State*（1968）的作者 James Weinstein 认为，进步主义最坚定的拥护者和受益人是企业巨头。他们利用联邦监管措施保护自己免受竞争，以此维护资本主义的剥削制度。这些进步人士对采取任何有意义的方式进行体制改革肯定都没有兴趣。

尽管 1970 年 Peter Filene 在他的作品"Obituary to Progressivism"中，否认了进步运动的存在，然而 20 世纪 70 年代和 80 年代社会历史研究的兴起，促使历史学家们去思考那些新的、不

213　属于白人精英或中产阶级的改革者群体的地位。做出这一历史修正最好的一个例子就是由 Arthur Link 和 Richard McCormick 所著的 *Progressivism*（1983）一书。它综合了有关进步主义的大量学术成果，并由此证明，进步时代的改革精神源于一种核心理念，该理念揭示了大量的政治和社会问题及其原因。尽管有些人认为"进步主义是整个美国有史以来唯一的改革运动"的说法不够准确，但 Link 和 McCormick 认为，进步时代的特点是政党的衰落和特殊利益集团的兴起。他们的这个观点成为理解进步改革和政治之间关系的一种被广泛接受的理念。

　　1995 年，Steven Diner 在 *A Very Different Age*（1998）中分析了许多较新的关于进步主义的研究成果。Diner 没有将他的研究分成特定的政治、社会或制度方法，他主要关注的是记录历史转型时期"美国人设法控制其生活和政府"的方式。据 Diner 判断，美国的个人和群体并不是这个迥然不同年代的受害者，而是试图对生活方式的变化做出反应的主动的行动者。

　　在 Diner 肯定了个人和群体的能动性后不久，其他历史学家很快拿出了针对各个群体的详细研究。Daniel Rodgers, *Atlantic Crossings: Social Politics in a Progressive Age*（1998），粗线条描绘了进步时代的大致轮廓。Rodgers 非常关注跨大西洋的"思想掮客"的交流，他们是游历甚广的改革者，认识到并愿意尝试欧洲的解决方案和政府援助，因为他们的目标是和平地改造一个由快速崛起的工业化、城市化和民主所塑造的社会。对 Rodgers 来说，作为一名进步主义者就意味着你同时参与了多项改革事业。进步派们清楚地看到，美国有许多同欧洲一样的问题，但缺乏一种高尚的社会意识。改革者们必须帮助美国人赶上德国这样的国家，在这些国家，政府已经成为经济中的一个活跃因子。社会政治集中围绕着进步主义的做法，逐步扩大政府的参

214

与，以造福人民。

Alan Dawley, *Changing the World: American Progressives in War and Revolution* (2003)，集中关注了他所认为的全球行动者的新国际主义。Dawley 探讨了改革者们的诉求，像赫尔馆的简·亚当斯、服装工人联合会主席西德尼·希尔曼和威斯康星州参议员罗伯特·拉弗莱特。他们由于亚当斯所说的"日益增长的世界意识"，而寻求在全球范围内实现世界和平和经济正义的宏伟目标。在 Dawley 对进步派的评价中，他们是无私的行动者，真诚地寻求一种社会正义和公民参与的政治，而不是赞助与强权的政治。Alan Dawley 和 Daniel Rodgers 都认为罗斯福新政标志着进步思想的胜利巅峰。

Michael McGerr 在 *A Fierce Discontent: The Rise and Fall of the Progressive Movement in America, 1870 – 1920* (2003) 一书中回顾了国内对于进步派人士的描述。McGerr 专注研究中产阶级进步人士，他们努力将美国变成一个乌托邦，包括文化和社会价值观的重建。McGerr 认为，乌托邦的理想，如"美国化"和"反托拉斯"，导致了动荡的剧变和激进主义的时代，其影响远远超过了革命或此后的任何事情。McGerr 认为，进步派正在同几乎无法克服的困难进行艰苦的斗争。他看到中产阶级激进分子被他们的地位焦虑所激励，而不是削弱。他们提出了两条变革道路：对于公共事务，走政府之路；对于私人和社会变革，走结社主义的道路。

尽管改革者至少在帮助工人改造环境方面取得了一定程度的成功，但他们没能改变精英阶层的生活方式。McGerr 认为改革者最重要的失败可能是他们无法遏制大企业对市场、政治和人民的操控。McGerr 留给读者的是一种悲观的感觉。在 McGerr 看来，进步派输掉了他们的战斗，因此他们的运动，以及进步派提出的期望最终都破灭了。

Maureen A. Flanagan 考察了以往历史学家的许多研究，为不同群体的美国人如何参与进步改革运动提供了一个更加充满希望 的 描 述。*America Reformed*：*Progressives and Progressivisms*，*1890s – 1920s*（2007）一书，围绕经济、政治、社会正义和外交政策四个主题描述了进步派。Flanagan 在讲述与政府关系的转变时还谈到了妇女、非洲裔美国人和其他少数族裔。她解释了许多不同领域的进步人士是如何组织起来面对他们面前的问题，并在此过程中重新定义了民主的性质和目的。

从本质上讲，进步改革的性质随着学者们对其多样性的认识而变得一目了然。历史学家的研究回避了这样一个问题：进步派是否实现了他们的目标，以及他们留下的遗产是什么。

第一章 背景：进步动力的产生，1893—1900

城市生活

早期的城市化研究包括进步派人士自己对城市腐败的描述。其中最著名的是 Lincoln Steffens's *The Shame of the Cities*。相反的观点，参见 Frederic Clemson Howe，*The City*，*the Hope of Democracy*（New York，1905）。Raymond A. Mohl，*The New City*：*Urban American in the Industrial Age*，*1860 – 1920*（Wheeling，Illinois，1985），追溯了城市转型的大致过程，以及对工业时代的反应。另见 Alexander von Hoffman，*Local Attachments*：*The Making of an American Urban Neighborhood*，*1850 – 1920*（Baltimore 1994）。Jon A. Peterson，*The Birth of City Planning in US 1840 – 1917*（Baltimore，2003），追溯了 1917 年之前城市规划的诞生，当时 Peter-

son 认为规划者放弃宏观规划是出于不得已，因为他们从来都没
有实施宏观规划的能力。相反，他们转向了零星的"伺机干
预"，拓宽街道或是建立分区。另见 Roy Lubove，*The Urban Com-
munity：Urban Planning in the Progressive Era*（Westport，Connecti-
cut，1981）。Stanley K. Schultz，*Constructing Urban Culture：Ameri-
can Cities and City Planning，1800 – 1920*（Philadelphia，1989），
认为虽然大多数历史学家都将城市规划的诞生追溯到芝加哥世
博会，但作为整个 19 世纪的产物，人们需要以一种更加全面的
方式来看待它。William H. Wilson，*The City Beautiful Movement*
（Baltimore，1989），追溯了关注城市环境美学人士的历史。关于
城市转型，参见 Robert Fairbanks，*Making Better Citizens：Housing
Reform and the Community Development Strategy in Cincinnati，1890 –
1960*（Urbana，Illinois，1989），以及 Ann Durkin Keating，*Build-
ing Chicago：Suburban Developers and the Creation of a Divided Me-
tropolis*（Columbus，1989）。Neil Larry Shumsky，ed.，*Encyclopedia
of Urban America：The Cities and the Suburbs* Vols. 1 and 2（Denver，
1998）是一个非常好的参考资料来源。

公司历史

从世纪之交到 20 世纪 60 年代，大企业及其领导者的权势在
围绕大企业崛起的历史编纂中占据着主导地位。19 世纪末的垄
断潮，即所谓的"兼并运动"，加剧了人们对经济前景的担忧，
包括大公司对个人机会的支配。早期对企业的曝光来自一群被
西奥多·罗斯福视为"扒粪者"的作家，即挥舞着"粪耙子"
的社会批评家。在 1906 年的一次演讲中，西奥多·罗斯福提到
小说家大卫·格雷厄姆·菲利普斯时使用了这个词，使之立刻
成了人们耳熟能详的词语。菲利普斯在他的文章和小说中揭露

216

了保险、金融和政治领域的丑闻。

　　早期的企业史和企业高管传记成为对大企业批评的一部分。
217 到 20 世纪初，随着大型私人运输和通信公司垄断地位的确立，
人们对托拉斯问题的关注不断升级。经济发展同时引发的政治
纷争刺激了更加学术化的商业史的出现。20 世纪 20 年代，哈佛
商学院教授 N. S. B. 格拉斯在他的课堂上使用商业案例研究来解
释这些公司是如何成立，以及它们的运作过程。无论是被"扒
粪者"批评，还是被格拉斯分析，大企业及其经营者都主宰了
美国下个世纪的工业发展。

强盗大亨

　　历史学家转而讨论起公司的性质。那些公司负责人是善意
的行业领袖，还是以牺牲他人利益为代价牟利的"强盗大亨"？
"强盗大亨"一词的起源尚不清楚，但 The Nation 的编辑 E.
L. Godkin 在 "The Vanderbilt Memorial," the Nation IX（November
18，1869）：431 – 432 中使用了这个词。Charles Francis Adams 在
Railroads：Their Origins and Problems（New York，1893）一书中
也引述了格兰其运动参与者们对这个词的使用。"强盗大亨"这
个词暗指贪婪、不守法、没有社会责任感和不道德，正是这些
词主导了一代人对大企业起源的描述。20 世纪中期美国人对这
个词的了解可以追溯到 Matthew Josephson，The Robber Barons：
The Great American Capitalists，1861 – 1901（New York，1934）。经
济大萧条再次使"扒粪者"发起了针对华尔街和大企业的猛烈
批评。Josephson描绘了善与恶的冲突，其中腐败的罪魁祸首就
是"强盗大亨"。Allan Nevins 为 J. D. 洛克菲勒和亨利·福特撰
写的大传重新审视了这些大亨，称他们是英雄。

　　对有些人来说，"强盗大亨"的辩论显得肤浅。20 世纪 50

年代末，Alfred Chandler 提出了一个更加中肯的问题：要问到底发生了什么，而不是问它是好还是坏。他从技术对经济和社会变革的中心作用开始，接着论述了组织创新和管理者的作用。在此过程中，他极力主张重新阐释大公司作为 19 世纪社会经济和技术力量反映的作用。钱德勒学派强调企业内部和企业之间的活动模式，而不是单个企业的历史。

到 20 世纪 70 年代，历史学家 Glenn Porter、Alfred Chandler 和 Louis Galambos 提出，学者们把历史辩论的焦点集中在商人的行为及其对政治的影响上，从而忽略了其他一些问题，而这些问题可能会对现代美国大企业作为一种制度的崛起提供更有意义的解释。诸如生产技术、分配的性质、工业企业服务的市场类型以及组织的职能与结构之间的关系等因素都值得考虑。

最近，历史学家们提出了一个问题：经济、政治和文化的变化对企业资本家意味着什么？他们扩大了研究范围，开始研究有关工业和人的关系的政策，其中包括福利资本主义的创立。社区研究也成为商业和劳工史的重要组成部分。研究领域中经常没有单个企业的历史。因为除了少数几个例外，单个企业都不愿向历史学家公开他们的记录。

企业通史

企业通史的起点是 Mansel Blackford, *A History of Small Business in America* (Chapel Hill, 2003, 2nd ed.)。它全面介绍了小企业（包括农场）在美国经济、政治和文化发展中的角色变化。Blackford 向我们表明，通过开拓市场，开发新的、通常是专业化的产品，在 1900 年后通过寻求政府的帮助，小企业是可以维持生存的。有关大企业工业世界的社会和经济发展详情，参见 Walter Licht, *Industrializing America: The Nineteenth Century*

219　（Baltimore, 1995）; Glenn Porter, *The Rise of Big Business*（Wheeling, Illinois, 1992, 2nd ed.）; Daniel Nelson, "The History of Business in America," *Magazine of History* Vol. 11（Fall 1996）: 5 - 10; 以及 Keith L. Bryant and Henry C. Dethloff, *A History of American Business*（Englewood Cliffs, New Jersey, 1983）。Thomas K. McCraw, *American Business, 1920 - 2000: How It Worked*（Wheeling, Illinois, 2000）是对 21 世纪美国企业史的全面批判。Oliver Zunz, *Making America Corporate, 1870 - 1920*（Chicago, 1990）则从企业资本家的角度探讨了变革。Scott Cummings, ed., *Self Help in Urban America: Patterns of Minority Business Enterprise*（Pt. Washington, 1980），考察了少数族裔企业在市场上的状况，以及为少数族裔服务的互助社的出现。关于兼并运动，参见 Naomi Lamoreaux, *The Great Merger Movement in American Business, 1895 - 1904*（New York, 1985）。另外，要了解反垄断运动是如何引发兼并浪潮的，参见 Herbert Hovenkamp, *Enterprise and American Law, 1836 - 1937*（Cambridge, Massachusetts, 1991）。

商界名人传记

关于商人，请参阅 Matthew Josephson, *The Robber Barons: The Great American Capitalists, 1861 - 1901*（New York, 1934），以及 Thomas Brewer, *The Robber Barons: Saints or Sinners*（New York, 1970）。"美国问题系列"包括了一系列展现"强盗大亨"创造性和破坏性的文章。最近的商人传记包括 Ron Chernow, *The House of Morgan: An American Banking Dynasty and the Rise of Modern Finance*（New York, 1990）; Ron Chernow, *Titan: The Life of John D. Rockefeller, Sr.*（New York, 1998）; Harold C. Livesay, *Andrew Carnegie and the Rise of Big Business*（New York, 2000）; Steven Watts, *The People's Tycoon*: *Henry Ford and the American Centu-ry* (*New York*, 2005); 以及 Maury Klein, *The Life and Legend of Jay Gould* (Baltimore, 1986)。A'Lelia Perry Bundles, *On Her Own Ground*: *The Life and Times of Madam C. J. Walker* (New York, 2001) 介绍了美国第一批成功的商界女性之一。

关于美国经济结构和商人执着的个人主义的经典研究，见 Samuel P. Hays, *Response to Industrialism*, *1885 – 1914* (Chicago, 1995, 2nd ed.)，和 Samuel P. Hays, "Revising the Response to In-dustrialism," *Journal of the Gilded Age and Progressive Era*, Vol. 3, No. 1 (January 2004): 113 – 115。了解公众对商业实践的看法，参见 Louis Galambos, *The Public Image of Big Business in America*, *1880 – 1940*: *A Quan-titative Study in Social Change* (Baltimore, 1975)。

220

技术

技术和自动化信息对加工体系的影响在下列书中有详细阐述：David Hounshell, *From the American System to Mass Production*, *1800 – 1932*: *The Development of Manufacturing Technology in the United States* (Baltimore, 1984); James R. Beniger, *The Control Revolution*: *Technological and Economic Origins of Information Society* (Cambridge, Massachusetts, 1986); 以及 Ruth Cowan, *A Social History of Technology* (New York, 1997)。

管理革命

Alfred D. Chandler, *The Visible Hand*: *The Managerial Revolu-tion in American Business* (Cambridge, Massachusetts, 1977) 一书对管理革命做出了精彩的阐述。Chandler 记录了从市场经济到管

理资本主义的转变，包括公司运营由一个所有者或合伙人向全职带薪管理人的转变。关于 Chandler 作品的影响，参见 Richard R. John，"Elaborations，Revisions，Dissents：Alfred D. Chandler，Jr.'s 'The Visible Hand' after Twenty Years，"*Business History Review*，Vol. 71，No. 2（Summer 1997）：151 – 200。其他相关著作包括 Daniel Nelson，*Frederick W. Taylor and Scientific Management*（Madison，1980），以及 Alfred D. Chandler，*Scale and Scope：Dynamics of Industrial Capitalism*（Cambridge，Massachusetts，1991）。Daniel Nelson，*Managers and Workers：Origins of the New Factory System in the United States*，1880 – 1920（Madison，1975），则分析了管理策略。

221　劳工史

对劳工史的认真研究出现在 20 世纪下半叶。在此之前，研究劳工史的传统历史学家们主要关注的是有组织的劳工运动和工会、工人阶级政党、抗议运动，以及行业冲突。这些戏剧性的发展似乎更适合从经济学的角度来审视，而不是考察工人阶级每天的经历和磨难。Herbert Gutman、David Montgomery 和 David Brody 率先考察了普通工人在工作场所的经历和作用。后来所谓的"新劳工史"使社会史对工人及其文化研究产生了影响。最终，大量以社区研究为中心的学术成果成为新劳工史的中心内容。历史学家拓宽了这一研究领域，跟踪研究工人阶级政治文化，以及种族和性别对工人政策及法律的影响。

Herbert Gutman，ed. ，*Work，Culture，and Society in Industrializing America*（New York，1977）；David Montgomery，*Workers' Control in America*（New York，1979）；以及 David Brody，*Workers in Industrial America*（New York，1993，2nd ed. ）被认为是一流的劳

工史著作。另见 Patricia Murolo, *From the Folks Who Brought You the Weekend: A Short, Illustrated History of Labor* (New York, 2001) ; Melvyn Dubofsky, *Industrialism and the American Worker, 1865 – 1920* (Wheeling, Illinois, 1996, 3rd ed.) ; Randi Storch, *Working Hard for the American Dream: Workers and Their Unions, World War I to the Present* (Malden, Massachusetts, 2013) ; Nelson Lichtenstein, *State of the Union: A Century of American Labor* (Princeton, 2002) ; Kim Voss, *Hard Work: Remaking the American Labor Movement* (Berkeley, 2004) ; David Brody, *Workers in Industrial America* (New York, 1993, reprint) ; 以及 James Green, *World of the Worker: Labor in Twentieth Century America* (New York, 1998). Jacqueline Jones, *American Work: Four Centuries of Black and White Labor* (New York, 1998), Ava Baron, ed. , *Working Engendered: Toward a New History of American Labor* (Ithaca, New York, 1991), 以及 Alice Kessler-Harris, *Gendering Labor History* (Urbana, Illinois, 2007) 将少数族裔的工作经历纳入了他们的叙述。David Montgomery, *The Fall of the House of Labor: The Workplace, the State, and American Labor Activism, 1865 – 1925* (New York, 1987) 和 Michael Goldfield, *The Decline of Organized Labor in the United States* (Chicago, 1987) 两部著作分析了劳工的弱点。参考文献包括 Eric Arneson, ed. , *Encyclopedia of United States Labor and Working-Class History* (New York, 2007), 以及 Maurice F. Neufeld, Daniel J. Leab, and Dorothy Swanson, *American Working Class History: A Representative Bibliography* (New York, 1983)。

222

劳工史的第一手资料来源

第一手资料来源有助于让学生了解工人的生活。世纪之交的杂志，如 *Century Magazine*、*the Survey* 和 *the Independent* 都为中产阶级读者发表了关于工人生活的文章。*The Independent* 刊登了一系列 75 个故事，讲述了从 1902 年到 1906 年从黑人工人到血汗工厂工人的经历，其中一些故事被收入 David Katzman and William M. Tuttle, Jr. , *Plain Folk*: *Life Stories of Undistinguished Americans* (Urbana, 1982)。另见 Jonathan Rees and Jonathan Pollack, eds. , *The Voice of the People*: *Primary Sources on the History of American Labor*, *Industrial Relations*, *and Working Class Culture* (Wheeling, Illinois, 2004)。

进步派施加的压力带来了宝贵的第一手资料，最早的开端是 the Aldrich Report (1893)。这是劳工专员 Carroll D. Wright 为 1893 年 3 月 3 日 Nelson Aldrich 主持的参议院财政委员会第 52 届大会第 2 次会议准备的报告。The Aldrich Report 调查了批发价格、工资状况和交通运输。有些人批评报告使用的样本不够有代表性，另外还存在着区域和行业覆盖面的问题。其他有价值的资料来源包括 *Hull House Maps and Papers*: *A Presentation of Nationalities and Wages in a Congested District of Chicago* (New York, 1895); Jacob A. Riis, *How the Other Half Lives*: *Studies among the Tenements of New York* (New York, 1890); 以及 Paul Underwood Kellogg, ed. , *The Russell Sage Foundation Reports*: *Findings* in Six Volumes (New York, 1909 – 1914) (其中包括 the Pittsburgh Survey)。包括 Francis Patrick Walsh、Basil M. Manly 和 John Rogers Commons 在内的政府委员会撰写的报告 *Final Report of the Commission on Industrial Relations* in 11 volumes (Chicago, 1915)，对美国的劳工状况进行了全面调查，并提出了建议。另见美国参议院第 61 届大会第 2 次会议的 19 卷报告，*Report on Condition on Woman and Child Wage-Earners in the United States* (Washington,

D. C.，1910 – 1915）。由罗素·赛奇基金会资助的项目，Jose-
phine Goldmark，*Fatigue and Effiency*：*A Study in Industry*（New
York，1912），证明过多的工作时间会对工人造成伤害，并降低
生产效率。

劳工组织

工会倾向于保留自己的档案。对劳工史的这一方面极感兴
趣的劳工经济学家和历史学家在研究个别工会或工人协会时采
用了一种制度化的方法。David Brody，*Steelworkers in America*
（Cambridge，Massachusetts，1960）率先打破了工会的制度结构，
将工人放在了更大的社区背景之下。Thomas Dublin and Walter
Licht，*The Face of Decline*：*The Pennsylvania Anthracite Region in the
Twentieth Century*（IthaCa，New York，2005）是更新的一个例子。
美国的劳工运动和工人抗议在下列书中有详细描述：Robert E.
Weir，*Beyond Labor's Veil*：*The Culture of the Knights of Labor*（Pitts-
burgh，Pennsylvanja，1996）；Michael Kazin，*Barons of Labor*：*The
San Francisco Building Trades and Union Power in the Progressive Era*
（Urbana，Illinois，1989）；Peter Cole，*Wobblies on the Waterfront*：
Interracial Unionism in Progressive Era Philadelphia（Urbana，Illi-
nois，2007）；Walter Licht，*Working for the Railroad*：*The Origin of
Work in the Nineteenth Century*（Princeton，1983）；以及 Paul Michel
Tailon，*Good Reliable Whitemen*：*Railroad Brotherhoods，1877 – 1917*
（Urbana，2009）。Shelton Stromquist，*A Generation of Boomers*：*The
Pattern of Railroad Labor Conflict in Nineteenth Century America*（Ur-
bana，Illinois，1987）和 David Corbin，*Life，Work，and Rebellion in
the Coal Fields*：*The Southern West Virginia Miners，1880 – 1922*
（Urbana，Illinois. 1990）则详述了某一特定行业的动荡状况。

224

劳工冲突

关于 19 世纪末的罢工，参见 Paul Avrich，*The Haymarket Tragedy*（*Princeton*，1984）；James R. Green，*Death in the Haymarket：A Story of Chicago*，*The First Labor Movement*，*and the Bombing that Divided Gilded Age America*（New York，2006）；Paul Krause，*The Battle for Homestead*，*1880 – 1892*（Pittsburgh，1992）；以及 Susan Eleanor Hirsch，*A Century of Labor Struggle at Pullman*（Urbana，Illinois，2003）。关于罢工的一般性著作，参见 PK Edwards，*Strikes in the United States*，*1881 – 1974*（New York，1981）。

关于女性参与工作场所抗议活动的情况，参见 Ileen A. DeVault，*United Apart：Gender and the Rise of Craft Unionism*（Ithaca，New York，2004）。该书探讨了过渡时期的跨性别罢工。另见 Meredith Tax，*The Rising of the Women：Feminist Solidarity and Class Conflict*，*1880 – 1917*（Urbana，Illinois，1980）；Joan M. Jensen and Sue Davidson，*A Needle*，*A Bobbin*，*A Strike：Women Needleworkers in America*（Philadelphia，1991）；Richard A. Greenwald，*The Triangle Fire*，*The Protocols of Peace and Industrial Democracy in Progressive Era New York*（Philadelphia，2005）；Nancy Schrom Dye，*As Equals*，*as Sisters：Feminism*，*Unionism*，*and the Women's Trade Union League of New York*（Columbia，Missouri，1980）；Ruth Milkman，ed. ，*Women*，*Work*，*and Protest：A Century of U. S. Women's Labor History*（New York，1990）；Stephen Norwood，*Labor's Flaming Youth：Telephone Operators*，*and Worker Militancy*，*1878 – 1923*（Urbana，Illinois，1990）；以及 Mary Blewett，*Men*，*Women*，*and Work：Class*，*Gender and Protest in the New England Shoe Industry*，*1780 – 1910*（Urbana，Illinois，1990）。

劳工领袖

Melvyn Dubofsky and Warren Van Tine, eds., *Labor Leaders in America* (Urbana, Illinois, 1987) 包含有领袖传记。对劳工领袖个人的研究包括 Robert Parmet, *Master of Seventh Avenue：David Dubinsky and the American Labor Movement* (New York, 2005)；Steven Fraser, *Labor Will Rule：Sidney Hillman and the Rise of American Labor* (New York, 1991)；Nick Salvatore, *Eugene V. Debs, Citizen and Socialist* (Urbana, Illinois, 2007, reprint)；Elizabeth Anne Payne, *Reform, Labor, and Feminism：Margaret Dreier Robins and the Women's Trade Union League* (Urbana, Illinois, 1988)；以及 Karen Pastorello, *A Power among Them：Bessie Abramowitz Hillman and the Making of the Amalgamated Clothing Workers of America* (Urbana, Illinois, 2007)。关于塞缪尔·龚帕斯，参见 Nick Salvatore, ed., *Seventy Years of Life and Labor* (Ithaca, New York, 1984)。

男工

关于纯男性职业，参见 Timothy Spears, *100 Years on the Road：The Traveling Salesman in American Culture* (New Haven, 1995)。Patricia Cooper, *Once a Cigarmaker：Men, Women, and Work Culture in American Cigar Factories, 1900 – 1919* (Urbana, Illinois, 1992) 则做了单一行业内的跨性别研究。

女工

关于职业女性的三部经典著作，参见 Alice Kessler-Harris, *A Woman's Wage：Historical Meanings and Social Consequences* (Lexington, 1990)；Alice Kessler-Harris, *Out to Work：A History of*

Wage-earning Women（New York, 1982）；以及 Alice Kessler-Harris, *Women Have Always Worked: An Historical Overview*（New York, 1981）。Annelise Orleck, *Common Sense and a Little Fire: Women and Working Class Politics in the United States*（Chapel Hill, 1995）和 Lara Vapnek, *Breadwinners: Working Women and Economic Independence, 1865 – 1920*（Urbana, Illinois, 2009）详述了职业女性为争取经济自主和政治平等所做的努力。Vapnek 的这本书还涵盖了家庭帮佣这一群体。更多关于职业女性的具体话题，参见 Wendy Gamber, *The Female Economy: The Millinery and Dressmaking Trades, 1860 – 1930*（Urbana, Illinois, 1997），以及 Eileen Boris, *Home to Work: Motherhood and the Politics of Industrial Homework in the United States*（New York, 1994）。Darlene Hine, *Black Women in America*（New York, 2005）则对黑人女性的工作做了一个概括性的描述。

关于移民女工，见 Elizabeth Ewen, *Immigrant Women in the Land of Dollars: Life and Culture on the Lower East Side, 1890 – 1925*（New York, 1985）和 Susan Glenn, *Daughters of the Shtetl: Life and Labor in the Immigrant Generation*（Ithaca, New York, 1990）。关于零售业的女性，见 Susan Porter Benson, *Counter Cultures: Saleswomen, Managers, and Customers in American Department Stores, 1890 – 1940*（Urbana, Illinois, 1986）。

非洲裔美国工人

种族研究领域的历史学家们探讨了大移民，包括 James M. Gregory, *Southern Diaspora: How the Great Migrations for Black and White Southerners Transformed America*（Chapel Hill, 2005）；James R. Grossman, *Land of Hope: Chicago, Black Southerners, and* the Great Migration（Chicago，1989）。另外，John Higham，*Strangers in the Land*：*Patterns of American Nativism*，*1860 - 1925*（Rutgers，2002，reprinted）仍然是一部经典之作。Rick Halpern，*Down on the Killing Floor*：*Black and White Workers in Chicago's Packinghouses*，*1904 - 1954*（Urbana，Illinois，1997），着眼于单一行业的种族问题。Isabel Wilkerson，*The Warmth of Other Suns*：*The Epic Story of America's Great Migration*，*1915 - 1970*（New York，2010），记录了 600 万非洲裔美国人从南方农村向北方和中西部城市迁移的历史。

种族主义

关于早期对种族主义的描述，参见 Ida B. Wells，*A Red Record*：*Tabulated Statistics and Alleged Causes of Lynchings in the United States 1892 - 1893 - 1894*（Chicago，1895）。Wells 提供了一份令人信服的针对非洲裔美国人的私刑统计资料。Ray Stannard Baker 则在 *Following the Color Line*：*An Account of Negro Citizenship in an American Democracy*（New York，1908）一书中审视了美国种族关系的可悲状态。

227

工人阶级的生活

关于工人阶级的生活和文化模式，参见 Robert Asher and Charles Stephenson，eds.，*Life and Labor*：*Dimensions of American Working-Class Life*（Albany，1986）；James Green，*The World of the Worker*（New York，1980）；以及 John Bodnar，*Workers' World*：*Kinship*，*Community*，*and Protest in an Industrial Society*，*1900 - 1940*（Baltimore，1982）。另见 Julie Husband and Jim O'Loughlin，*Daily Life in Industrial U. S.*，*1870 - 1900*（Westport，Connecticut，2004）。

　　研究工人和社区的学者把工人研究放在社区更大的背景下，最初是受了欧洲经典研究的影响。除了 Herbert Gutman，David Brody 和 David Montgomery 的作品（见上文），可参见 John T. Cumbler，*Working-Class Community in America：Work，Leisure and Struggle in Two Industrial Cities，1880 – 1930*（Westport，Connecticut，1979）；Lynn and Fall River，Massachusetts，Frances Couvares，*The Remaking of Pittsburgh：Class and Culture in an Industrializing City，1877 – 1919*（Albany，1984）；James Barrett，*Work and Community in the Jungle：Chicago's Packing House Workers，1894 – 1922*（Urbana，Illinois，1987）；Ray Rosenzwieg，*Eight Hours for What We Will：Workers and Leisure in an Industrial City，1870 – 1920*（New York，1983）；Donald L. Miller and Richard E. Sharpless，*The Kingdom of Coal：Work，Enterprise，and Ethnic Communities in the Mine Fields*（Easton，Pennsylvania，1985）；Ileen A. DeVault，*Sons and Daughters of Labor：Class and Clerical Work in Turn of the Century Pittsburgh*（Ithaca，New York，1990）；Richard Jules Oestreicher，*Solidarity and Fragmentation：Working People and Class Consciousness in Detroit，1875 – 1900*（Urbana，Illinois，1986）；Youngsoo Bae，*Labor in Retreat：Class and Community among Men's Clothing Workers of Chicago，1871 – 1929*（Albany，2001）；以及 Oliver Zunz，*The Changing Face of Inequality：Urbanization，Industrial Development，and Immigrants in Detroit，1880 – 1920*（Chicago，1982）。

228　　**移民家庭的生活**

　　有关移民家庭经济状况的描述，参见 John Bodnar，*The Transplanted：A History of Immigrants in Urban America*（Bloomington，1985）。许多历史学家都研究过某个特定城市不同族群的情

况。其中小样本研究包括 Virginia Yans McLaughlin, *Family and Community: Italian Immigrants in Buffalo, 1880 – 1930* (Urbana, Illinois, 1981); Dominic Pacyga, *Polish Immigrants and Industrial Chicago: Workers on the South Side, 1880 – 1922* (Columbus, Ohio, 1991); 以及 Judith E Smith, *Family Connections: A History of Italian and Jewish Immigrant Lives in Providence, Rhode Island, 1900 – 1940* (Albany, 1985)。

工人自传

以前被忽视的第一手工人自传的样本包括 Elizabeth Hasanovitz, *One of Them: Chapters from a Passionate Autobiography* (Boston, 1918); Rose Cohen, *Out of the Shadow* (New York, 1918); 以及 Marcus E. Ravage, *An American in the Making: The Life Story on an Immigrant* (New York, 1917)。

休闲时间和娱乐活动

关于进步时代美国的休闲与娱乐，参见 Steven M. Gelber, *Hobbies, Leisure, and the Culture of Work in America* (New York, 1999); Kathy Peiss, *Cheap Amusements: Working Women and Leisure in Turn-of the-Century New York* (Philadelphia, 1987); Judith A. Adams, *The American Amusement Park Industry: A History of Technology and Thrills* (New York, 1991); Lary May, *Screening Out the Past: The Birth of Mass Culture and the Motion Picture Industry* (Chicago, 1980); Lewis Erenberg, *Steppin' Out: New York Nightlife and the Transformation of American Culture, 1890 – 1930* (Westport, Connecticut, 1981); 以及 Shane White and Graham White, *Stylin': African American Expressive Culture from the Beginnings to the Zoot*

Suit（Ithaca, New York, 1998）。另见 Steven Reiss, *Sport in Industrial America*, *1850 – 1920*（Wheeling, Illinois, 1995）。

229 # 第二章 挽救社会：谁是进步派？

"扒粪者"揭露丑闻

"扒粪者"对于企业的抨击包括 Henry Demarest Lloyd 在 *Wealth against Commonwealth*（New York, 1894）一书中对约翰·D. 洛克菲勒及标准石油公司崛起过程的记录。接着，Ida Tarbell's *McClure's Series* 详细讲述了标准石油公司的各种做法，后成书出版，即 *The History of the Standard Oil Company*（New York, 1904）。Frank Norris, *The Octopus*：*A Story of California*（New York, 1901）提供了一个虚构的故事，详细描述了加利福尼亚的铁路垄断。Ray S. Baker 在《麦克卢尔》杂志上发表了若干谴责铁路行业行为的文章。Upton Sinclair 的小说 *The Jungle*（New York, 1906）是建立在 A. M. Simmons 早期作品的基础上的。两本书都抨击了肉类加工业，很大程度上促成了监管食品和药品生产的联邦立法。Samuel Hopkins Adams, *The Great American Fraud*（New York, 1906），因揭露专利药品行业的丑闻而为人所知。Edwin Markham, *Children in Bondage*：*A Complete and Careful Presentation of the Anxious Problem of Child Labor-Its Causes*, *Its Crimes and Its Cure*（New York, 1914）一书，揭露了童工的状况。对于"扒粪者"所作所为的总述，见 Louis Filler, *The Muckrakers*（Pennsylvania：University Park, 1976）。

社会福音

关于社会福音的起源，参见 William H. Cooper, Jr., *The*

Great Revivalists in American Religion, *1740 – 1944*（Jefferson, North Carolina, 2010）。Robert M. Crunden, *Ministers of Reform*: *The Progressive Achievement in American Civilization*, *1889 – 1920*（New York, 1983）认为，共同的宗教背景为进步主义社会及政治改革力量提供了动力。社会福音运动参与者的著作，包括 Washington Gladden, *Social Salvation*（Boston, 1902）和 Walter Rauschenbusch, *Christianity and the Social Crisis*（New York, 1907）。另见 Susan Curtis, *A Consuming Faith*: *The Social Gospel and American Culture*（Baltimore, 1991）和 Ralph E. Luker, *The Social Gospel in Black and White*: *American Racial Reform*, *1885 – 1912*（Chapel Hill, 1991），谈到了社会福音对文化的影响。

230

　　有关福音派传教士比利·桑迪的生活，参见 Robert Francis Martin, *Hero of the Heartland*: *Billy Sunday and the Transformation of American Society*, *1862 – 1935*（Bloomington, 2002）和 W. A. Firstenberger, *In Rare Form*: *A Pictorial History of Baseball Evangelist Billy Sunday*（Iowa City, 2005）。

社会服务所运动

　　关于社会服务所运动的一手资料，参见 Robert Woods and Albert Kennedy, *Handbook of Settlements*（New York, 1911）。Allen F. Davis, *Spearheads for Reform*: *The Social Settlements and the Progressive Era*, *1890 – 1914*（New York, 1967），仍然是关于社会服务所运动的经典著作。另见 John Higham, *Strangers in the Land*: *Patterns of American Nativism*, *1860 – 1925*（Rutgers, New Jersey, 2002）。他认为社会服务所的工作者是杰出的人，是真诚的利他主义者。作为文化多元主义的信奉者，他们通过自己在服务所的工作帮助了移民和黑人。Elisabeth Lasch Quinn, *Black Neigh-*

bors: *Race and the Limits of Reform in the American Settlement House Movement*, *1890 - 1945*（Chapel Hill, 1993）指出，社会服务所的工作者区别对待移民与黑人，没有将精力从移民转向黑人。Judith Ann Trolander, *Professionalism and Social Change*: *From the Settlement House Movement to Neighborhood Centers*, *1886 to Present*（New York, 1987），描述了社会服务所在改革中的地位，但只分析了 1945 年之后的种族问题。Trolander 指出，在非洲裔美国人的问题上，大多数社会服务所工作者并不像亚当斯和瓦尔德等知名领导人那样开明。Mina Carson, *Settlement Folk*: *Social Thought in the American Settlement Movement*, *1885 - 1930*（Chicago, 1990），描述了社会服务所在改革中所起的作用。了解较小的服务所，参见 Ruth Hutchinson Crocker, *Social Work and Social Order*: *The Settlement Movement in Two Industrial Cities*, *1889 - 1930*
231 （Urbana, 1992），作者研究了"第二梯队"的服务所。Howard Jacob Krager, *The Sentinels of Order*: *A Study of Social Control and the Minneapolis Settlement House Movement*, *1915 - 1950*（Lanham, Maryland, 1987）认为，有些服务所工作者认同当时的种族主义情绪，早期的社会工作者使他们的影响力成为一种控制黑人和移民的机制。关于赫尔馆，参见 Kathryn Kish Sklar, "Hull House as a Community of Women Reformers in the 1890s," Signs 10 （1985）: 657 - 677; Rivka Shpak Lissak, *Pluralism and Progressives*: *Hull House and the New Immigrants*, *1890 - 1919*（Chapel Hill, 1991）; 以及 Hilda Satt Polacheck, *I Came a Stranger*: *The Story of a Hull House Girl*（Urbana, Illinois, 1989）。后者是唯一一本现存的有关社会服务所工人阶级女孩的传记（自传）。

社会服务所领袖传记

社会服务所领袖传记有助于学生深刻了解改革者的努力。赫尔馆创始人简·亚当斯的生活和思想近年来备受关注。参见 Marilyn Fischer, Carol Nackenoff, and Wendy Chmielewski, eds. , *Jane Addams and the Practice of Democracy*: *Multi-disciplinary Perspectives on Theory and Practice* (Urbana Illinois, 2009); Louise Knight, *Citizen*: *Jane Addams and the Struggle for Democracy* (Chicago, 2005); 以及 Victoria Bissell Brown, *The Education of Jane Addams*: *Politics and Culture in Modern America* (Philadelphia, 2003)。此外还有 Allen F. Davis, *American Heroine*: *The Life and Legend of Jane Addams* (New York, 1973) 和 James Weber Linn, *Jane Addams*: *A Biography* (Chicago, 1935)。简·亚当斯本身也是一位多产的作家。其社会服务所生涯最著名的两部作品是 Jane Addams, *Twenty Years at Hull House* (New York, 1912) 和 *Democracy and Social Ethics* (New York, 1902)。关于弗洛伦斯·凯利对进步时代改革的影响的可靠传记，参见 Kathryn Kish Sklar, *Florence Kelley and the Nation's Work*: *The Rise of Women's Political Culture, 1830 – 1900* (New Haven, 1995)。莉莲·瓦尔德的生平记录在 Marjorie N. Feld, *Lillian Wald*: *A Biography* (Chapel Hill, 2008) 和 Lillian Wald, *The House on Henry Street* (New York, 1915) 中。对芝加哥社会服务所女性工作者生活的概述，请参阅 Adele Hast and Rima Lunin Schultz, eds. , *Women Building Chicago, 1790 – 1990*: *A Biographical Dictionary* (Bloomington, 2001)。

232

进步思想

关于进步思想的两本主要著作是 Louis Menand's *The Metaphysical Club*: *A Story Ideas in America*（New York，2002）和 Leon Fink's *Progressive Intellectuals and the Dilemmas of Democratic Commitment*（Cambridge，Massachusetts，1997）。前者探究了四位重要知识分子的生活，描述了实用主义是如何帮助美国人应对现代生活的。后者则指出进步派们相信民主，但发现很难同大多数美国人建立联系。关于欧洲人对进步思想的影响，参见 Mike Hawkins，*Social Darwinism in European and American Thought*，*1870 – 1945*（Cambridge，1997）和 James T. Kloppenberg，*Uncertain Victory*：*Social Democracy and Progressivism in European and American Thought*，*1870 – 1920*（New York，1986）。有关改革思想的早期著作，参见 David Noble，*The Paradox of Progressive Thought*（Minneapolis，1958）；Charles Forcey，*The Crossroads of Liberalism*：*Croly*，*Weyl*，*Lippmann*，*and the Progressive Era*，*1900 – 1925*（New York，1961），以及 Jean B. Quant，*From the Small Town to the Great Community*：*The Social Thought of Progressive Intellectuals*（New Brunswick，New Jersey，1970）。另见 Eric F. Goldman，*Rendezvous with Destiny*：*A History of Modern American Reform*（New York，1952），作者观察到知识分子是如何摆脱占主导地位的保守主义的。

职业化

职业化在进步时代得到了发展。尽管没有专门针对白领工人的调查，但有关中产阶级身份的出现，可参见 Stuart Blumin，*The Emergence of the Middle Class*：*Social Experience in American City*，*1760 – 1900*（New York，1989），以及 Samuel Haber，*The Quest for*

Authority and Honor in the American Professions, *1750 – 1900*（Chicago, 1991）。后者考察了律师、神职人员、教授、工程师和医生的发展历史。对于医学职业化的分析，参见 Paul Starr, *The Social Transformation of American Medicine*：*The Rise of a Sovereign Profession and the Making of a Vast Industry*（New York, 1982）。Charles E. Rosenberg, *The Care of Strangers*：*The Rise of America's Hospital System*（New York, 1987），则记录了医院的发展。对于法律职业缺乏一个全面的调查，但 Gerald W. Gawalt, ed., *The New High Priests*：*Lawyer in Post Civil War America*（Westport, Connecticut, 1984）；Wayne K. Hobson, *The American Legal Profession and the Organization Society*, *1890 – 1930*（New York, 1986）；以及 Robert Stevens, *Law School*：*Legal Education from the 1850s to the 1980s*（Chapel Hill, 1983），都显示了该职业不断增长的教育需求。

职业女性

关于一般职业中的女性，参见 Penina Migdal Glazer and Miriam Slater, *Unequal Colleagues*：*The Entrance of Women into the professions*, *1890 – 1940*（New Brunswick, 1987）。另见 Karen Berger Morello, *The Invisible Bar*：*The Woman Lawyer in America*, *1683 to the Present*（New York, 1986），该书讲述了女律师们的经历。关于教育职业的全面论述，参见 Donald Warren, ed., *American Teachers*：*Histories of a Profession at Work*（New York, 1989）。关于护理职业，参见 Susan Reverby, *Ordered to Care*：*The Dilemma of American Nursing*, *1850 – 1945*（New York, 1987）。关于职业的社会工作，参见 Roy Lubove, *The Professional Altruist*：*The Emergence of Social Work as a Career*, *1880 – 1930*（New York, 1980），

和 Regina G Kunzel, *Fallen Women, Problem Girls: Unmarried Mothers and the Professionalization of Social Work, 1890 – 1945*（New Haven, 1993）。有用的传记还包括 Barbara Sicherman, *Alice Hamilton: A Life in Letters*（Cambridge, 1984）。Barbara Miller Solomon, *In the Company of Educated Women: A History of Women and Higher Education in America*（New Haven, 1985）和 Lynn D. Gordon, *Gender and Higher Education in the Progressive Era*（New Haven, 1990），则详细阐述了妇女的教育机会。

234　## 商人和改革

Robert Weibe, *Search for Order*（1967）仍然是判断商人在改革中所扮角色的经典著作。另见 Judith Sealander, *Grand Plans: Business Progressivism and Social Change in Ohio's Miami Valley, 1890 – 1929*（Lexington, Kentucky, 1988）。政府改革和国家政策对商业起着什么作用？Shelton Stromquist, *Reinventing "the People": The Progressive Movement, the Class Problem, and the Origins of Modern Liberalism*（Urbana, Illinois, 2000）一书试图解答这个在托马斯·麦克劳等历史学家看来难以回答的问题。

政治

对进步时代政治的传统解读强调了老板制度的弊端和进步改革者的理想。Jon C. Teaford, *The Unheralded Triumph: City Government in America, 1870 – 1900*（Baltimore, 1984）一书批评了这种两极对立的观点，认为政治老板的影响力不及工程师、景观设计师和公共卫生官员。Robert Merton, *Social Theory and Social Structures*（New York, 1957），探讨了政治与（通常是非法的）企业之间的实用性观点。该书认为，老板们获得选票不是通过贿赂、腐败和欺诈来窃取投票，而是来自工人阶级和移民的真诚支持。有些学术著作将城市老板描绘成果断的、能够治理城市乱象、阻止市政权力扩散的中心人物，其中包括 Seymour J. Mandelbaum, *Boss Tweed's New York*（New York, 1965）和 John M. Allswang, *Bosses, Machines, and Urban Voters*（Port Washington, New York, 1977）。这说明许多城市居民依赖于快速反应的老板们所提供的服务。

到了 20 世纪 80 年代末，历史学家开始研究城市中的权力问题，随着人口和新的压力集团的涌入，权力发生了变化。参见 Richard W. Judd, *Socialist Cities: Municipal Politics and the Grassroots of American Socialism*（Albany, 1989）。了解更多特定城市政治的信息，可参阅 Dominic A. Pacyga, *Chicago: A Biography*（Chicago, 2009）；Zane L. Miller, *Boss Cox's Cincinnati: Urban Politics in the Progressive Era*（New York, 1968）；James J. Connolly, *The Triumph of Ethnic Progressivism: Urban Political Culture in Boston, 1900 – 1925*（Cambridge, 1998）；Maureen Flanagan, *Charter Reform in Chicago*（Carbondale, 1987）；以及 Shelton Stromquist, "The Crucible of Class: Cleveland Politics and the Origins of Municipal Reform in the Progressive Era," *Journal of Urban History* 23（January 1997）: 197 – 220。关于州一级的进步政治，参见 Thomas R. Pegram, *Partisans and Progressives: Private Interest and Public Policy in Illinois, 1870 – 1922*（Urbana, Illinois, 1992），and David Thelen, *The New Citizenship: The Origins of Progressivism in Wisconsin, 1885 – 1900*（Columbia, Missouri, 1972）。另见 Richard L. McCormick, *From Realignment to Reform: Political Change in New York State, 1893 – 1910*（Ithaca, New York, 1981），其部分内容被认为是关注投票行为的"新政治史"。关于国家政治，参见 Paul Kleppner, *Continuity and Change in American Electoral Politics, 1893 – 1928*（New York, 1987），这是一部延续麦考密克风格的重要著作。另见 Robert D. Johnson, "Re-Democratizing the Progressive Era: The Politics of Progressive Era Political Historiography," *Journal of the Gilded Age and Progressive Era* I（2002）：68 – 92。

进步派名人传记

进步时代的人物传记数不胜数。关于总统，参见 Edmund Morris, *The Rise of Theodore Roosevelt*（New York, 1979）；Edmund Morris, *Theodore Rex*（New York, 2001）；以及 Kathleen Dalton, *Theodore Roosevelt: A Strenuous Life*（New York, 2007）。Johnathan Lurie, *William H. Taft: The Travails of a Progressive Conservative*（New York, 2011）和 Donald F. Anderson, *William Howard Taft: A Conservative's Conception of the Presidency*（Ithaca, New York, 1973），研究了塔夫脱麻烦的总统生涯。Arthur S. Link, *Woodrow Wilson and the Progressive Era, 1910 – 1917*（New York, 1954）；John Milton Cooper, Jr., *The Warrior and the Priest: Woodrow Wilson and Theodore Roosevelt*（Cambridge, Massachusetts, 1983）和 John Milton Cooper, Jr., *Woodrow Wilson: A Biography*（New York, 2010），深入考察了威尔逊的执政之年，把他放在了他的时代背景下。

其他进步时代名人的传记包括 Paula Eldot, *Governor Alfred E. Smith, the Politician as Reformer*（New York, 1983）；Howard Zinn, *LaGuardia in Congress*（Ithaca, New York, 1959）；Carl R. Burgehardt, *Robert M. La Follette, Sr.: The Voice of Conscience*（New York, 1992）；Elisabeth Israels Perry, *Belle Moskowitz: Fiminine Politics and the Exercise of Power in the Age of Alfred E. Smith*

（Boston，1992）；Melvin G. Holli，*Reform in Detroit：Hazen S. Pingree and Urban Politics*（New York，1969）；以及 Nancy Unger，*Fighting Bob LaFollette：The Righteous Reformer*（Chapel Hill，2000）。

第三章　"重构世界"：进步政府，1900—1911

女性行动主义

讲述进步时代女性及其活动的著作包括 Paula Baker，"Domestication of American Politics，"*American Historical Review 89*（1984）：620 – 647；Maureen Flanagan，*Seeing with Their Hearts：Chicago Women and the Vision of the Good City，1871 – 1933*（Princeton，2002）；Alice Kessler-Harris，*In Pursuit of Equity：Women，Men，and the Quest for Economic Citizenship in Twentieth Century America*（New York，2001）；Annelise Orleck，*Common Sense and a Little Fire：Women and Working Class Politics in the United States*（Chapel Hill，1995）；and Robyn Muncy，*Creating a Female Dominion in American Reform*（New York，1994）。另见 Lelia Rupp，*Worlds of Women*（Princeton，1997），详细描述了国际妇女运动；Mari Jo Buhle，*Women and American Socialism，1870 – 1920*（Urbana，Illinois，1983），以及 Estelle Freedman，"Separatism as a Strategy：Female Institution Building and American Feminism，1870 – 1930，"*Feminist Studies 5*（1979）：512 – 529。Anne Firor Scott 在 *Natural Allies：Women's Associations in American History*（Urbana，1992）一书中展示了妇女组织是如何为社会正义运动奠定基础的。Kathryn Kish Sklar 为这一论点注入了新的活力，她认为女性

是 20 世纪政治改革舞台上的主角。另见 Kathryn Kish Sklar，
"The Historical Foundations of Women's Power in the Creation of the
American Welfare State, 1830 – 1930," in Seth Koven and Sonya
Michel, eds. , *Mothers of a New World*: *Maternalist Politics and the
Origins of Welfare States* (New York：Routledge, 1993)。关于女性
正式的政治活动，参见 Melanie Gustafson, *Women in the Republi-
can Party, 1854 – 1924* (Urbana, Illinois, 2001)；Paula Baker,
The Moral Frameworks of Public Life: *Gender, Politics, and the State
in Rural New York, 1870 – 1930* (New York, 1991), and Sara
Hunter Graham, *Woman Suffrage and the New Democracy* (New Ha-
ven, 1996)。[在 *Living the Revolution*: *Italian Women's Resistance
and Radicalism in New York City, 1880 – 1945* (Chapel Hill, North
Carolina, 2010) 中，Jennifer Guglielmo 记录了城市工人阶级女性
的文化激进行动主义。]

[了解有用网站，请参见 Kathryn Kish Sklar and Thomas Dub-
lin, *Women and Social Movements, 1600 – 2000*, SUNY Binghamton
and Alexander Street Press。]

妇女选举权

关注进步时代妇女选举权运动的著作包括 Anne F. Scott and
Andrew M. Scott, *One Half of the People*: *The Fight for Women's Suf-
frage* (Philadelphia, 1975)；Eleanor Flexnor, *Century of Struggle*：
The Woman's Rights Movement in the United States (Cambridge, Mas-
sachusetts, 1975)；以及 Aileen Kraditor, *The Ideas of the Woman
Suffrage Movement, 1890 – 1920* (New York, 1965)。还有两本很
有价值的、讨论选举权运动的论文集，Marjorie Spruill Wheeler,
ed. , *One Woman, One Vote*: *Rediscovering the Woman Suffrage Move-*

ment（Troutdale, Oregon, 1995）和 Jean H. Baker, ed. , *Votes for Women*：*The Struggle for Suffrage Revisited*（New York, 2002）。

社会改革

有关管控社会的尝试，参见 Morton Keller, *Regulating a New Society*：*Public Policy and Social Change in America, 1900 – 1933*（Cambridge, Massachusetts, 1994）。另见 Christine Stansell, *American Moderns*：*Bohemian New York and the Creation of a New Century*（New York, 2001），探讨了对社会控制的反应。Ruth Rosen, *The Lost Sisterhood*：*Prostitution in America, 1900 – 1918*（Baltimore, 1982），和 Ruth Bordin, *Women and Temperance*：*The Quest for Liberty and Power, 1873 – 1900*（Philadelphia, 1981），则论述了女性行动主义的各个具体方面。Kathryn Kish Sklar, "Two Political Cultures in the Progressive Era：The National Consumers' League and the American Association for Labor Legislation," 被收入 Linda Kerber, Alice Kessler-Harris, and Kathryn Kish Sklar, eds. , *U. S. History as Women's History*：*New Feminist Essays*, 36 – 62（Chapel Hill, 1997）。另一个有关妇女和政治行动主义的论文专辑被收入 Louise Tilly and Patricia Gurin, *Women, Politics, and Change*（New York, 1990）。

教育与改革

有关进步主义教育改革最好的两部著作是 Kevin Mattson, *Creating a Democratic Public*：*The Struggle for Urban Participatory Democracy During the Progressive Era*（Pittsburgh, 1998）和 William J. Reese, *Power and the Promise of School Reform*：*Grassroots Movements During the Progressive Era*（New York, 2002）。前者讨论了

以民主主动性和参与政治为基础的社会中心运动，后者提出"新女性"对学校改革至关重要。Victoria Getis, *The Juvenile Court and the Progressives*（Urbana, Illinois, 2000）则提到了针对儿童福利的进步主义努力。

进步主义的起源

239 　　关于进步主义的起源和通史，请参见 Robert Cherney, *American Politics in the Gilded Age, 1868 - 1900*（Wheeling, Illinois, 1997）；Richard L. McCormick, "The Discovery That Business Corrupts Politics: A Reappraisal of the Origins of Progressivism," *American Historical Review* 86（1981）: 247 - 274。关于大众政治和公共政策，参见 Alexander Keyssar, *The Right to Vote: The Contested History of Democracy in the United States*（New York, 2000）。对政治结构和制度的深入研究，参见 Richard L. McCormick, *The Party Period and Public Policy: American Politics from the Age of Jackson to the Progressive Era*（New York, 1986）；以及 Michael McGerr, *The Decline of Popular Politics: The American North, 1865 - 1928*（New York, 1986）。有关 1912 年选举，参见 James Chace, *1912: Wilson, Roosevelt, Taft and Debs-The Election that Changed the Country*（New York, 2004）。

商业和政治

　　详细阐述商业和政治的专门研究，同时也是监管和改革政策研究的良好起点，请参见 Gabriel Kolko, *The Triumph of Conservatism: A Reinterpretation of American History, 1900 - 1916*（New York, 1963）。Kolko 认为，企业是政府监管的主要受益者，企业领导人利用政府来消除不公平竞争。另见 Gabriel Kolko, *Rail-

roads and Regulation, *1877 – 1916*（Princeton, 1965），该书试图证明铁路限制监管是为了自身利益的理论。James Weinstein, *The Corporate Ideal in the Liberal State*, *1900 – 1918*（Boston, 1968）则认为，进步改革是企业精英手中操纵的工具。Robert H. Weibe, *Businessmen and Reform*：*A Study of the Progressive Movement*（Cambridge, Massachusetts, 1962），研究了商人与改革之间的关系。Weibe 如今的代表性研究将中产阶级描述为组织者，否定了先前认为商人是执着的个人的说法。Albro Martin, *Railroads Triumphant*：*The Growth*，*Rebirth*，*and Rejection of a Vital American Force*（New York, 1992）也对 Kolko 的理论提出了质疑。Martin 认为铁路企业并没有从监管中受益。Stephen Breyer, *Regulation and Its Reform*（Cambridge, Massachusetts, 1982），质疑了商业行为是否是腐败。Thomas McCraw, *Prophets of Regulation*：*Charles Frances Adams*，*Louis D. Brandeis*，*James M. Landis*，*Alfred E. Kahn*（Cambridge, Massachusetts, 1984），阐释了公众对企业监管的态度，以及政府对企业监管所采取的行动。McCraw 在"Regulation in America：A Review Article，"*Business History Review*（1975）中提出了一种所谓对监管的多元解释，即公众和企业都从政府以监管形式对经济的干预中受益，而不是其中的一方或另一方。

240

Louis Galambos, *The Rise of the Corporate Commonwealth*：*U. S. Business and Public Policy in the Twentieth Century*（New York, 1988）和 Martin Sklar, *The Corporate Reconstruction of American Capitalism*, *1890 – 1916*：*The Market*，*the Law*，*and Politics*（New York, 1988），描述了企业自由主义的支持者（福利资本主义）同进步自由主义支持者（公共政府监管）之间的争论。另见 Earl Daniel Saros, *Labor*，*Industry*，*and Regulation during the Progressive Era*（New York, 2009），该书认为 1893 年大萧条后形成

的兼并浪潮使得那些在经济衰退中幸存下来的企业面对的竞争有所减少。还有 Douglas Steeples and David Whitten, *Democracy in Desperation: The Depression of 1893* (Westport, Connecticut, 1998)。James Livingston, *Origins of the Federal Reserve System: Money, Class, and Corporate Capitalism, 1890 – 1913* (Ithaca, New York, 1986) 则有助于阐释企业资本主义的历史。

激进的劳工

对激进劳工活动的描述包括 Melvyn Dubofsky, *Hard Work: The Making of Labor History* (2000); Melvyn Dubofsky, *We Shall be All: A History of the Industrial Workers of the World* (Urbana, Illinois, 2000, reprint ed.); 以及 Rosemay Feurer, *Radical Unions in the Midwest, 1900 – 1950* (Urbana, Illinois: University of Illinois Press, 2006)。Cindy Hahamavitch, *The Fruits of Their Labor: Atlantic Coast Farmworkers and the Making of Migrant Poverty, 1870 – 1945* (Chapel Hill, 1997) 一书讨论了北方农民和民粹主义者。有关农民生活的详情，请参阅 Hal S. Barron, *Mixed Harvest: The Second Great Transformation in the Rural North, 1870 – 1930* (Chapel Hill, 1997)。另见 Sarah Elbert, "Women and Farming: Changing Structures, Changing Roles," in Wava G. Haney and Jane B. Knowles, eds. , *Women and Farming: Changing Roles, Changing Structures* (Boulder, Colorado, 1988)。

劳工与政治

对进步时代劳工政治参与的记述包括 Roy Lichtenstein, *State of the Union: A Century of American Labor* (Princeton, 2003); Mark Karson, *American Labor Unions and Politics, 1900 – 1918* (Carbon-

dale, Illinois, 1958）；以及 Julie Greene, *Pure and Simple Politics*：
The AF of L. 1881 – 1915（New York, 1997）。另见 Eric Arneson,
Julie Greene, and Bruce Laurie, eds. , *Labor Histories*：*Class*, *Poli-
tics*, *and the Working Class Experience*（Urbana, Illinois, 1988）。记
录政治舞台上早期劳工活动的著作包括 Leon Fink, *Workingmen's
Democracy*：*The Knights of Labor and American Politics*（Urbana, Illi-
nois, 1983）；Irvin Yellowitz, *Labor and the Progressive Movement in
New York State*, *1897 – 1916*（Ithaca, New York, 1965）；and Leon
Fink, *In Search of the Working Class*：*Essays in American Labor Histo-
ry and Political Culture*（Urbana, Illinois, 1994）。另见 Philip
S. Foner, *History of the Labor Movement in the United States*, Vol. 3,
The Policies and Practices of the American Federation of Labor, *1900 –
1909*（New York, 1981, 4th ed. ）, and Vol. 5, *The American Feder-
ation of Labor in the Progressive Era*。关于劳工和政治的具体研究,
请参见 Melvyn Dubofsky, *When Workers Organize*：*New York City in
the Progressive Era*（Amherst, Massachusetts, 1968）。

政治与改革

关于政治与改革的关系, 请参见 David Southern, *The Pro-
gressive Era and Race*：*Reaction and Reform*, *1900 – 1917*（Wheel-
ing, Illinois, 2005）；Kenneth Finegold, *Experts and Politicians*：*Re-
form Challenges to Machine Politics in New York*, *Cleveland*, *and Chi-
cago*（Princeton, 1995）；以及 Martin J. Schiesl, *The Politics of Effi-
ciency*：*Municipal Administration and Reform in America*, *1880 – 1920*
（Berkeley, 1997）。另见 Thomas Goebel, *A Government by the Peo-
ple*：*The Initiative and Referendum in America*, *1890 – 1940*（Chapel
Hill, 2002）。

242

公民的关注点与公民权

关于公民意识和进步时代的公民权，参见 J. Joseph Huthma-cher, "Urban Liberalism in the Age of Reform," *Mississippi Valley Historical Review* 44 (1962)：231 - 241。该文表明城市少数族裔工人是多么想要参与政治和实施改革。John D. Buenker, *Urban Liberalism and Progressive Reform* (New York, 1973), 进一步阐述了这一观点。关于种族与进步改革，参见 James J. Connolly, "Progressivism and Pluralism," in Michael Grossberg, Wendy Gamber, and Hendrik Hartog eds. , *American Public Life and the Historical Imagination* (South Bend, 2003)。与此同时，本土主义和反移民情绪展现出了进步主义的黑暗面，包括迪林厄姆委员会、美国化计划和拟议的读写能力测试。参见 Robert F. Zeidel, *Immigrants, Exclusion and Progressive Politics：The Dillingham Commission, 1900 - 1927* (DeKalb, 2004)。关于正反两个方面，参见 Rogers M. Smith, *Civic Ideals：Conflicting Visions of Citizenship in U. S. History* (New Haven, 1997)。另见 Morton Keller, *Regulating a New Society：Public Policy and Social Change in America, 1900 - 1933* (Cambridge, Massachusetts, 1994), and Roger Daniels, *Guarding the Golden Door：American Immigration Policy and Immigration since 1882* (2004)。

第四章　展望未来：进步主义与现代生活转型，1912—1917

消费主义

对于制造消费文化的理解，参见 Lawrence B. Glickman, *A*

Living Wage：*American Workers and the Making of a Consumer Society*（Ithaca，New York，1997）；Susan Strasser，*Satisfaction Guaranteed*：*The Making of the American Mass Market*（New York，1989）；以及Andrew Heinze，*Adapting to Abundance*：*Jewish Immigrants*，*Mass Consumption*，*and the Search for American Identity*（New York，1990）。关于消费者保护和人性化产业的根源，参见 Landon Storrs，*Civilizing Capitalism*：*The National Consumers' League*，*Women's Activism*，*and Labor Standards in the New Deal*（Chapel Hill，2000）。另见 Lendol Calder，*Financing the American Dream*：*A Cultural History of Consumer Credit*（Princeton，1999）。

福利资本主义

Stuart Brandes，*American Welfare Capitalism*，*1880 – 1940*（Chicago，1984，2nd ed.）和 Sanford M. Jacoby，*Modern Manors*：*Welfare Capitalism since the New Deal*（Princeton，1997）都讨论了福利资本主义。Jacoby 分析福利资本主义，认为它就是城市制造业经济将工人从传统的家庭和社区支持中分离出来。另见 Sanford M. Jacoby，*Employing Bureaucracy*：*Managers*，*Unions and the Transformation of American Work in American Industry*，*1900 – 1945*（New York，1985）和 Stephen Meyer，*The Five Dollar Day*：*Labor Management and Social Control in the Ford Motor Company*（Albany，1981）。

企业政策与劳工

有关企业劳工政策对工人的影响，包括科学管理、技术变革、公司工会主义和福利资本主义，参见 Sanford M. Jacoby，*Modern Manors Welfare Capitalism since the New Deal*（Princeton，

1998）。该书分析了福利资本主义，即城市制造业经济将工人从传统的家庭和社区支持中分离出来。公司提供家长式的福利，如食堂、诊所、住房和股票期权，这样它们就可以建立一个稳定可靠的劳动力群体。参见 Nikki Mandell, *Corporation as Family*: *Gendering of Corporate Welfare, 1890 - 1930* (Chapel Hill, 2002)；Andrea Tone, *The Business of Benevolence* (Ithaca, New York, 1997)；以及 Gerald Zahavi, *Workers, Managers, and Working Class*: *Shoeworkers and Tanners of Endicott Johnson, 1890 - 1950* (Urbana, Illinois, 1998)。有关工作场所安全的历史记录，参见 Donald Rogers, *Marking Capitalism Safe*: *Worker Safety and Health Regulation in America, 1880 - 1940* (Urbana, Illinois, 2010)。

政府政策与劳工

劳工史学家最新的一个研究领域包括州法律和政府政策对工人及其运动的影响。参见 Bruno Ramirez, *When Workers Fight*: *The Politics of Industrial Relations in the Progressive Era, 1898 - 1916* (Westport, Connecticut, 1978)。Joseph McCartin, *Labor's Great War*: *The Struggle for Industrial Democracy and the Origins of Modern Labor Relations, 1912 - 1921* (Chapel Hill, 1998)，则记述了第一次世界大战期间日益加剧的劳工斗争。请参阅 Melvyn Dubofsky, *The State and Labor in Modern America* (Chapel Hill, 1994)；Graham Adams, Jr., *Age of Industrial Violence, 1910 - 1915*: *The Activities and Findings of the United States Commission on Industrial Relations* (New York, 1966)；以及 Christopher Tomlins, *The State and the Unions*: *Labor Relations, Law and the Organized Labor Movement in America, 1880 - 1960* (New York, 1985)。后者涵盖了法律与政策的各个方面。另见 Earl David Saros, *Labor, Industry, and*

Regulation during the Progressive Era（New York，2009）。Saros 认为，即使受到大公司的挑战，中小型企业仍然具有竞争力。

尽管拥有大量的劳动史料来源，Alice Kessler-Harris and J. Carrol Moody，eds.，*Perspectives on American Labor History：The Problems of Synthesis*（DeKalb，Illinois，1989），仍然强调该领域一直缺乏全面的综合性研究。

乡村生活

乡村生活运动致力于学校和教堂等机构的现代化。请参见 William Bowers，*The Country Life Movement in America，1900 – 1920*（Port Washington，New York，1974）和 David Danbom，*The Resisted Revolution*（Ames，Iowa，1979）。Hal S. Barron，*Mixed Harvest：The Second Great Transformation in the Rural North，1870 – 1930*（Chapel Hill，1997）指出，许多北方乡村居民最初反对改革者所设想的那种将地方机构控制在国家手中的城市集权社会。农民（像其他许多人一样）并没有直接迈向现代生活。Elizabeth Sanders，*Roots of Reform：Farmers，Workers，and the American State，1877 – 1917*（Chicago，1999），提出了一个积极的进步主义观点，主张农民身份要比正式的党派归属更为重要，从而解决了地方主义的问题。

245

保护问题

关于进步时代的保护问题，请参见 Donald Pisani，*Water and American Government：The Reclamation Bureau，Nation Water Policy and the West，1902 – 1935*（Berkeley，2002）；David Stradling，*Conservation in the Progressive Era*（Seattle，2004）；以及 David Stradling，*Smokestacks and Progressives：Environmentalists，Engi-*

neers, *and Air Quality in America*, *1881 – 1951*（Baltimore，1991）。
Martin V. Melosi，*Effluent America*：*Cities*，*Industry*，*Energy*，*and the Environment*（Pittsburgh，2001），收录了 11 篇论文，记述了工业化与污染之间的关系，以及早期环境改革运动的兴起。Maureen Flanagan，*Seeing with Their Hearts*：*Chicago Women and the Vision of the Good City*，*1871 – 1933*（Princeton，2002），则探讨了环境保护主义与生态主义方法之间的性别差异。

社会福利政策

关于社会福利政策，参见 John H. Ehrenreich，*The Altruistic Imagination*：*A History of Social Work and Social Policy in the United States*（Ithaca，1985）。Theda Skocpol，*Protecting Soldiers and Mothers*：*The Political Origins of Social Policy in the United States*（Cambridge，1992），同 Linda Gordon，*Pitied but Not Entitled*：*Single Mothers and the History of Welfare*，*1890 – 1935*（New York，1994）一样，对美国的社会政策进行了分析，后者更从历史角度审视了公共援助。另见 Seth Koven and Sonya Michel，eds.，*Mothers of a New World*：*Maternalist Politics and the Origins of Welfare States*（New York，1993）。关于儿童保护，参见 Kriste Lindenmeyer，*"A Right to Childhood"*：*The U. S. Children's Bureau and Child Welfare*，*1912 – 1946*（Urbana，Illinois，1997），以及 Molly Ladd Taylor，*Mother-Work*：*Women*，*Child Welfare*，*and the State*，*1890 – 1930*（Urbana，Illinois，1993）。Maureen Flanagan，*Seeing with Their Hearts*：*Chicago Women and the Vision of the Good City*，*1871 – 1933*（Princeton，2002）则探讨了芝加哥妇女的政治行动主义及政策影响。

索 引 *

Abbott, Edith 阿伯特，伊迪丝　82

Abbott, Grace 阿伯特，格雷斯　102

Abramowitz, Bessie 阿布拉莫维茨，贝

  茜　117，164

Adamson Act《亚当森法》　188 – 89，205

Addams, Jane 亚当斯，简

  childhood 童年时期　73

  education 教育　73 – 74

  trip to Europe 欧洲之行　74

  founding of Hull House 建立赫尔馆

    74 – 75

  as notable reformer 知名改革家

    75，200

  National Federation of Settlements 全

    国社会服务所联合会　81

  NAACP 全国有色人种促进协会

    100

  Garbage inspector 垃圾检查员　110

  juvenile detention 少年拘留所　116

  work with labor movement 参与劳工运

    动　116 – 18

  Nobel Peace Prize 诺贝尔和平奖　200

  Playground Association of America 美

    国游乐场协会　111

  Progressive Party delegate 进步党代表

    180，183

  suffrage 选举权　118，207 – 08

advertising 广告　27，30 – 32，34，42，

  54，148，166 – 67，179

Affordable Care Act《平价医疗法》　210

agrarians 农民党派成员　105

agribusiness 农业企业　14

  也见 farming, commercial 农业，商业

alcohol 酒　7，69，71，100，206

Alger, Horatio 阿尔杰，霍雷肖　26

Aluminum Company of America（AL-

  COA）美国铝业公司　35

Altgeld, John Peter 奥尔特盖尔德，约

---

* 索引中页码为原著页码，在本书中为页边码。——译者注

翰·彼得 43, 111, 128

Amalgamated Association of Iron, Steel, & Tin Workers 钢铁锡工人联合会 6, 43

Amalgamated Clothing Workers of America 美国服装工人联合会 117, 164

American Anti-Boycott Association 美国反抵制联合会 94

American Association of Labor Legislation (AALL) 美国劳动立法协会 87

American Association of University Professors (AAUD) 美国大学教授协会 90

American Bar Association 美国律师协会 95

American Birth Control League 美国生育控制联盟 86, 203

American Civil Liberties Union 美国公民自由联盟 197, 200

American Federation of Labor (AFL) 美国劳工联合会 11, 38 – 39, 43 – 46, 88, 97, 119, 183

American League for Civic Improvement 美国城市改善联盟 147

American Medical Association (AMA) 美国医学协会 83

American Protective Association 美国保护协会 51

American Railway Union (ARU) 美国铁路联盟 7, 44, 204

American Woolen Company textile strike 美国毛纺公司纺织工人罢工

154, 177

Americanize 美国化 22 – 23, 40, 77, 86, 173

amusement parks 游乐园 53, 78

也见 Coney Island 科尼岛

anarchists 无政府主义者 6, 43 – 44, 97 – 98, 138

Andrews, John B. 安德鲁斯，约翰·B. 207, 216

Anthony, Susan B. 安东尼，苏珊·B. 69, 108

anti-immigrant sentiment 反移民情绪 51, 102

anti-union sentiment 反工会情绪 99, 151, 177

use of court injunction 使用法院禁令 159

Armour, Philip 阿穆尔，菲利普 12, 32

Armstrong, William 阿姆斯特朗，威廉 44

insurance investigations 保险调查 151

Automobiles 汽车 24, 43, 109, 181, 167 – 69, 196

Ford 福特 168

Olds 奥兹 168

Bailey, Liberty Hyde 贝利，利伯蒂·海德 139

Baker, Paula 贝克，保拉 76

Baker, Ray S. 贝克，雷·S. 61, 63

railroad strikes 铁路罢工 60 – 61

railroad trusts 铁路托拉斯 59

Ballinger, Richard 巴林杰，理查德
163 – 64

Barron, Hal S. 巴伦，哈尔·S. 17

Battle Creek, Michigan 巴特克里市，密
歇根州 33

Bender, Thomas 本德，托马斯 9

Bellamy, Edward 贝拉米，爱德华
185, 203

Berkman, Alexander 伯克曼，亚历山大
44, 98

Binghamton Clothing Company 宾厄姆顿
服装公司 177

birth control 生育控制 85 – 86, 98

Birth of a Nation《一个国家的诞生》
102

Blackford, Mansel 布莱克福德，曼塞尔
26

black-lung disease 黑肺病 120, 122

blacklist 黑名单 94

Blanck, Max 布兰克，马克斯 175

Blumberg, Joan 布隆伯格，琼 90

Boris, Eileen 鲍里斯，艾琳 133

bosses 老板 6, 20, 40, 60, 75, 141 –
44, 150, 199

Bowen, Louise DeKoven 鲍温，路易丝·
德科文 116

boycott 抵制行动 5, 44, 94, 97, 156

"Bread and Roses Too" "面包和玫瑰"
154

Bryan, William Jennings 布莱恩，威廉·

詹宁斯 104 – 105

Brandeis, Louis 布兰代斯，路易斯
129, 143, 161, 185

Breckinridge, Sophonisba 布雷肯里奇，
索福尼斯巴 82

Brody, David 布罗迪，大卫 22

Buck's Stove and Range Company 巴克炉
灶公司 156

Bunting v. Oregon 邦廷诉俄勒冈州案
198

Bureau of Corporations 公司管理局
182, 189

Bureau of Mines 矿务局 123

Burnham, Daniel 伯纳姆，丹尼尔 2,
145, 147

Bush, George W. 布什，乔治·W. 209

business, big 大企业 33 – 35
foreign investments 海外投资 36
mergers 兼并 31, 37 – 38, 168,
170, 182
monopolies 垄断 36 – 38, 51, 103,
182, 210
trusts 托拉斯 12, 57, 59, 181, 187
business, small 小企业 24 – 26
business leaders 企业领导人 44, 56,
78 – 79, 93 – 96, 105, 118, 139,
144, 151 – 52, 163, 184, 188 –
190, 199 – 200, 205
也见 individual businessmen 个体商人

capitalism 资本主义 66, 97, 153,

155，185，190，210

Carnegie, Andrew 卡内基，安德鲁　6，
　37，43 - 44，53 - 54，83，93，98，
　123，165，170，199，203

catalogs, mail order 商品目录，邮购
　18，29

Catt, Carrie Chapman 凯特，嘉莉·查
　普曼　101

Chamber of Commerce（美国）商会
　95，151

Chandler, Alfred 钱德勒，阿尔弗雷德
　37，171

charity work 慈善工作　7，10，67 - 70，
　73，79，204

　　hospitals 医院　85，90

　　Baltimore Charity Organization 巴尔的
　　　摩慈善组织　82

　　Cleveland Charity Organization Society
　　　克利夫兰慈善组织协会　70

　　New York Charity Organization 纽约慈
　　　善组织　81

Chase, Margaret 蔡斯，玛格丽特　172

Chautauqua movement 肖托夸运动　138

Chicago 芝加哥

　　growth of 芝加哥的发展　2

　　The Levee 莱维区　21

　　Near West Side 近西区　75，99，200

　　Nineteenth Ward 十九区　78，110

　　Packingtown 肉类加工厂　62 - 63

Chicago World's Fair 芝加哥世界博览会
　见 World's Columbian Exposition 世界哥
　伦布博览会

child labor 童工　7 - 8，41，46，57，
　67，104，110，126，128，129 - 31，
　163，180，182，188 - 89，197 -
　98，203

child labor legislation 童工立法　200，
　203，206

　　也见 Keating-Owen Act《基廷 - 欧文
　　　童工法》　188 - 89，206

Children's Bureau 儿童事务局　132，
　179，205 - 06

cities 城市

　　conditions of life in 城市生活状况
　　　18 - 23

　　influx of immigrants 移民的涌入　11，
　　　118 - 20

　　pollution 污染　112

　　reforms in 城市改革　59 - 60，145 - 48

　　也见 individual names of cities 城市
　　　人物

City Beautiful Movement 城市美化运动
　146 - 47

City Commission Plan 城市委员会制
　145

City Manager Plan 城市经理制　144

Civil Rights 民权　5，9，12，206，209

Clayton Antitrust Act《克莱顿反托拉斯
　法》　95，159，186 - 88，190，206

Cleveland, Grover 克利夫兰，格罗弗
　11，22，39，104

　　Presidential administration 总统行政

部门　25，39，45

Cleveland, Ohio 克利夫兰，俄亥俄州
70，99，106 - 07，135

Coca-Cola 可口可乐　30，36

colleges 大学　89 - 90，92，140

Commons, John R. 康芒斯，约翰·R.
206

communication 通讯　36，59，171，194

compulsory attendance laws 义务教育法
133

Comstock, Anthony 康斯托克，安东尼
85

Coney Island 科尼岛　78

conspicuous consumption 炫耀性消费
166

consumer credit 消费信贷　112，167

consumers 消费者　3，18，28，53 - 54，
109，114，128，150，165 - 68，171，
187，195 - 96

Country Life Commission 乡村生活委员
会　139 - 140

Coxey, Jacob 科克塞，雅各布　6，39，
61，104

Crane, Caroline B. 克莱恩，卡罗琳·
B.　113

Croly, Herbert 克罗利，赫伯特
164，200

Danbury Hatters 丹伯里帽业工会　156

dance halls 舞厅　51，78，92，170

Davidson, James 戴维森，詹姆斯　149

Davis, Allen 戴维斯，艾伦　180，197

Debs, Eugene 德布斯，尤金　7，44 -
45，153，179，185，204

Democratic Party 民主党　96，104，
143，208

Department of Justice 司法部　63，181

Depression of 1893 1893 年经济大萧条
6 - 7，24 - 25，37 - 38，46，51，95，
139，165，203

Dewey, John 杜威，约翰　67 - 68，
134 - 36

Dillingham Commission 迪林厄姆委员
会　102，183

Diner, Stephen 迪纳，斯蒂芬　80，200

dry goods 干货　17

Dubofsky, Melvyn 杜波夫斯基，梅尔
文　10，14，90 - 97

DuBois, W. E. B. 杜布瓦，W. E. B.
200，210

Dupont Chemicals 杜邦化工　37，165，
181，200

Eastman, George 伊士曼，乔治　99

Eastman Kodak Company 伊士曼柯达公
司　137，172 - 73

Eastman, Crystal 伊士曼，克丽丝特
尔　126

eight-hour day 八小时工作日　42，46，
72，124，128，157，179，183，189，
192，208

elections, presidential 总统选举

1908 159

1912 153，159，178，181，185，204 – 05

1916 189 – 90

Elkins Act《埃尔金斯法》　181，184

energy 能源

　coal 煤炭　24，110，122

　electricity 电力　3，19，24，115，
　　170，194

　kerosene 煤油　17，35 – 36，110，
　　169

　natural gas 天然气　116

　oil 石油　24，35 – 37，61，165，
　　167，194

　也见 lighting 照明

Equal Pay Act《同酬法》　209

Erdman Act《埃德曼法》　157，204

ethnic fraternal orders 民族兄弟会　50

eugenics 优生学　87，100，203

evening schools 夜校　135

factory inspection 工厂检查　97，120 –
　21，126，128，176，200

Factory Investigating Commission（FIC）
　工厂调查委员会　124，176

Fair Paycheck Act《公平薪酬法》　209

Family Medical Leave Act《家庭医疗休
　假法》　209

Farm Loan Act《农业贷款法》　188

farms 农场

　children on 农场的孩子　16

　commercial 商业农场　14 – 15，32

migration 移居　18

transformation of 转型　15，17 – 18

farmers 农民　3，12，14 – 18，25，34 –
　35，103 – 05，139 – 41，149，165，
　187 – 89，211

Farmers' Alliance 农民联盟　18，103

Federal Bureau of Labor Statistics 联邦劳
　工统计局　120

Federal Reserve Act《联邦储备法》
　186 – 190

Federal Reserve Board 联邦储备委员会
　187

Federal Trade Commission（FTC）联邦
　贸易委员会　95，184

Flanagan，Maureen 弗拉纳根，莫林　72

flappers 摩登女郎　92 – 93

Flexner Report《弗莱克斯纳报告》　83

Flynn，Elizabeth Gurley 弗林，伊丽莎
　白·格利　154

Ford，Henry 福特，亨利　3，32，53，
　168 – 69，190

Ford Motor Company 福特汽车公司
　168 – 69

Fundamentalists 原教旨主义者　65 –
　67，199

garment industry 服装业　2，42，57，
　98，128

General Electric 通用电气　37，165，
　170

General Federation of Women's Clubs

（GFWC）妇女社团总联合会 11，72，114-15，144

General Managers' Association 总经理协会 45

General Slocum 斯洛克姆将军号（船舶名） 159

Gibson, Charles Dana 吉布森，查尔斯·丹娜 47

"Gibson Girls" "吉布森女孩" 47-48

Gilded Age 镀金时代 6，211

Gilman, Charlotte Perkins 吉尔曼，夏洛特·珀金斯 99

Gilmore, Glenda 吉尔摩，格伦达 56

Gladden, William 格拉登，威廉 66-67

Goldman, Emma 高曼，艾玛 97-98，203

Goler, William 戈勒，威廉 113

Gompers, Samuel 龚帕斯，塞缪尔 39，45-46，88，101，152，155-59

Good Government Movement 好政府运动 141，143-44，147

Goodyear Tire and Rubber 固特异轮胎橡胶公司 165

Grange 格兰其运动 18，29，103

Great Atlantic and Pacific Tea Company（A δ P）大西洋与太平洋茶叶公司 28

"club plan" "俱乐部计划" 28-29

Great Depression 大萧条时期 6，55，182

Great Migration 大迁徙 4

Greeley, Horace 格里利，霍勒斯 59

Green, Adolphus 格林，阿道弗斯 31

"greenhorns" "新手" 40

Greenwald, Richard 格林沃尔德，理查德 176

Hamilton, Alice 汉密尔顿，爱丽丝 125

Harriman, E. H. 哈里曼，E. H. 170

Harris, Isaac 哈里斯，艾萨克 175

Harrison, Carter 哈里森，卡特 Chicago Mayor 芝加哥市长 6，21

Haymarket Square 秣市广场 6，42-43，46，98，102

Haywood, Bill 海伍德，比尔 153

health insurance 健康保险 87-88，203，210

Hearst, Randolph 赫斯特，伦道夫 59，64

Heinz, John 海因茨，约翰 32，173

Henrotin, Ellen 亨罗廷，艾伦 5

Henry Street Settlement 亨利街社区中心 75，77，80，85，87，113，132

Hepburn Act《赫本法》 63，182

high schools 高中 91，135

Hill, James J. 希尔，詹姆斯·J. 170

Hillis, Robert 希利斯，罗伯特 179

Hillman, Sidney 希尔曼，西德尼 117，161

Hine, Lewis Wickes 海恩，路易斯·威克斯 41，47，122，132

Hofstadter, Richard 霍夫施塔特，理查德 96

Homestead Strike 霍姆斯特德钢铁工人大罢工 6, 43 - 44, 98

homework, industrial 居家工作，工业 47, 132 - 33

horizontal integration 横向一体化 35 - 36, 170

Howells, William Dean 霍威尔斯，威廉·迪安 26

Hughes, Charles Evans 休斯，查尔斯·埃文斯 190

Hull House 赫尔馆 5, 75 - 76, 79, 82, 102, 109 - 11, 115 - 18, 125, 127, 132, 136, 163, 203

Illinois Occupational Disease Act of 1911 《1911 年伊利诺伊州职业病法》 125

"Immigrant Problem" "移民问题" 99 - 100

Immigrant Protection League 移民保护联盟 102

Immigrants 移民 3, 7, 10, 12, 19, 22 - 23, 40 - 41, 48, 50 - 51, 53 - 54, 64, 75, 77 - 78, 81, 85, 101 - 02, 105, 111, 118, 120, 130, 136, 142, 173 - 74, 183, 195 - 96, 199 - 200, 202

 education of 移民教育 91, 135

 Italian 意大利移民 48, 77, 119

 Jewish 犹太移民 72, 119

 new wave from Southern and Eastern Europe 来自南欧和东欧的移民新浪潮 124, 137, 183

 Polish 波兰移民 119

 也见 Dillingham Commission 迪林厄姆委员会

industrial accidents 工业事故 112, 124, 126

industrial citizenship 工业公民权 208

industrial diseases 工业疾病

 black lung disease 黑肺病 120, 122

 cotton-mill anemia 棉纺厂贫血症 125

 lead poisoning 铅中毒 125

Industrial Relations Commission 劳资关系委员会 177 - 78, 184, 191, 203

industrial unionism 工联主义 44 - 45, 69, 161, 179

Industrial Workers of the World (IWW) 世界产业工人联盟 97, 130, 153 - 55

Industrialization 工业化 8, 10, 13, 56, 58, 66, 74, 89, 107, 137, 179, 196

initiative 倡议 99, 145, 163, 205

insurance company scandals 保险公司丑闻 151

 也见 Armstrong, William 阿姆斯特朗，威廉

International Harvester 国际收割机公司 86, 165, 170, 184

International Ladies Garment Workers Union (ILGWU) 国际女装工人联合

会　161

Interstate Commerce Commission 州际商务委员会　63, 122, 179, 182, 184, 204

James, William 詹姆斯，威廉　67

Johnson, Hiram 约翰逊，海勒姆　150

Johnson, Tom Loftin 约翰逊，汤姆·洛夫丁　99

Jones, Mother Mary 琼斯，修道院院长玛丽　130 – 31

The Jungle《屠宰场》　32, 63

Kelley, Florence 凯利，弗洛伦斯　109, 115, 131 – 33

　childhood 童年　127

　factory inspection 工厂检查　128

　Hull House Maps and Papers《赫尔馆地图与文件》　110

　labor unions 工会　116

　protective labor legislation 劳动保护立法　127, 129

　National Consumers' League 全国消费者联盟　128

Kellogg, John 凯洛格，约翰　33

Kellogg, William 凯洛格，威廉　33

Kessler-Harris, Alice 凯斯勒 – 哈里斯，爱丽丝　46

kindergartens 幼儿园　71, 114, 133

Ku Klux Klan（KKK）三 K 党　102

Knights of Labor（KOL）劳工骑士团　43, 97, 104, 120, 130

labor conflicts 劳资冲突　20, 45

Labor Day 劳动节　22, 46

labor unions 工会　4, 6, 11, 32, 43, 46, 49, 66, 94 – 97, 101, 114, 116 – 117, 119 – 120, 122, 125 – 26, 143, 151 – 53, 155 – 62, 164, 173, 177, 179, 201, 206

　也见 individual labor unions 独立工会

labor's Bill of Grievances《劳工不满法案》　156 – 59

LaFollette, Robert 拉弗莱特，罗伯特　60, 148 – 50, 188

　也见 Wisconsin Idea 威斯康星理念

Lathrop, Julia 拉斯罗普，朱莉娅　82, 132

Lawrence Strike 劳伦斯罢工　见 American Woolen Company 美国毛纺公司

leisure time 闲暇时间

　children 儿童　23

　men 男人　22

　women 女人　23

　也见 amusement parks, dance halls, movie theaters, sports, vaudeville 游乐园，舞厅，电影院，运动，杂要表演

librarians 图书管理员　82, 91 – 92

Licht, Walter 利希特，沃尔特　96

lighting 照明　17, 19, 27 – 28, 36, 40, 100, 127, 145, 170

Lilly Ledbetter Fair Pay Act《莉莉·莱

德贝特公平薪酬法》　209

Lincoln Highway 林肯高速路　169

Link，Arthur 林克，亚瑟　162，198，
204

Lippmann，Walter 李普曼，沃尔特
167，200

Lister，Joseph 李斯特，约瑟夫　83

Lochner v. New York "洛克纳诉纽约案"
129

lynching 私刑　49，61，72，100，197，
202

Lynd，Helen and Robert，林德，海伦及
罗伯特　193

machine politics 机器政治　141 - 43，
152，191

也见 Tammany Hall 坦慕尼厅

Macy，Roland 梅西，罗兰　27 - 28

Marshall Field's 马歇尔·菲尔德百货
27

Marx，Karl 马克思，卡尔　97，152

maximum hour legislation 最高工时立法
72，131，178，189，206

Mead，George Herbert 米德，乔治·赫
伯特　68

Meat Inspection Act《肉类检验法》
182，197，206

mechanization 机械化

on farms 农场机械化　14

in industry 工业机械化　31

Mellon，Andrew 梅隆，安德鲁　35

mental illness 精神疾病　87

McClure，Samuel 麦克卢尔，塞缪尔　59

McCormick，Katherine 麦考密克，凯瑟
琳　86

McCormick Reaper 麦考密克收割机
2，42

McCormick，Richard 麦考密克，理查德
12，204

McDowell，Mary 麦克道尔，玛丽　82

McGuffey's Ecletic Readers《麦加菲综合
读本》　17

McKinley，William 麦金利，威廉

Assassination of 遇刺　180

Ohio Governor 俄亥俄州州长　104

President 总统　105，151

middle-class 中产阶级　19，23，26，
50，53，56，65，69，72，76，78，80 -
81，93，99，104，114，118，138，
142，161，166 - 67，197，202

Miller，Lewis 米勒，路易斯　138

minimum wage legislation 最低工资立法
131，180，198，206

milk 牛奶　16，53

municipal depots 城市奶库　113

safety campaigns 安全运动　76，85，
113

mining 采矿　123，160，182，184，190，
206

conditions in 采矿业状况　122 - 23

Mitchell，John 米切尔，约翰　157

Model City Charter 模范城市宪章　144

modern welfare state 现代福利国家 55, 209

Monongah, West Virginia 莫农加, 西弗吉尼亚州

　mining disaster 矿难　10, 123, 174

Montgomery Ward's 蒙哥马利·沃德零售邮购公司　2, 29, 117

Morgan, J. P. 摩根, J. P.　165, 170, 187, 190

mother's pensions 母亲津贴　115

　也见 Sheppard-Towner Maternity and Infant Protection Act《谢泼德-汤纳母婴保护法》

Moody, Dwight L. 穆迪, 德怀特·L.　71

movie theaters 电影院　52

　也见 nickelodeons 五分钱戏院

Mowry, George 莫里, 乔治　56

muckrakers 扒粪者　38, 57 - 61, 64, 93, 161, 171, 206

mugwumps 独立派　141

Muller v. Oregon "穆勒诉俄勒冈案"　129, 161, 206

Mumford, Mary 曼福德, 玛丽　144

mutual aid societies 互助会　78, 142

Nabisco 纳贝斯克公司　31

National Association for the Advancement of Colored People (NAACP) 全国有色人种促进协会　100, 197

National American Women's Suffrage Association (NAWSA) 全美妇女选举权协会　118

National Association of Colored Women 全国有色妇女联合会　72

National Association of Manufacturers (NAM) 全国制造商协会　94 - 95

National Biscuit Company 全国饼干公司 见 Nabisco 纳贝斯克公司　31 *

National Child Labor Committee (NCLC) 全国童工委员会　131, 188, 197

National Civic Federation 全国公民联合会　95, 104, 153

National Conference of Charities and Corrections (NCCC) 全国慈善与矫正大会　86

National Consumers' League (NCL) 全国消费者联盟　128, 197

National Council of Jewish Women 犹太妇女全国委员会　72

National Federation of Settlements (NFS) 全国社会服务所联合会　79, 197

National Housing Association 全国住房协会　101

National Labor Union 全国劳工联盟　45

National Municipal League 全国市政联

盟 143 – 45

National Park Service 国家公园服务体系 188

National Urban League 全国城市联盟 101

National Women's Trade Union League（NWTUL）全国妇女工会联盟 114，160，197，207

Native Americans 土著美国人 9，15

native-born Americans 本土美国人 22，38，47 – 48，51，53，64 – 65，99，102，119 – 20，124，135，139，195，202

Nativists 排外主义者 12，101 – 02，143

New Deal 新政 128，204，208 – 09

New Freedom 新自由主义

见 Woodrow Wilson 伍德罗·威尔逊

New Nationalism 新民族主义

见 Theodore Roosevelt 西奥多·罗斯福

new women 新女性 92 – 93

New York City 纽约 20，26 – 29，41，52，59，80，87，102，107，118，135，146，159，174

Bowery 鲍厄里 21

Hell's Kitchen 地狱厨房 67

Lower East Side 下东区 21

nickelodeons 五分钱戏院 52

也见 movie theaters 电影院

normal schools 师范学校 91

Northern Securities 北方证券 158，170，182

nurses 护士 85，88，91 – 92，112，133

Obama, Barack 奥巴马，贝拉克 209

Occupy Wall Street 占领华尔街运动 210

Olmstead, William Law 奥姆斯特德，威廉·劳 144，146

Olney, Richard 奥尔尼，理查德 45

Palmer, Bertha 帕尔默，贝莎 5

parks 公园 23，53，78 – 79，111，146，148，170，195，198，200

patent medicines 专利药品 17，83

patents 专利 37，166

Paterson, New Jersey Silk workers' strike 新泽西州帕特森丝绸工人大罢工 155，190

Payne-Aldrich Act《佩恩 – 奥尔德里奇法》152，184

Pemberton, John 彭伯顿，约翰 30

penny lunch programs 便士午餐计划 87，134

Perkins, Frances 珀金斯，弗朗西丝 174，177，203，209

People's Institute 民众学院 136

Phillips, David Graham 菲利普斯，大卫·格雷厄姆 60 – 61，63

Pinchot, Gifford 平肖，吉福德 184

Pingree, Hazen 平格里，哈森 60，98 –

99，198

Pinkerton Detective Agency 平克顿侦探局　43 – 44

Pittsburgh Survey《匹兹堡调查》112，126

Playground Association of America 美国游乐场协会　111

playgrounds 游乐场　77，79，131，198，200

Plessy v. Ferguson"普莱西诉弗格森案"6，202

Populism 民粹主义　7，11，191

Post, Charles William 波斯特，查尔斯·威廉　33

Porter, Glenn 波特，格伦　34

Postum Cereal Company 波斯敦麦片公司　33

poverty 贫困　7，26，49，67，69 – 70，74，76，82，209

Powderly, Terrance 鲍德利，特伦斯　45

Powers, Johnny 鲍尔斯，约翰尼　142

pragmatism 实用主义　68

　也见 James, William and Dewey, John 詹姆斯，威廉与杜威，约翰

processed foods 加工食品　31 – 32，168，196

professionalization 职业化　80 – 92

　也见 individual professions 个人职业

Progressive Party 进步党　179 – 80，204，208

Progressives 进步派

　accomplishments of 成就　177，198 – 201，205

　attitudes toward government 对政府的态度　8，54，68，127 – 28，162，164，178 – 79，197，201，203

　criticism of 批评　76 – 79

　definition of 定义　8 – 9

　methods 方法　7，57 – 63，73 – 80，109，115，118，208

　as reformers 作为改革者　21 – 22，51，80 – 91，100，106，114，120 – 51，160 – 61，167

Progressivism 进步主义

　concept of 概念　7，9 – 12，68

　duration 持续时间　10 – 11，161 – 64，191

　in rural areas 在农村地区　13 – 17

　support for 支持　54 – 59，64

　in urban areas 在城市地区　18 – 23

Prohibition 禁酒令　30，105

prostitution 卖淫　7，11 – 21，57，69，72，102，197

　white slavery,　21 *

　Everleigh Club 艾弗里俱乐部　21

protective labor legislation 劳动保护立法

---

* 原著正文中无。——译者注

115, 128, 151, 177, 191, 205

psychiatry 精神病治疗 87

Pulitzer, Joseph 普利策，约瑟夫 59

Pullman, George 普尔曼，乔治 2, 44, 99, 116

Pullman Palace Car Company Strike 普尔曼卧车公司大罢工 7, 43 – 44, 61, 104, 116, 153, 157, 185, 204

Pure Food and Drug Act《纯净食品和药品法》 31 – 32, 64, 182, 206

Quaker Oats 桂格燕麦 31, 165

racism 种族主义 7, 100

radicalism 激进主义 6, 54, 95, 97, 102, 161

Railroad Safety Appliance Act《联邦铁路安全设备法》 121, 204

railroads 铁路公司 24 – 25, 27 – 29, 34 – 36, 44 – 46, 49, 52, 59, 61, 63, 89, 94, 103, 121 – 23, 129, 149 – 50, 169 – 71, 179, 182 – 84, 189 – 90, 198, 204 – 06

as first trusts 第一个托拉斯 35

Strike of 1877 1877 年铁路罢工 42

Rauschenbusch, Walter 劳申布施，沃尔特 67

recall 罢免 99, 145, 163, 205

referendum 公民投票 99, 145, 163, 205

Report on the Condition of Woman and Child Wage Earners《有关妇女儿童工薪阶层的报告》 126

Republican Party 共和党 94 – 95, 148 – 49, 152, 186, 190

Revenue Act《税收法》 189

Richmond, Mary 里奇蒙德，玛丽 82

Riis, Jacob 里斯，雅各布 57 – 58, 111, 147

Robbins, Margaret Dreier 罗宾斯，玛格丽特·德雷尔 160

Robinson, Charles Mulford 罗宾逊，查尔斯·马尔福德 146 – 47

Rochester Fireworks Company 罗切斯特烟花公司 123

Rochester, New York 罗切斯特，纽约 68 – 69

Rockefeller, John D. 洛克菲勒，约翰·D. 35 – 36, 61 – 62, 93, 165, 169 – 70, 203

Rodgers, Daniel 罗杰斯，丹尼尔 9

Roosevelt, Theodore 罗斯福，西奥多

assassination attempt 刺杀 183

Civil Service Commission 公务员委员会 57

in election of 1912 1912 年选举 179 – 84

New Nationalism 新民族主义 180

Northern Securities case 北方证券案 158 – 59

as Police Commissioner 担任警察局长 57, 143

as President 担任总统 58, 122,

139 - 40

Trustbuster reputation 反托拉斯能手的名声　152, 180

Russell Sage Foundation 罗素·赛奇基金会　82, 112, 126

saloons 酒吧　22 - 23

Sage, Margaret Olivia 赛奇, 玛格丽特·奥利维亚　112

Sandburg, Carl 桑德伯格, 卡尔　106

Sanders, Elizabeth 桑德斯, 伊丽莎白　105

Sanger, Margaret 桑格, 玛格丽特　85 - 86, 203

sanitation 卫生　22, 31, 69, 81, 107, 11, 147, 197, 200, 206

Schneiderman, Rose 施奈德曼, 罗斯　164, 200, 208

school boards 学校董事会　133, 135

School of Social Service Administration 社会服务管理学院　82

Seamen's Act《海员法》　188

Sears, Richard 西尔斯, 理查德　29

Sears and Roebuck 西尔斯·罗巴克公司　29, 173

settlement houses 社会服务所　5 - 6, 8, 23, 56, 67 - 68, 73 - 75, 77 - 82, 97, 111, 116, 133 - 34, 138, 142, 160, 163 - 164, 200, 202

settlement workers 服务所社工
men as 男性社工　80

tensions 紧张关系　76 - 78

women as 女性社工　79 - 80

也见 settlement houses 社会服务所

Seventeenth Amendment《美国宪法第十七修正案》　64, 163, 179, 188, 206

sexual hygiene 性卫生　81, 85

Sheppard-Towner Maternity and Infant Protection Act《谢泼德 - 汤纳母婴保护法》　132, 205

Sherman Antitrust Act《谢尔曼反托拉斯法》　156 - 57, 162, 167

Simons, Algie Martin 西蒙斯, 阿尔吉·马丁　62 - 63

Sinclair, Upton 辛克莱, 厄普顿　32, 63

Singer Sewing Machine Company 胜家缝纫机公司　34

Sklar, Kathryn Kish 斯克拉, 凯瑟琳·基什　115, 163, 208

skyscrapers 摩天大厦　109

Smith, Alfred E. 史密斯, 阿尔弗雷德·E.　176

Smith, Charles Sprague 史密斯, 查尔斯·斯普拉格　136

Smith Lever Act《史密斯 - 利弗法》　140

Smith-Hughes Vocational Education Act《史密斯 - 休斯职业教育法》　192

Social Centers 社会中心　135 - 38

Social Darwinism 社会达尔文主义　25, 68, 199

Social Gospel 社会福音派 25, 66 -
67, 73, 87, 104, 163
也见 William Gladden 威廉·格拉登
social history 社会历史学 9 - 10
social justice 社会正义 73, 81, 161,
164, 185, 200 - 01, 208, 210
social science 社会科学 7, 12, 68,
82, 89, 115, 131, 163, 176
social welfare 社会福利 38, 72 - 73,
81 - 82, 88, 115, 149, 162, 164,
197, 204 - 05, 208 - 09
social workers 社会工作者 7, 36, 51,
69, 73, 77, 81 - 82, 131, 134, 212
Socialist Party 社会党 45, 152 -
53, 179
Sombart, Werner 桑巴特, 维尔纳 185
South, The Jim Crow segregation laws 南
方,《种族隔离法》 5, 49, 101,
201 - 02
Spanish American War 美西战争
59, 162
special needs students 特殊需求学生
87
sports 体育运动 51, 111, 173
Standard Oil Company 标准石油公司
35, 59, 62 - 63, 151, 165, 169,
170, 181
Starr, Ellen Gates 斯塔尔, 艾伦·盖茨
74, 76, 116 - 17
Steffens, Lincoln 斯蒂芬斯, 林肯 59 -
61, 99

sterilization 绝育 100 - 01
也见 eugenics 优生学
Stewart, Alexander Turney 斯图尔特, 亚
历山大·特尼 27
Stewart, Lyman and Milton 斯图尔特,
莱曼与米尔顿 66
stockyards 牲畜围场 63, 106, 119
stores 商店
chain 连锁商店 27 - 28
department 百货商店 27 - 28, 30,
46, 109, 128
general 杂货店 17 - 18
sub-treasury system 国库分库系统 103
subway system 地铁系统 42, 108, 141
Sunday, Ashley "Billy" 森戴, 阿什利·
"比利" 65 - 66, 199
sweating system 血汗体制
见 sweatshops 血汗工厂
sweatshops 血汗工厂 119, 125, 133,
160, 174
Swift, Gustavus 斯威夫特, 古斯塔夫斯
2, 110, 170

Taft, William Howard 塔夫脱, 威廉·
霍华德 95, 152, 155, 177 - 79,
184, 186
Tammany Hall 坦慕尼厅 143
Tarbell, Ida Minerva 塔贝尔, 艾达·密
涅瓦 59, 61 - 63
Taylor, Frederick Winslow 泰勒, 弗雷德
里克·温斯洛 172 - 73

Taylor, Graham 泰勒，格雷厄姆 81

Taylorism 泰勒主义

　见 Taylor, Frederick Winslow 泰勒，

　弗雷德里克·温斯洛

teachers 教师 91 – 92, 138, 202

technology 技术 3, 24, 39, 47, 57,

　59, 121

　advances in building 建筑上的进步

　109

　household 家庭 47

telegraph 电报 34 – 36, 52, 150, 171

telephones 电话 3, 17, 110, 198

Tenement House Commission 经济公寓

　委员会 100

tenements 公寓 7 – 8, 19, 53, 77, 99 –

　100, 106, 111, 133, 147

Townsend, Harriet 汤森，哈里特 69

Toynbee Hall 汤因比馆 74 – 75

transportation, forms of 交通方式 2,

　15, 19, 36 – 37, 42, 76, 79, 107 –

　08, 149, 165, 194 – 95

　也见 automobiles and subway system

　汽车与地铁系统

Triangle Waist Factory Fire 三角内衣厂

　火灾 174 – 77

tuberculosis 结核病 83 – 85, 87, 100,

　111, 125

Turner, Frederick Jackson 特纳，弗雷德

　里克·杰克逊 3 – 4, 15

Tweed, William 特威德，威廉 59

typewriter 打字机 3, 47

Underwood-Simmons Act《安德伍德 –

　西蒙斯法》 187, 190

Uneeda Biscuits 尤尼塔饼干 31

United States Bureau of Labor Statistics

　美国劳工统计局 120, 124

United States Department of Agriculture

　美国农业部 63, 140

United States Department of Labor and

　Commerce 美国劳动和商务部 122

United Mine Workers 矿工联合会 94,

　153, 157

University of Chicago 芝加哥大学 7,

　68, 82, 89 – 90, 147

University of Wisconsin 威斯康星大学

　3, 15, 90, 138, 148, 207

urban life 城市生活

　housing 住房 18 – 19

　politics 政治 20

　pollution 污染 20 – 21

　也见 names of individual cities 各个城

　市名

urban planning 城市规划 112, 136,

　145 – 48, 197

U. S. Steel Corporation 美国钢铁公司

　38, 123, 165, 169 – 70

vaudeville 杂耍表演 32, 52, 78

Veblen, Thorstein 凡勃伦，托斯丹

　39, 166

Veiller, Lawrence 韦勒，劳伦斯 99

vertical integration 纵向一体化 36

venereal diseases 性病 72，85

Vincent，John 文森特，约翰 138

voluntarism 自愿主义 39，155 – 56，
158

wages 工资

conflicts over cuts 减薪冲突 7，42，
117，154 – 55

piece rate（piecework）计件工作
117，160，173

"pin money" "零花钱" 46

也见 minimum wage 最低工资

Wagner，Robert 瓦格纳，罗伯特 176

Wald，Lillian 瓦尔德，莉莲 75，77，
80，85，100，111，113，132，183，
200，208

Wanamaker，John 沃纳梅克，约翰
27 – 28

Ward，Edward 沃德，爱德华 136 – 37

Ward，Montgomery 沃德，蒙哥马利
2，29，117

Washington，Booker T. 华盛顿，布克·
T. 5

Weaver，James 韦弗，詹姆斯 104

welfare capitalism 福利资本主义 95，
151，173，204

Wells-Barnett，Ida B. 威尔斯 - 巴奈特，
艾达·B. 5 – 6，72

White City 白城 3 – 4，108，145

White House Conference on Children 白

宫儿童会议 132

white list 白名单 128

"white plague" "白色瘟疫" 也 tuber-
culosis 结核病

Wiebe，Robert 韦伯，罗伯特 81，93，
151

Wilkerson，Isabel 威尔克森，伊莎贝尔
49

Willard，Frances 威拉德，弗朗西丝
71 – 72，108，125

Wilson，Woodrow 威尔逊，伍德罗 178 –
80，185

labor endorsement 劳工支持 158 –
59

New Freedom 新自由主义 185

as president 担任总统 186 – 90

Wisconsin Idea 威斯康星理念 148 –
50

Women's Christian Temperance Union
（WCTU）基督教妇女禁酒联盟
70 – 72，108，114 – 15，125，137

Women's Educational and Industrial Union
妇女教育和工业联盟 69，134

Women's Political Culture 妇女政治文
化 114

Women's Suffrage 妇女选举权 5，68，
72，115 – 16，118，160，180 – 81，
183，200，206

Women's Trade Union League（WTUL）
妇女工会联盟 5，114，160，197，
207

Woolworth, Frank Winfield 伍尔沃斯,
弗兰克·温菲尔德　29, 109

workers 工人

African American 非洲裔美国工人
38, 48 – 50, 120

Immigrant 移民工人　11, 50 – 51,
53, 63, 68, 141, 173, 198

women 女工　38, 114, 118, 123 –
25, 127 – 128, 150, 160 – 61,
174, 198, 208

workers' compensation 工人补偿　40,
126, 180, 204 – 05

federal employees 联邦雇员　189

in Wisconsin 在威斯康星州　150,
154

World War I 第一次世界大战　11, 37,
49 – 50, 77, 79, 90, 92, 98, 169,
200, 205 – 06, 208

World's Columbian Exposition (Chicago
World's Fair) 世界哥伦布博览会
(芝加哥世界博览会)　1 – 3, 5 –
7, 15, 24, 32, 78, 145, 216

Wrigley, William Jr. 瑞格利, 小威廉　30

Yans, -McLaughlin, Virginia 严斯, –
麦克劳克林, 弗吉尼亚　48

yellow-dog contract 黄狗合同　157

"Yellow Press" "黄色新闻"　59

Young Men's Christian Association (YM-
CA) 基督教青年会　19, 35

Young Women's Christian Association
(YWCA) 基督教女青年会　19

zoning laws 区划法　147

Zueblin, Charles 朱布林, 查尔斯　147 –
48

译名对照表

人名

阿道弗斯·格林　Adolphus Green

阿尔弗雷德·E. 史密斯　Alfred E. Smith

阿尔弗雷德·钱德勒　Alfred Chandler

阿尔吉·马丁·西蒙斯　Algie Martin Simons

阿萨·坎德勒　Asa Candler

阿什利·"比利"·森戴　Ashley "Billy" Sunday

埃德温·R. 赖特　Edwin R. Wright

埃德温·S. 波特　Edwin S. Porter

埃尔伯特·H. 加里　Elbert H. Gary

埃梅琳·潘克赫斯特　Emmeline Pankhurst

艾达·B. 威尔斯　Ida B. Wells

艾达·富特　Ada Foote

艾达·塔贝尔　Ida Tarbell

艾达·威尔斯·巴奈特　Ida Wells-Barnett

艾琳·鲍里斯　Eileen Boris

艾伦·戴维斯　Allen Davis

艾伦·盖茨·斯塔尔　Ellen Gates Starr

艾伦·亨罗廷　Ellen Henrotin

艾玛·高曼　Emma Goldman

艾米莉·格林·鲍尔奇　Emily Greene Balch

艾萨克·哈里斯　Isaac Harris

艾萨克·辛格　Isaac Singer

爱德华·贝拉米　Edward Bellamy

爱德华·沃德　Edward Ward

爱丽丝·保罗　Alice Paul

爱丽丝·汉密尔顿　Alice Hamilton

爱丽丝·凯斯勒－哈里斯　Alice Kessler-Harris

安德鲁·戴维森　Andrew Davidson

安德鲁·卡内基　Andrew Carnegie

安德鲁·梅隆　Andrew Mellon

安东尼·康斯托克　Anthony Comstock

安娜丽斯·奥尔莱克　Annelise Orleck

奥尔德曼·霍普金斯　Alderman Hopkins

芭芭拉·科布瑞兹　Barbara Kobritz

保拉·贝克　Paula Baker

保拉·克劳馥　Paula Crawford

贝弗·凯里　Bev Carey

贝茜·阿布拉莫维茨·希尔曼　Bessie
　　Abramowitz Hillman

贝莎·帕尔默　Bertha Palmer

比利·桑迪　Billy Sunday

伯奇·拉弗蒂　Berchie Rafferty

布克·T. 华盛顿　Booker T. Washing-
　　ton

布雷特·特罗扬　Brett Troyan

布鲁斯·尼德　Bruce Need

C. W. 波斯特　C. W. Post

查尔斯·G. 安德伍德　Charles G. Un-
　　derwood

查尔斯·W. 艾略特　Charles W. Eliot

查尔斯·阿尔弗雷德·皮尔斯伯里
　　Charles Alfred Pillsbury

查尔斯·埃文斯·休斯　Charles Evans
　　Hughes

查尔斯·丹娜·吉布森　Charles Dana
　　Gibson

查尔斯·弗朗西斯·墨菲　Charles Fran-
　　cis Murphy

查尔斯·赫尔　Charles Hull

查尔斯·亨德森　Charles Henderson

查尔斯·马尔福德·罗宾逊　Charles
　　Mulford Robinson

查尔斯·斯普拉格·史密斯　Charles
　　Sprague Smith

查尔斯·威廉·波斯特　Charles Wil-
　　liam Post

查尔斯·朱布林　Charles Zueblin

D. W. 格里菲斯　D. W. Griffith

大卫·布罗迪　David Brody

大卫·格雷厄姆·菲利普斯　David
　　Graham Phillips

丹尼尔·H. 伯纳姆　Daniel H. Burn-
　　ham

丹尼尔·罗杰斯　Daniel Rodgers

德怀特·L. 穆迪　Dwight L. Moody

E. H. 哈里曼　E. H. Harriman

厄普顿·辛克莱　Upton Sinclair

F. C. 安德伍德　F. C. Underwood

菲利普·阿穆尔　Philip Armour

弗吉尼亚·严斯－麦克劳克林　Vir-
　　ginia Yans-McLaughlin

弗兰克·彼得斯　Frank Peters

弗兰克·温菲尔德·伍尔沃斯　Frank
　　Winfield Woolworth

弗朗西丝·珀金斯　Frances Perkins

弗朗西丝·威拉德　Frances Willard

弗雷德里克·恩格斯　Frederick En-
　　gles

弗雷德里克·杰克逊·特纳　Freder-
　　ick Jackson Turner

弗雷德里克·劳·奥姆斯特德　Fred-
　　erick Law Olmsted

弗雷德里克·温斯洛·泰勒　Freder-
　　ick Winslow Taylor

弗洛伦斯·凯利　Florence Kelley

富兰克林·德拉诺·罗斯福　Franklin Delano Roosevelt

格雷厄姆·泰勒　Graham Taylor

格雷斯·阿伯特　Grace Abbott

格伦·波特　Glenn Porter

格伦达·吉尔摩　Glenda Gilmore

格罗弗·克利夫兰　Grover Cleveland

古斯塔夫斯·斯威夫特　Gustavus Swift

H. B. 恩迪科特　H. B. Endicott

H. G. 威尔斯　H. G. Wells

哈尔·S. 巴伦　Hal S. Barron

哈夫洛克·埃利斯　Havelock Ellis

哈里·戴维斯　Harry Davis

哈里特·斯坦顿·布拉奇　Harriet Stanton Blatch

哈里特·塔布曼　HarrietTubman

哈里特·汤森　Harriet Townsend

哈罗德·拉斯基　Harold Laski

哈森·平格里　Hazen Pingree

海德·贝利　Hyde Bailey

海勒姆·埃杰顿　Hiram Edgerton

海勒姆·约翰逊　Hiram Johnson

海伦·林德　Helen Lynd

赫伯特·克罗利　Herbert Croly

赫拉克利奥·蒙塔纳罗　Eraclio Montanaro

亨利·贝塞默　Henry Bessemer

亨利·福特　Henry Ford

亨利·克莱·弗里克　Henry Clay Frick

亨利·约翰·海因茨　Henry John Heinz

霍尔多姆　Holdom

霍勒斯·格里利　Horace Greeley

霍雷肖·阿尔杰　Horatio Alger

J. P. 摩根　J. P. Morgan

吉福德·平肖　Gifford Pinchot

嘉莉·查普曼·凯特　Carrie Chapman Catt

简·亚当斯　Jane Addams

杰伊·古尔德　Jay Gould

卡尔·马克思　Karl Marx

卡尔·桑德伯格　Carl Sandburg

卡罗尔·赖特　Carroll Wright

卡罗尔·纳克诺夫　Carol Nackenoff

卡罗琳·B. 克莱恩　Caroline B. Crane

卡特·哈里森　Carter Harrison

卡特·哈里森二世　Carter Harrison II

凯瑟琳·道尔顿　Kathleen Dalton

凯瑟琳·基什·斯克拉　Kathryn Kish Sklar

凯瑟琳·麦考密克　Katharine McCormick

凯西·麦克多诺　Kathy McDonough

克里斯·L. 拉特　Chris L. Rutt

克丽丝特尔·伊士曼　Crystal Eastman

肯德里克·谢德　Kendrick Shedd

拉瑟福德·伯查德·海耶斯　Rutherford B. Hayes

拉扎尔·威斯尼威茨基　Lazare Wischnewetzky

莱曼·盖奇　Lyman Gage

莱曼·斯图尔特　Lyman Stewart

兰迪·斯托奇　Randi Storch

兰索姆·奥兹 Ransom Olds

劳伦斯·韦勒 Lawrence Veiller

雷弗迪·兰塞姆 Reverdy Ransom

雷·斯坦纳德·贝克 Ray Stannard Baker

莉莲·奥康纳 Lillian O'Connor

莉莲·瓦尔德 Lillian Wald

理查德·奥尔尼 Richard Olney

理查德·巴林杰 Richard Ballinger

理查德·格林沃尔德 Richard Greenwald

理查德·霍夫施塔特 Richard Hofstadter

理查德·麦考密克 Richard McCormick

理查德·西尔斯 Richard Sears

林肯·斯蒂芬斯 Lincoln Steffens

林赛·布尔乔亚 Lindsay Bourgeois

琳达·盖奥 Linda Gaio

路易丝·德科文·鲍温 Louise DeKoven Bowen

路易斯·布兰代斯 Louis Brandeis

路易斯·米勒 Lewis Miller

路易斯·威克斯·海恩 Lewis Wickes Hine

露西·杨 Lucy Yang

罗伯特·A. 伍兹 Robert A. Woods

罗伯特·拉弗莱特 Robert LaFollette

罗伯特·林德 Robert Lynd

罗伯特·瓦格纳 Robert Wagner

罗伯特·韦伯 Robert Wiebe

罗伯特·希利斯 Robert Hillis

罗兰·梅西 Rowland Macy

罗斯·施奈德曼 Rose Schneiderman

洛莉·卡朋特 Lolly Carpenter

马克斯·布兰克 Max Blanck

玛格丽特·奥利维亚·赛奇 Margaret Olivia Sage

玛格丽特·蔡斯 Margaret Chase

玛格丽特·德雷尔·罗宾斯 Margaret Dreier Robins

玛格丽特·桑格 Margaret Sanger

玛丽·里奇蒙德 Mary Richmond

玛丽·麦克道尔 Mary McDowell

玛丽·曼福德 Mary Mumford

玛丽·琼斯 Mary Jones

曼塞尔·布莱克福德 Mansel Blackford

梅尔文·杜波夫斯基 Melvyn Dubofsky

米尔顿·斯图尔特 Milton Stewart

莫林·弗拉纳根 Maureen Flanagan

南希·达福 Nancy DaFoe

南希·迪·利伯托 Nancy Di Liberto

南希·格雷·奥斯特路德 Nancy Gray Osterud

帕特里齐亚·西奥内 Patrizia Sione

佩吉·卡梅伦 Paige Cameron

西德尼·希尔曼 Sidney Hillman

乔恩·A. 彼得森 Jon A. Peterson

乔治·弗朗西斯·吉尔曼 George Francis Gilman

乔治·戈勒　George Goler

乔治·赫伯特·米德　George Herbert Mead

乔治·亨廷顿·哈特福特　George Huntington Hartford

乔治·莫里　George Mowry

乔治娜·科尔比　Georgina Coleby

乔治·普尔曼　George Pullman

乔治·斯威夫特　George Swift

乔治·威斯汀豪斯　George Westinghouse

乔治·伊士曼　George Eastman

琼·雅各布斯·布隆伯格　Joan Jacobs Blumberg

塞缪尔·S. 麦克卢尔　Samuel S. McClure

塞缪尔·龚帕斯　Samuel Gompers

莎蒂·恩斯特　Sadie Ernst

莎拉·韦伯·亚当斯　Sarah Weber Addams

史蒂文·迪纳　Steven Diner

斯蒂芬·迪纳　Stephen Diner

斯坦顿·科伊特　Stanton Coit

苏珊·B. 安东尼　Susan B. Anthony

索福尼斯巴·布雷肯里奇　Sophonisba Breckinridge

汤姆·迪克森　Tom Dixon

汤姆·洛夫丁·约翰逊　Tom Loftin Johnson

特伦斯·鲍德利　Terrance Powderly

托马斯·爱迪生　Thomas Edison

托马斯·本德　Thomas Bender

托斯丹·凡勃伦　Thorstein Veblen

W. E. B. 杜布瓦　W. E. B. DuBois

威廉·H. 阿姆斯特朗　William H. Armstrong

威廉·"大比尔"·海伍德　William "Big Bill" Haywood

威廉·迪安·霍威尔斯　William Dean Howells

威廉·杜兰特　William Durant

威廉·格拉登　William Gladden

威廉·哈德　William Hard

威廉·霍尔姆斯·麦加菲　William Holmes McGuffey

威廉·霍华德·塔夫脱　William Howard Taft

威廉·凯利　William Kelley

威廉·凯洛格　William Kellogg

威廉·伦道夫·赫斯特　William Randolph Hearst

威廉·麦金利　William McKinley

威廉·特威德　WilliamTweed

威廉·沃林　William Walling

威廉·伍德　William Wood

威廉·詹姆斯　William James

威廉·詹宁斯·布莱恩　William Jennings Bryan

维尔纳·桑巴特　Werner Sombart

沃尔特·惠特曼　Walt Whitman

沃尔特·劳申布施　Walter Rauschenbusch

沃尔特·李普曼 Walter Lippmann

沃尔特·利希特 Walter Licht

伍德罗·威尔逊 Woodrow Wilson

西奥多·德莱塞 Theodore Dreiser

西奥多·罗斯福 Theodore Roosevelt

夏洛特·珀金斯·吉尔曼 Charlotte
Perkins Gilman

小威廉·瑞格利 William Wrigley, Jr.

休伯特·班克罗夫特 Hubert Bancroft

雅各布·S. 科克塞 Jacob S. Coxey

雅各布·里斯 Jacob Riis

亚伯拉罕·林肯 Abraham Lincoln

亚历山大·伯克曼 Alexander Berkman

亚历山大·特尼·斯图尔特 Alexan-
der Turney Stewart

亚瑟·林克 Arthur Link

伊迪丝·阿伯特 Edith Abbott

伊莱·詹尼 Eli Janney

伊丽莎白·法雷尔 Elizabeth Farrell

伊丽莎白·格利·弗林 Elizabeth Gur-
ley Flynn

伊丽莎白·卡迪·斯坦顿 Elizabeth
Cady Stanton

伊丽莎白·桑德斯 Elizabeth Sanders

伊莎贝尔·威尔克森 Isabel Wilkerson

尤金·维克多·德布斯 Eugene Victor
Debs

尤赖亚·史蒂芬斯 Uriah Stephens

约翰·B. 安德鲁斯 John B. Andrews

约翰·D. 洛克菲勒 John D. Rockefel-
ler

约翰·P. 哈里斯 John P. Harris

约翰·R. 康芒斯 John R. Commons

约翰·奥尔特盖尔德 John Altgeld

约翰·班扬 John Bunyan

约翰·彼得·阿尔盖德 John Peter Al-
tgeld

约翰·杜威 John Dewey

约翰·菲茨帕特里克 John Fitzpatrick

约翰·胡伊·亚当斯 John Huy Add-
ams

约翰·洛夫乔伊·艾略特 John Love-
joy Elliott

约翰·米切尔 John Mitchell

约翰尼·鲍尔斯 Johnny Powers

约翰·彭伯顿 John Pemberton

约翰·施兰克 John Schrank

约翰·文森特 John Vincent

约翰·沃纳梅克 John Wanamaker

约瑟芬·戈德马克 Josephine Gold-
mark

约瑟夫·福克 Joseph Folk

约瑟夫·李斯特 Joseph Lister

约瑟夫·普利策 Joseph Pulitzer

詹姆斯·J. 希尔 James J. Hill

詹姆斯·戴维森 James Davidson

詹姆斯·范·克利夫 James Van Cleave

詹姆斯·诺亚·H. 斯利 James Noah
H. Slee

詹姆斯·帕尔默 James Palmer

詹姆斯·韦弗 James Weaver

珍妮·卡梅隆 Jeanne Cameron

朱迪·范·布斯柯克　Judy Van Buskirk

朱莉娅·拉斯罗普　Julia Lathrop

地名

阿拉斯加　Alaska

阿什大厦　Asch Building

埃利斯岛　Ellis Island

埃文斯顿　Evanston

艾奥瓦州　Iowa

爱达荷州　Idaho

奥尔良市　Orleans

巴尔的摩　Baltimore

巴拿马运河　the Panama Canal

巴特克里市　Battle Creek

鲍厄里区　Bowery

北卡罗来纳州　North Carolina

比斯比　Bisbee

宾厄姆顿市　Binghamton

宾夕法尼亚大道　Pennsylvania Avenue

宾夕法尼亚州　Pennsylvania

布鲁克林　Brooklyn

彻奇维尔　Churchville

代顿市　Dayton

丹伯里　Danbury

得克萨斯州　Texas

底特律　Detroit

东村　the East Village

东河　the East River

俄亥俄州　Ohio

俄勒冈州　Oregon

二十二街　Twenty-Second Street

费城　Philadelphia

佛罗里达州　Florida

佛蒙特州　Vermont

弗吉尼亚州　Virginia

富尔顿县　Fulton County

格林威治村　Greenwich Village

国内保险公司大厦　the Home Insurance Building

海兰帕克　Highland Park

霍尔斯特德街　Halsted Street

加尔维斯顿　Galveston

加利福尼亚州　California

近西区　the Near West Side

旧金山　San Francisco

卡特琳娜岛　Catalina Island

堪萨斯城　Kansas City

堪萨斯州　Kansas

康涅狄格州　Connecticut

康宁　Corning

科罗拉多州　Colorado

科尼岛　Coney Island

克朗代克河　Klondike River

克利夫兰　Cleveland

肯塔基州　Kentucky

库克郡　Cook County

莱维区　the Levee

兰开斯特　Lancaster

劳伦斯　Lawrence

勒德洛　Ludlow

里奇福德　Richford

卢普区　Loop

罗德岛　Rhode Island

罗切斯特　Rochester

马丁斯堡　Martinsburg

马里兰州　Maryland

马萨诸塞州　Massachusetts

麦基斯波特　McKeesport

曼哈顿　Manhattan

曼西　Muncie

密尔沃基　Milwaukee

密苏里州　Missouri

密歇根州　Michigan

缅因州　Maine

明尼阿波利斯市　Minneapolis

明尼苏达州　Minnesota

莫农加　Monongah

奈斯城　Nicetown

楠蒂科克山谷　Nanticoke Valley

楠塔基特岛　Nantucket

内布拉斯加州　Nebraska

纽瓦克市　Newark

帕特森　Paterson

匹兹堡　Pittsburgh

普尔曼　Pullman

日耳曼敦　Germantown

塞达维尔　Cedarville

圣路易斯　St. Louis

圣约瑟夫　St. Joseph

市集广场　Market Square

水牛城　Buffalo

斯普林菲尔德　Springfield

斯汤顿　Staunton

坦慕尼厅　Tammany Hall

田纳西州　Tennessee

威廉斯堡　Williamsburg

威斯康星州　Wisconsin

伍尔沃斯大厦　the Woolworth Building

西弗吉尼亚州　West Virginia

下东区　the Lower East

辛辛那提　Cincinnati

新奥尔良市　New Orleans

新罕布什尔州　New Hampshire

新墨西哥州　New Mexico

新泽西州　New Jersey

亚利桑那州　Arizona

亚特兰大市　Atlanta

伊利诺伊州　Illinois

印第安纳波利斯　Indianapolis

印第安纳州　Indiana

芝加哥　Chicago

芝加哥河滨公园　Chicago's Riverside
　　Park

钻石大厦　the Diamond Building

佐治亚州　Georgia

机构名

阿雷格尼学院　Allegany College

艾弗里俱乐部　the Everleigh club

艾奇逊，托皮卡和圣达菲铁路公司
　　the Acheson, Topeka, and Santa Fe

爱尔兰人会社　the Order of Hibernians

巴登街服务所　the Baden Street Settlement

巴克炉灶公司 the Buck's Stove and Range Company

巴特克里疗养院 the Battle Creek Sanitarium

巴特克里玉米片公司 Battle Creek Toasted Corn Flake Company

北方证券公司 the Northern Securities Company

北美移民公民联盟 the North American Civic League for Immigrants

北太平洋公司 the Northern Pacific

贝尔维尤医学院 Bellevue Medical College

贝尔维尤医院 Bellevue Hospital

标准石油公司 Standard Oil

标准石油托拉斯 the Standard Oil Trust

别克公司 Buick Company

宾厄姆顿服装公司 the Binghamton Clothing Company

波兰猎鹰 the Polish Falcons

波士顿妇女教育和工业联盟 Boston's Women's Educational and Industrial Union

波斯敦麦片公司 the Postum Cereal Company

衬衫制造商联盟 the Shirt Makers' Union

出租车司机联盟 the Cab Drivers' Union

慈善组织协会 the Charity Organization

Society

D. H. 罗威公司 the D. H. Loewe Company

大美茶叶公司 Great American Tea

大西洋与太平洋茶叶公司 The Great Atlantic and Pacific Tea Company

戴维斯服务所 the Davis Settlement

丹尼森之家 Denison Settlement

迪林厄姆委员会 the Dillingham Commission

迪林公司 Deering Company

杜邦化学公司 Dupont Chemical Company

儿童事务局 the Children's Bureau

法林百货 Filene's

非洲裔卫理圣公会教会机构 African Methodist Episcopal Institutional Church

费城雷丁铁路公司 The Philadelphia and Reading Railroads

福特汽车公司 Ford Motor Company

妇女促进会 the Association for the Advancement of Women

妇女工会联盟 the Women's Trade Union League（WTUL）

妇女管理委员会 the Board of Lady Managers

妇女和平党 the Women's Peace Party

妇女社团总联合会 the General Federation of Women's Clubs（GFWC）

感化院 House of Corrections

钢铁工人工会联合会 the Amalgama-

ted Association of Iron and Steel Work-
ers Union

钢铁锡工人联合会　the Amalgamated
Association of Iron, Steel, and Tin
Workers

哥伦比亚大学　Columbia University

工厂调查委员会　the Factory Investiga-
ting Commission（FIC）

公司管理局　The Bureau of Corporations

公务员委员会　Civil Service Commission

共和党全国委员会　the Republican
National Committee

国际妇女争取和平与自由联盟　the
Women's International League for Peace
and Freedom

国际女装工人联合会　the International
Ladies Garment Workers' Union（IL-
GWU）

国际收割机　International Harvester

哈德逊公会　Hudson Guild

哈佛医学院　Harvard Medical School

哈特，夏弗纳和马克斯公司　Hart,
Schaffner and Marx

海湾石油公司　the Gulf Oil Company

好政府运动全国代表大会　the Nation-
al Conference for Good City Govern-
ment

赫尔馆　Hull House

亨利街社区中心　Henry Street Settle-
ment

亨氏食品公司　Heinz

霍姆斯特德炼钢厂　Homestead Steel-
works

基督教妇女禁酒联盟　the Women's
Christian Temperance Union（WCTU）

基督教女青年会　the Young Women's
Christian Association（YWCA）

基督教青年会　the Young Men's Chris-
tian Association（YMCA）

基督教青年会农村协会　the YMCA's
Rural Association

吉列公司　Gillette

计划生育联盟　Planned Parenthood

箭牌口香糖公司　the Wrigley Chewing
Gum Company

进步服务委员会　the Progressive Serv-
ice Committee

经济公寓委员会　the Tenement House
Commission

救世军　the Salvation Army

卡内基研究所　the Carnegie Institution

康奈尔大学　Cornell University

矿工联合会　the United Mine Workers

矿务局　Bureau of Mines

劳动和商务部　the Department of Labo-
rand Commerce

劳工部　the Department of Labor

劳工骑士团　the Knights of Labor（KOL）

劳资关系委员会　the Industrial Rela-
tions Commission

联邦储备委员会　the Federal Reserve
Board

联邦劳工统计局　the Federal Bureau of Labor Statistics

联邦贸易委员会　the Federal Trade Commission（FTC）

联合石油公司　Union Oil Company

联合太平洋铁路公司　the Union Pacific Railroad

旅行者保险公司　Travelers' Insurance Company

罗克福德女子神学院　Rockford Female Seminary

罗克福德学院　Rockford College

罗切斯特大学　the University of Rochester

罗切斯特妇女教育与工业联盟　the Rochester Women's Educational and Industrial Union

罗切斯特烟花公司　the Rochester Fireworks Company

罗素·赛奇基金会　the Russell Sage Foundation

洛克菲勒基金会　the Rockefeller Foundation

马萨诸塞州劳工委员会　Massachusetts State Commissioner of Labor

马歇尔·菲尔德百货　Marshall Field's

麦考密克钢铁公司　the McCormick Steel Company

麦考密克收割机工厂　McCormick Reaper Works

帽业工会　the United Hatters' Union

梅西百货　Macy's

美国保护协会　the American Protective Association

美国饼干制造公司　the American Biscuit and Manufacturing Company

美国城市改善联盟　the American League for Civic Improvement

美国大学教授协会　the American Association of University Professors（AAUP）

美国反抵制联合会　the American Anti-Boycott Association

美国服装工人联合会　the Amalgamated Clothing Workers of America

美国钢铁公司　U. S. Steel Corporation

美国公民自由联盟　the American Civil Liberties Union

美国公园及室外艺术协会　the American Park and Outdoor Art Association

美国劳动立法协会　the American Association of Labor Legislation（AALL）

美国劳工联合会　the American Federation of Labor（AFL）

美国劳工统计局　The U. S. Bureau of Labor Statistics

美国劳资关系委员会　the United States Commission on Industrial Relations

美国历史学会　the American Historical Association

美国联合果品公司　the United Fruit Company

美国铝业公司　the Aluminum Company

of America（ALCOA）

美国律师协会　the American Bar Association

美国毛纺公司　American Woolen Company

美国人寿保险协会　the American Life（Insurance）Conference

（美国）商会　the Chamber of Commerce

美国生育控制联盟　the American Birth Control League

美国胜家缝纫机公司　the Singer Sewing Machine Company

美国铁路联盟　the American Railway Union（ARU）

美国乡村生活协会　The American Country Life Association

美国医学协会　the American Medical Association（AMA）

美国移民限制联盟联合会　the American Association of Immigration Restriction Leagues

美国游乐场协会　the Playground Association of America

美国专利局　the U. S. Patent Office

美国最高法院　the United States Supreme Court

蒙哥马利·沃德零售邮购公司　Montgomery Ward's Retail Mail-order Business

梦想乐园　Dreamland

米德维尔钢铁公司　Midvale Steel Company

密歇根州立大学　Michigan State University

民众学院　the People's Institute

莫农加矿　Monongah Mine

纳贝斯克公司　Nabisco

南城馆　South End House

南太平洋铁路公司　the Southern Pacific Railroad

牛津大学　Oxford University

纽约慈善组织　the New York Charity Organization

纽约大学　New York University

纽约市教育联盟　New York City's Educational Alliance

纽约市教育委员会　the New York City Board of Education

纽约市立大学　New York's City College

纽约证券交易所　the New York Stock Exchange

纽约州工厂调查委员会　the New York State Factory Investigating Committee

纽约州立农学院　the New York State Agricultural College

女装订商联盟　Women's Bookbinders Union

平克顿侦探局　the Pinkerton Detective Agency

平民党　the Populist Party

普尔曼卧车公司　the Pullman Palace

Car Company

七日教　Seventh Day Adventist

起重机电梯公司　Crane Elevator Company

全国饼干公司　the National Biscuit Company

全国城市规划大会　the National Conference of Urban Planning

全国城市联盟　the National Urban League

全国慈善与矫正大会　the National Conference of Charities and Corrections（NCCC）

全国妇女工会联盟　the National Women's Trade Union League（NWTUL）

全国改善协会联盟　the National League of Improvement Associations

全国公民联合会　the National Civic Federation

全国劳工联盟　the National Labor Union

全国零售商联合会　the National Federation of Retail Merchants

全国社会服务所联合会　the National Federation of Settlements（NFS）

全国绳索公司　the National Cordage Company

全国市政联盟　The National Municipal League

全国童工委员会　the National Child Labor Committee（NCLC）

全国消费者联盟　the National Consumers' League（NCL）

全国有色妇女联合会　the National Association of Colored Women（NACW）

全国有色人种促进协会　the National Association for the Advancement of Colored People（NAACP）

全国制造商协会　the National Association of Manufacturers

全国住房协会　the National Housing Association

全美妇女选举权协会　the National American Women's Suffrage Association（NAWSA）

人民党　the People's Party

三K党　the Ku Klux Klan（KKK）

三角内衣厂　Triangle Waist Factory

社会福音派　the Social Gospel

史密斯学院　Smith College

世界产业工人联盟　the Industrial Workers of the World（IWW）

水牛城妇女教育与工业联盟　the Buffalo Women's Educational and Industrial Union

司法部　the Department of Justice

斯威夫特肉类加工厂　Swift

苏黎世大学　the University of Zurich

汤因比馆　Toynbee Hall

通用电气　General Electric

通用汽车公司　General Motors

威立·布莱克威尔出版社　Wiley-Blackwell

威斯康星大学 the University of Wisconsin

伍尔沃斯公司 Woolworth's

西部矿工联合会 the Western Federation of Mine Workers

西尔斯·罗巴克公司 Sears and Roebuck

乡村生活委员会 the Country Life Commission

肖托夸湖主日学校培训会 the Chautauqua Lake Sunday School Assembly

雄鹿党 the Bull Moose Party

亚摩亚肉类加工厂 Armour

伊利诺伊大学 the University of Illinois

伊利诺伊钢铁公司 Illinois Steel Company

伊利诺伊州移民委员会 the Illinois Immigration Commission

伊利诺伊州职业病委员会 the Illinois Occupational Disease Commission

伊利铁路公司 the Erie

伊士曼柯达公司 Eastman Kodak Company

移民保护联盟 the Immigrant Protection League

意大利之子 the Sons of Italy

犹太妇女全国委员会 the National Council of Jewish Women

约翰·霍普金斯大学 the University of Johns Hopkins

月神乐园 Luna Park

越野障碍赛马乐园 Steeplechase

芝加哥慈善局 the Chicago Bureau of Charities

芝加哥大学 the University of Chicago

芝加哥公民教育与慈善学院 the Chicago School of Civics and Philanthropy

芝加哥共同会 Chicago Commons

芝加哥劳工联合会 the Chicago Federation of Labor

芝加哥联合仓储公司 Union Stock Yards

芝加哥小熊队 the Chicago Cubs

芝加哥印刷工人工会 the ChicagoTypographical Workers

中途街乐园 Midway Plaisance

州际商务委员会 the Interstate Commerce Commission

总经理协会 the General Managers' Association

书、报纸、杂志、文章、剧名及律法

《1901 年经济公寓住房法》 the Tenement House Act of 1901

《1903 年埃尔金斯法》 the Elkins Act of 1903

《1910 年曼·埃尔金斯法》 the Mann Elkins Act of 1910

《1915 年海员法》 the Seamen's Act of 1915

《1916 年税收法》 the Revenue Act of

1916

《1963 年同酬法》　the Equal Pay Act of 1963

《埃德曼法》　the Erdman Act

《安德伍德 - 西蒙斯法》　the Underwood-Simmons Act

《标准石油公司历史》　The History of the Standard Oil Trust

《博览会手册》　Book of the Fair

《参议院的背叛》　the Treason of the Senate

《成功》　Success

《城市的耻辱》　Shame of the Cities

《城镇与都市改良》　The Improvement of Towns and Cities

《纯净食品和药品法》　the Pure Food and Drug Act

《大企业的崛起》　The Rise of Big Business

《大西洋月刊》　Atlantic Monthly

《大相径庭的时代》　A Very Different Age

《调查》　Survey

《放任与驾驭》　Drift and Mastery

《弗莱克斯纳报告》　Flexner Report

《妇女反抗者》　The Woman Rebel

《妇女家庭杂志》　Ladies' Home Journal

《妇女一直在工作》　Women Have Always Worked

《复杂的收获》　Mixed Harvest

《改革时代》　Age of Reform

《改革先锋》　Spearheads for Reform

《工厂检查法》　Factory Inspection Act

《工人赔偿法》　Workmen's Compensation Law

《工业主义与美国工人，1865—1920》　Industrialism and the American Worker, 1865 - 1920

《公平劳动标准法》　the Fair Labor Standards Act

《公平薪酬法》　the Fair Paycheck Act

《哈珀斯杂志》　Harper's

《赫本法》　the Hepburn Act

《赫尔馆地图与文件》　Hull House Maps and Papers

《赫尔馆二十年》　Twenty Years at Hull House

《呼吁理性》　Appeal to Reason

《回顾》　Looking Backward

《火车大劫案》　The Great Train Robbery

《基本原理》　The Fundamentals

《基廷 - 欧文童工法》　the Keating-Owen Child Labor Act

《家庭医疗休假法》　the Family Medical Leave Act

《家庭与社区：水牛城的意大利移民 1880—1930》　Family and Community: Italian Immigrants in Buffalo, 1880 - 1930

《嘉莉妹妹》　Sister Carrie

《居家工作》 *Home to Work*

《康斯托克法》 *the Comstock Laws*

《科学管理的原则》 *The Principles of Scientific Management*

《克莱顿反托拉斯法》 *the Clayton Antitrust Act*

《劳动立法的原则》 *Principles of Labor Legislation*

《劳工不满法案》 *Labor's Bill of Grievances*

《莉莉·莱德贝特公平薪酬法》 *the Lilly Ledbetter Fair Pay Act*

《联邦储备法》 *the Federal Reserve Act*

《联邦农业贷款法》 *the Federal Farm Loan Act*

《联邦铁路安全设备法》 *the Federal Railroad Safety Appliance Act*

《瞭望》 *Outlook*

《另一半人如何生活》 *How the Other Half Lives*

《麦加菲综合读本》 *McGuffey's Eclectic Readers*

《麦克卢尔》 *McClure's*

《芒西》 *Munsey's*

《美国城市规划的诞生》 *The Birth of City Planning in the United States*

《美国钢铁工人》 *Steelworkers in America*

《美国联邦主义者》 *the American Federationist*

《美国社会学杂志》 *The Journal of American Sociology*

《美国生活的承诺》 *Promise of American Life*

《美国小企业史》 *A History of Small Business in America*

《米德尔敦：美国文化研究》 *Middletown: A Study in American Culture*

《民权法》 *the Civil Rights Act*

《民主与社会伦理》 *Democracy and Social Ethics*

《纽兰兹法》 *the Newlands Act*

《纽约呼声》 *New York Call*

《纽约世界报》 *New York World*

《纽约晚间邮报》 *New York Evening Post*

《纽约先驱论坛报》 *New York Herald Tribune*

《女性职业》 *Occupations for Women*

《欧文-格拉斯法》 *the Owen-Glass Act*

《佩恩-奥尔德里奇法》 *the Payne-Aldrich Act*

《皮尔森杂志》 *Pearson's*

《匹兹堡调查》 *Pittsburgh Survey*

《平价医疗法》 *the Affordable Care Act*

《其他太阳的温暖：美国大迁徙的史诗故事》 *Warmth of Other Suns: the Epic Story of America's Great Migration*

《群落关系》 *Bonds of Community*

《人人杂志》 *Everybody's*

《肉类加工厂》 Packing Town

《肉类检验法》 the Meat Inspection Act

《社会保障法》 Social Security Act

《社会诊断》 Social Diagnosis

《身体规划：美国女孩秘史》 The Body Project：An Intimate History of American Girls

《圣路易斯的特威德时代》 Tweed Days in St. Louis

《诗歌》 Poetry

《史密斯－利弗法》 the Smith-Lever Act

《史密斯－休斯职业教育法》 the Smith-Hughes Vocational Education Act

《世界主义者》 Cosmopolitan

《市政进步》 Municipal Progress

《事故与法律》 Accidents and the Law

《谁是进步派?》 Who Were the Progressives?

《斯拉斯·拉帕姆的崛起》 The Rise of Silas Lapham

《天路历程》 Pilgrim's Progress

《铁路安全设备法》 the Railroad Safety Appliance Act

《屠宰场》 The Jungle

《瓦格纳法》 Wagner Act

《沃尔斯泰德法》 the Volstead Act

《谢尔曼反托拉斯法》 the Sherman Antitrust Act

《谢泼德－汤纳母婴保护法》 the Sheppard-Towner Maternity and Infant Protection Act

《有闲阶级论》 Theory of the Leisure Class

《学校与社会》 the School and Society

《学校作为社会中心》 The School as Social Center

《寻找秩序》 Search for Order

《亚当森法》 the Adamson Act

《一次蜜月尝试》 A Honeymoon Experiment

《一个国家的诞生》 Birth of a Nation

《伊利诺伊州工厂检查法》 Illinois Factory Inspection Act

《伊利诺伊州职业病法》 the Illinois Occupational Disease Act

《衣衫褴褛的迪克》 Ragged Dick

《英国工人阶级的状况》 The Conditions of the English Working Class

《用心看待》 Seeing with Their Hearts

《有形之手》 The Visible Hand

《芝加哥的社会罪恶》 The Social Evil in Chicago

《芝加哥纪录报》 Chicago News Record

《制造钢铁和杀人》 Making Steel and Killing Men

《追随色彩线》 Following the Color Line

其他

1905 年货车司机大罢工 the 1905 Teamsters' strike

"阿德金斯诉儿童医院案" *Adkins v. Children's Hospital*

奥兹 Olds

"邦廷诉俄勒冈州案" *Bunting v. Oregon*

白城 the White City

贝斯特啤酒 Pabst Beer

便士午餐计划 penny lunch programs

重建时期 Reconstruction

城市经理制 City Manager Plan

城市美化运动 the City Beautiful movement

城市委员会制 City Commission plan

大迁徙 the Great Migration

格兰其运动 the Grange movement

固特异轮胎 Goodyear Tire

罐式小汽车 Tin Lizzies

桂格燕麦 Quaker Oats

"黄狗"合同 yellow-dog contracts

霍姆斯特德钢铁工人大罢工 the Homestead Steel Strike

加尔维斯顿计划 Galveston Plan

教友派 Quaker

杰迈玛阿姨煎饼粉 Aunt Jemima Pancake Mix

凯迪拉克 Cadillac

坎贝尔汤 Campbell's Soup

"穆勒诉俄勒冈案" *Mullerv. Oregon*

美国社会党 the Socialist Party of America

模范城市宪章 Model City Charter

秣市暴乱 Haymarket Riot

秣市广场爆炸案 Haymarket Square Bombing

"洛克纳诉纽约案" *Lochner v. New York*

"普莱西诉弗格森案" *Plessy v. Ferguson*

普尔曼卧车公司工人大罢工 the Pullman Palace Car Strike

汽车旅馆 motels

三角内衣厂火灾 the Triangle Shirtwaist Factory Fire

世界哥伦布博览会 World's Columbian Exposition

斯洛克姆将军号 the General Slocum

乌布利 Wobbly

尤尼塔饼干 Uneeda Biscuits

占领华尔街运动 the Occupy Wall Street

芝加哥服装工人大罢工 the Chicago Garment Workers' Strike

芝加哥世界博览会 Chicago World's Fair

钻石大厦 Diamond Building

钻石火柴 Diamond Matches

图书在版编目（CIP）数据

进步派：行动主义和美国社会改革：1893－1917／
（美）凯伦·帕斯托雷洛（Karen Pastorello）著；张慧
娟译. -- 北京：社会科学文献出版社，2022.9
书名原文：The Progressives：Activism and
Reform in American Society，1893－1917
ISBN 978－7－5201－9961－2

Ⅰ.①进… Ⅱ.①凯…②张… Ⅲ.①美国－近代史
－研究－1893－1917 Ⅳ.①K712.407

中国版本图书馆 CIP 数据核字（2022）第 070281 号

进步派：行动主义和美国社会改革，1893－1917

著　者／〔美〕凯伦·帕斯托雷洛（Karen Pastorello）
译　者／张慧娟

出 版 人／王利民
组稿编辑／高明秀
责任编辑／宋浩敏
责任印制／王京美

出　　版／社会科学文献出版社·国别区域分社（010）59367078
　　　　　地址：北京市北三环中路甲 29 号院华龙大厦　邮编：100029
　　　　　网址：www. ssap. com. cn
发　　行／社会科学文献出版社（010）59367028
印　　装／三河市东方印刷有限公司

规　　格／开　本：880mm×1230mm　1/32
　　　　　印　张：8.625　字　数：207 千字
版　　次／2022 年 9 月第 1 版　2022 年 9 月第 1 次印刷
书　　号／ISBN 978－7－5201－9961－2
著作权合同
登 记 号／图字 01－2017－8404 号
定　　价／79.00 元

读者服务电话：4008918866